상담실무자를 위한 **사례개념화**

−이해과 실제−

Case Conceptualization

Mastering This Competency with Ease and Confidence **2nd edition**

상담실무자를 위한

사례개념화
이해와 실제

Len Sperry · Jon Sperry 공저 | 이명우 역

학지사

☰ 역자 서문

사례개념화의 원리는 참으로 선명하고, 간단하다.
개념적으로 이해하기는 정말 쉽다.
그러나 그것을 상담실제에 연결하는 것은 결코 만만치 않다.

일정 기간 동안 규칙적으로 수련을 받으며 도전해야만
겨우 상담실제에 적용할 만한 수준에 이를 수 있다.

사례개념화는
처음에 상담자의 개념적 이해로 출발하여
가슴의 울림이 있는 실천적 이해에 이르면
내담자가 매 순간 상담에서 상담자의 이 사례개념화라는 렌즈로
진짜 자기의 모습, 그 오묘한 참된 자기를 경험하도록 한다.
그래서 상담을 종결한 이후에도 상담자 없이 일상에서
내담자 스스로 자신의 삶을 살아내는 데까지 이어지는 것이다.

역자가 '사례개념화'를 접하고 상담자로서 가슴이 뛰기 시작한 시절이 떠오른다. 1993년, 한국청소년상담원의 전신인 청소년대화의광장 기획조정실에 근무하면서 행정적 업무와 정책적 업무에 파묻혀 일할 때였는데, 그때는 상담자의 역할을 다하지 못하는 것 같아 야근을 수시로 해 가며 상담자 본연의 일, 즉 상담에 집중하려고 굉장히 애쓰던 시기였다. 그 시기에 다양한 증상을 보이는 내담자를 정말 많이 만났다. 처음에는 상담자로서 상담을 하고 있다는 사실에 신이 났는데, 내방하는 내담자를 상담하면 할수록 배운 대로 시원하게 내담자의 문제를 해결해 내지 못하는 자신의 모습에 한없이 의기소침해졌다. 그때 강력하게 눈에 들어온 것이 '사례개념화'라는 단어였다.

처음에는 그 신선함 때문에 사례개념화가 재미있었다. 그러나 얼마 지나지 않아 난관에 부딪혔다. 사례개념화라는 그 선명한 개념을 접수면접 또는 초기면접에 접목해 실행하는 것이 쉽지 않았기 때문이다. 그래서 뜻을 함께하는 동료들과 정례적인 모임을 만들어 접수면접을 한 내용을 가지고 사례개념화를 하고 상담계획을 짜 보는 연습을 하기도 했다. 혼자서 끙끙대기보다 동료들과 의견을 주고받으며 서로의 개념화의 내용을 디브리핑해 보는 연습은 개념적인 내용을 내담자의 말로 풀어내는 데 큰 도움이 되었다. 이를 좀 더 체계적으로 수행하기 위해 '개인상담사례연구집단'을 만들어 정례적으로 확대 운영하면서 사례개념화를 상담에 접목하기 위해 애썼다. 그때는 진리에 근접하는 것 같아 벅찼지만, 한참 후에 머리로는 책에 나와 있는 사례개념화의 정의대로 할 수 있어도 그것이 실제 상담으로 연결되지 않는다는 사실을 깨달았다. 사례발표를 할 때나 수퍼비전을 받을 때는 근사하게 설명할 수 있었지만, 막상 상담을 진행하면 사례개념화를 한 것과 달리 엉뚱한 곳에서 헤매곤 했다.

그때 역자가 한 일은 접수면접을 한 내담자한테 상담의 절차와 접수면접 후 효율적인 상담개입 계획을 세우고 준비하는 시간이 필요함을 설명하고 일정 기간 기다려 달라는 협조를 구하는 것이었다. 이런 시도는 매우 의미 있었다. 내담자로부터 확보한 시간 동안 역자는 내담자 문제와 관련된 책을 보고 자문과 수퍼비전을 받으면서 내담자의 문제 속으로 들어가 내담자가 되어보는 연습을 함으로써, 머리가 아닌 가슴이 울리는 개념화를 실행해 낼 수 있었다. 그렇게 기다려 준 내담자를 만나면, 어떤 내담자에게는 상담 첫 회기에 글로 작성한 사례개념화 내용을 보여 주고, 어떤 내담자에게는 화이트보드에 그림으로 그려 가면서 설명하기도 했다. 그러면 자발적이지 않은 내담자도 아주 적극적인 자세로 상담에 임했고, 어떤 내담자는 역자가 작성한 사례개념화의 내용을 보면서 펑펑 울기도 했다.

그렇게 사례개념화를 해서 상담을 잘했다고 이야기하면 좋겠지만, 또 다른 난관에 부딪히게 되었다. 사례개념화를 한 내용이 종결단계까지 이어지지 않는 것이었다. 머릿속에만 머무는 것이 아닌 가슴이 울리는 사례개념화를 한 것 같은데, 그래서 상담 초기에는 그럴듯하게 상담을 시작했는데 중기단계에 접어들고 종결단계에 이르면 상담이 사례개념화한 내용과는 전혀 상관없이 흘러가는 것을 보면서 '왜 이럴까? 왜 이런 현상이 일어날까?'라는 의문이 해결되지 않아 한동안 힘들었던 기억이 있다.

아마 이 책을 읽는 여러분도 마찬가지일 것이다. 여러분도 역자가 진행하는 사례개념화 능력 연마 과정을 들으면서 사례개념화를 어떻게 상담에 적용할 것인지 계속 고민하고 있을 것이다. 연구목적으로 정의된 '사례개념화'라는 용어의 개념은 간단하고 쉽지만, 사례개념화를 상담의 초기단계, 중기단계, 그리고 종결단계에 이르기까지 실제 상담과 긴밀하게 연결해 상담개입을 실행하는 것은 결코 쉽지 않다.

그런 의미에서 Len Sperry 박사와 Jon Sperry 박사가 저술한 이 책은 참 소중하다. 역자가 사례개념화의 완성에 이르는 과정에서 겪었던 고민에 대한 답을 친절히 안내하고 있기 때문이다. 특히 출발선에서 사례개념화의 얼개를 잘못 그리면 그다음부터는 과정이 훨씬 더 험난해지는데, 이런 맥락에서 이 책은 상담연구자가 아닌 현장에서 상담을 진행하는 상담실무자가 사례개념화와 상담실제를 연결할 수 있도록 도와주고 있다. 이번『상담실무자를 위한 사례개념화: 이해와 실제(원서 2판)』에는 초판에서 다루지 않은 영역, 즉 트라우마 내담자, 청소년 내담자, 부부 및 가족 사례에 대한 사례개념화 능력을 연마할 수 있는 부분이 추가되었고, 최근에 각광받고 있는 ACT 상담이론을 추가하여 구체적인 사례 이해와 사례개념화의 장을 더 넓혀 주고 있다.

　Len Sperry 박사와 Jon Sperry 박사의 귀한 책의 번역을 기쁜 마음으로 맡겨 주신 학지사 김진환 대표님, 항상 좋은 정보로 자극을 주시는 한승희 부장님과 소민지 선생님, 교정과정을 정성껏 지원해 주신 박선민 선생님을 비롯한 관계자 여러분께 고마운 마음을 전한다.

이명우

📊 추천사

　나는 Len Sperry의 1992년도 책 『Psychiatric Case Formulations』를 읽으면서 그의 연구를 처음 접했다. 나는 그 책의 우아함과 문체의 경제성으로, Sperry와 공동 저자들이 실제적이고 실용적인 매뉴얼을 제시하는 동시에 복잡한 생각들을 얼마나 본질에 충실하게 전개했는지에 대해 감명받았던 것을 기억한다. 그 책은 사례개념화에 대한 나의 의견과 연구를 다듬게 했고, 그 이후 정기적으로 이를 참고했다. 『상담실무자를 위한 사례개념화: 이해와 실제』(초판)는 이런 우수한 면면들이 계속 이어졌고, 최신판인 2판에도 수록되어 있다. 이 책은 사례개념화 능력이 필수적인 기술이라는 심리치료 전문가들의 합의된 견해와 상담자들이 역량을 갖출 수 있도록 돕는 공식적인 훈련의 상대적인 부족함 사이의 격차를 줄여 준다.

　2판의 핵심적인 내용은 탄탄하고 종합적인 사례개념화는 높은 설명력과 높은 예측력을 모두 가지고 있으며 이러한 이유로 상담의 효과성에 유의한 영향을 미친다는 것이다. 더 나아가 그러한 사례개념화를 하기 위한 학습이 쉽게 이루어지며 임상실습에서 활용될 수 있다는 것이다. 내담자를 심리치료로 이끄는 문제에 대한 설명은 혼돈되고, 혼란스러우며, 소외된 일련의 경험을 이해하는 데 도움이 된다는 점에서 내담자에게 선물일 뿐만 아니라, 설명과 함께 상담을 안내하는 강력한 도구를 가진다는 점에서 상담자에게도 선물이 된다. 높은 예측력은 사례개념화가 미래지향적이라는 것을 말한다. 그것은 문제가 나타나기 전에 상담에서 미리 예측하고 개선된 결과로 이어져야 한다.

Sperry와 Sperry는 체계적이고 수행하기 쉬운 방식으로 독자가 설득력 있는 설명과 예측력 높은 사례개념화를 구성할 수 있는 방법을 학습하도록 돕는다. 중요한 임상정보, 유발요인, 내담자 문제의 유지요인, 부적응적 패턴 설명, 문화적 영향, 전술한 정보를 바탕으로 상담계획에 대한 철저한 접근 등 사례개념화의 주요 구성요소가 설명된다. '3세대' 상담인 부부 및 가족상담 사례개념화 및 트라우마를 가진 내담자의 상담 사례개념화를 다룬 추가된 새로운 장은 이 책의 적시성과 유용성을 더해 준다. 저자들에 의해 제시된 활동지는 이러한 정보를 개발하고 구성하는 데 도움이 된다.

이 책을 읽다 보면, 이 책의 저자들이 대가라는 것을 알게 된다. 설명하는 방식이 분명하고 흥미로우며, 사례 그리고, 내담자-상담자 대화 및 설명이 풍부하다. 결이 다른 사례개념화가 대조되며, 저자들은 어떤 것이 왜 더 나은 설명력과 더 높은 예측력을 제공하는지 설명하고 있다. 이러한 특징들이 독자의 관심을 끌고 능력을 계발하도록 격려한다. 나는 Sperry와 Sperry의 이 책을 읽으면서 많은 것을 배웠다. 나는 이 책의 저자들에게 찬사를 보내며, 사례개념화를 학습하거나 사례개념화 기술을 연마하는 데 관심이 있는 사람들에게 이 책으로 제대로 공부하기를 강력히 권한다.

Tracy D. Eells

루이빌 대학교(University of Louisville)

저자 서문

1990년 이전에는 정신건강 전문가와 수련생이 사례개념화에 대해서 이야기한 적이 거의 없었다. 당연히 상담현장에서 사례개념화를 사용하는 경우도 거의 없었다. 30년 후에, 사례개념화가 점차적으로 능력 있고 질적인 정신건강 실제와 관련되면서 상황이 현저히 달라졌다. 현재는 사례개념화를 사용하는 능력이 필수적인 임상 능력으로 간주되며, 정신건강 종사자—심리치료사, 임상심리학자, 정신과 의사, 물질남용 상담사, 재활상담자, 학교상담사—는 일상의 상담현장에서 점점 더 사례개념화를 사용할 것으로 기대되고 있다.

이러한 기대에는 문제가 있는데, 이런 능력에 대한 공식적인 훈련을 받은 상담자가 거의 없으며, 최근에야 대학원 프로그램에서 정신건강 전문가 훈련에 사례개념화를 구현하기 시작했기 때문이다. 설상가상으로 적절한 사례개념화를 구성하고 작성하는 것은 상담자와 수련생이 숙달해야 하는 어려운 능력들 중 하나라는 점이다. 만약 여러분이 정신건강 상담자라면, 여러분은 사례개념화 능력을 키우려는 희망으로 이 책을 선택했을 것이다. 그리고 여러분이 대학원 정신건강 프로그램 수련생이라면, 이 책은 여러분이 이 능력을 학습하는 것을 돕기 위해 선정되었을 것이다.

이 책의 초판은 이러한 막강한 능력을 학습하고 숙달하는 도전과제를 다루었다. 초판에서는 인지행동치료, 정신역동 심리치료, Adler 심리치료, 생리심리사회적 접근 등에서 핵심 요소들을 포함한 사례개념화를 작성하기 위해 숙달하기 쉬운 통합적 사례개념화 모형을 소개했다. 그리고 사례개념화, 상담계획, 상담개입, 문화적 민감성에 대한 새로운 구성 및 연구를 강조했다. 또한 상세하고 설득력 있는 사례와 주요 사항을 설명한 진술문을 제공했다. 마지막으로, 사례개념화 기술을 향상시키기 위한 구체적인 연습문제를 독자에게 제공했다.

그러나 어느 누구도 초판이 출판된 후 8년 동안 일어난 여러 가지 추가적인 변화를 예상하지 못했다. 결과적으로 이러한 변화에 대응하는 개정판이 제안되었다. 그중에서 가장 중요한 것은 수용전념치료 사례개념화와 부부/가족상담 사례개념화에 대한 새로운 장과 변증법적 행동치료 사례개념화에 대한 간략한 단원이 추가되었다는 것이다. 이러한 개정 내용은 독자의 피드백, 외부 검토자, 학생과 워크숍 참여자의 요청에 의해 이루어졌다. 일상적인 임상현장에서 관련 사례가 증가하는 것을 고려하여, 우리는 트라우마 문제에 민감하게 사례개념화 하는 방법들을 요청받고 이를 포함시켰다. 아동 · 청소년 상담과 학교상담을 하는 사람들은 어린 내담자에 맞춘 사례개념화를 구성하는 것에 대한 도움을 요청했다. 그래서 우리는 13세 학생 Katrina의 사례를 포함시켰다. 마지막으로, 각 장의 끝에는 그룹 토론이나 자율학습을 위한 질문을 추가했다.

이 책의 구성은 간단하다. 1장에서 5장까지는 나머지 장들의 배경 자료를 제공하고 있다. 1장은 사례개념화와 그 구성요소에 대한 개관이다. 2장은 사례개념화의 진단적 공식화 구성요소를 설명하기 전에 진단적 평가, 임상적 평가 또는 이론기반 평가를 다루었다. 3장에서는 임상적 공식화와 문화적 공식화의 구성요소를 강조했고, 4장에서는 상담개입 공식화 구성요소를 강조했다. 5장은 개인, 부부 그리고 가족상담 사례개념화를 구성하는 것과 관련된 여러 요인 및 역동에 초점을 두었다.

이 5개의 장은 6장에서 10장에 걸쳐 있는 책의 핵심을 독자들에게 준비시킨다. 이 장들에서 독자는 사례개념화의 5개 모형을 소개받는다. 각 장에는 해당 모형을 반영한 종합형 사례개념화의 다섯 가지 실례를 제시하고 있다. 이 장들마다 동일한 다섯 가지 상담사례가 분석되고 사례개념화의 진술문이 제공된다. 6장은 생리심리사회적 사례개념화, 7장은 인지행동적 사례개념화, 8장은 단기역동 사례개념화, 9장은 Adler 사례개념화 그리고 10장은 수용전념치료 사례개념화를 각각 다루고 있다. 또한 부록에는 유용한 활동지, 표 그리고 사례개념화 평가양식이 포함되어 있다.

여러분은 이 책이 필요한지, 활용하기 쉬운지, 여러분에게 실제로 임상적 가치가 있을 것인지 궁금할 것이다. 현재 실제로 사례개념화를 실행하는 방법은 두 가지뿐이다. 하나는 구조화된 또는 이론기반 방법, 예를 들면 CBT 또는 정신역동적 접근을 배우고 적용하는 것이다. 다른 하나는 직감적 방법을 이용하는 것으로, 예를 들면 상담자가 사례요약에 시행착오를 겪으며 구상하는 것이다. 또 다른 방법은 특정 방법과 접근의 독특한 요소를 허용하면서 여러 구조화된 방법의 공통요소를 담아낸 통합적 사례개념화 모형을 활용하는 것이다. 사례개념화에 대한 다른 책들과 달리, 이 책은 통합적인 사례개념화 방법을 제시하고 그 실례를 분명히 보여 주며, 이를 학습할 수 있는 연습을 제공하는 유일한 책이다.

용어에 대해 한마디 하자면, 사례개념화, 사례공식화, 임상적 공식화, 상담개입 공식화 그리고 진단적 공식화는 같은 뜻으로 사용되는 경향이 있다. 우리는 두 가지 이유로 사례공식화 대신에 사례개념화라는 명칭을 사용할 것이다. 첫 번째 이유는 '사례개념화'라는 용어가 이제 정신건강 영역에서 두루 선호되는 명칭이기 때문이고, 두 번째 이유는 혼돈을 피하기 위해서이다. 1부에서 언급한 것처럼 우리는 사례개념화의 구성요소를 진단적 공식화, 임상적 공식화, 문화적 공식화, 그리고 상담개입 공식화 등 네 가지로 구분했다. 표

현을 명료하게 하기 위해 우리는 일반적인 과정을 나타낼 때는 사례개념화를
사용하고, 세부적인 과정을 나타낼 때는 진단적 공식화, 임상적 공식화, 또는
상담개입 공식화를 사용했다. 우리는 또한 심리치료사, 치료사, 상담사, 심리
학자, 정신과 의사, 임상가 등과 같은 용어 대신에 '상담자'라는 일반 명칭을
사용할 것이다.

마지막으로, 사례개념화에 대한 교육, 연구, 저술과 관련된 우리의 전문적
인 활동이 1980년대에 시작하여 오랜 기간 동안 지속되어 왔음을 덧붙이고 싶
다. 여러 학술논문 중 첫 번째(Sperry, 1988)는 1988년에 발표되었고, 1992년
에는 첫 번째 책(Sperry et al., 1992)이 출판되었다. 종합해 보면 우리는 이 통
합적 모형의 버전을 대학원 과정, 학술발표 및 워크숍에서 지난 45년 동안 가
르쳐 왔다. 거의 모든 참여자가 이 방법이 이해하고 쉽고 활용하기 쉽다는 것
을 알게 되었고, 이어서 이런 능력을 연마할 수 있었으며, '어려운' 사례를 포
함하여 자신의 사례에 이를 적용할 수 있다는 자신감을 얻었다. 우리는 여러
분도 이러한 경험을 하게 될 것이라고 믿는다.

Len Sperry와 Jon Sperry

차례

1부

1장 │ **사례개념화 개관**　**23**

2부

1부

　이 책의 1장에서 5장까지는 2부에서 다룰 내용의 배경이 되는 자료를 제공할 것이다. 1부는 2부와 달리 대부분 사례개념화 연구, 사례개념화 구성요소 및 원리에 대한 이론적 설명으로 이루어져 있다. 그러나 그런 이론적 설명이 난해하고 임상적 가치가 전혀 없다는 의미는 아니다. 1부에서도 임상사례 자료가 충분하게 설명되어 있다. 1장에서는 사례개념화에 대한 개관으로 사례개념화의 임상적 가치와 유용성에 대해 설명할 것이다. 2장에서는 진단적 평가와 임상적 · 이론적 평가를 다룬 후 사례개념화의 진단적 공식화 구성요소를 설명할 것이다. 3장에서는 임상적 · 문화적 공식화 구성요소를 설명하고, 4장에서는 상담개입 공식화 구성요소에 대해 설명할 것이다. 5장에서는 부부와 가족 대상으로 사례개념화를 할 때 관련되는 요인들과 역동에 초점을 둘 것이다.

1장

사례개념화
개관

　사례개념화란 무엇이고 요즘 왜 그에 대한 관심이 많은가? 기본적으로 사례개념화는 내담자의 문제를 이해하고, 설명하며, 상담과정을 안내하는 방법이다. 사례개념화는 평가와 임상적 성과가 있는 상담을 연결하는 '다리'와 같은 기능을 한다. 책무성을 요하는 이 시대에, 효과적인 임상실제가 사례개념화를 구성하고 이용하는 능력을 전제로 한다는 것은 놀라운 일이 아니다. 사실 많은 사람이 사례개념화가 상담과 심리치료에서 가장 중요한 능력이라고 생각하며, 숙달하기 위해 반드시 도전해야 할 것 중의 하나라고 생각한다. 이 장에서는 사례개념화에서의 능력을 소개하고 개관할 것이다.

　이 장은 사례개념화와 그 기능을 정의하는 것으로 시작할 것이다. 다음으로 사례개념화의 다양한 요소를 기술하고 설명할 것이다. 이어서 사례개념화의 네 가지 구성요소, 즉 진단적 공식화, 임상적 공식화, 문화적 공식화 그리고 상담개입 공식화를 논의할 것이다. 그런 후 사례개념화를 평가하는 데 사용할 수 있는 세 가지 수준을 설명하고, 그다음 사례개념화에 대한 몇 가지 오해를 논의할 것이다. 마지막으로, 이 책 전체에 걸쳐 인용되고 6장에서 10장에 걸쳐 자세하게 분석하게 될 다섯 개의 임상사례의 배경 자료를 소개할 것이다.

사례개념화: 정의 및 기능

사례개념화는 상담자가 상담목표의 성취 가능성을 높이기 위해 상담개입을 계획하고 초점을 맞춰 일관된 상담전략을 구상할 수 있도록 한다. 많은 상담자가 자신의 상담실무를 안내할 수 있는 사례개념화를 구성하지만, 상담자들이 모두 이러한 사례개념화를 명시적으로 표현하지 않는 것은 자신의 이러한 능력을 확신하지 못하기 때문이다. 사례개념화를 구성하고 구체화해야 하는 여러 가지 이유가 있으나, 가장 설득력 있는 이유는 상담자가 사례개념화를 통해 자신의 상담에 대해 자신감을 갖는 경험을 할 수 있다는 것이다(Hill, 2005). Hill(2005)은 이러한 자신감이 내담자에게 전달되어, 상담자가 믿을 만한 계획을 가지고 있으며 상담의 효과가 있을 거라는 내담자의 신뢰와 믿음을 강화한다고 하였다.

이 책에서는 사례개념화를 내담자에 대한 정보를 모아서 조직화하고, 내담자의 상황과 부적응적 패턴을 이해하고 설명하며, 상담을 안내하고 초점을 맞추고, 도전과 장애를 예상하고, 성공적인 종결을 준비하기 위한 방법 및 임상적 전략으로 정의하고 있다(Sperry, 2010, 2015). 또한 사례개념화는 상담자가 상담회기 전에, 상담회기 동안, 그리고 상담회기 후에 내담자의 다양한 역동을 이해하고, 그 내담자에 대한 다양한 전략의 사용을 결정하는 데 활용되는 인지적 과정이다.

> 사례개념화의 정의: 사례개념화는 내담자에 대한 정보를 모아서 조직화하고, 내담자의 상황과 부적응적 패턴을 이해하고 설명하며, 상담을 안내하고 초점을 맞추고, 도전과 장애를 예상하고, 성공적인 종결을 준비하기 위한 방법 및 임상적 전략이다.

이러한 정의는 임상전략으로써 서로 밀접한 관계가 있는 다음의 다섯 가지 기능을 강조한다.

1. 모아서 조직화하기

사례개념화 과정은 맨 처음 내담자 면담에서부터 시작되며, 내담자의 호소, 기대 및 역동에 관한 잠재적 가설을 세운다. 이러한 가설들은 내담자의 현재 및 과거의 삶에서 촉발요인, 유발요인 그리고 유지요인에 관한 패턴들(부정적인 패턴)을 찾기 위해 종합적인 평가를 수행하면서 계속적으로 검증된다.

2. 설명하기

내담자의 부정적 패턴에 대한 윤곽이 드러나고 가설들이 정립됨으로써 진단적 · 임상적 · 문화적 공식화가 구체화된다. 이러한 공식화 안에는 내담자가 과거, 현재 그리고 상담의 개입이 없다면 미래에 보이게 될 반응의 원인이 되는 요인들에 대한 가능성 있는 설명이 있다. 이런 설명은 또한 내담자의 욕구, 기대, 문화 그리고 성격역동에 적합한 상담개입을 수립하는 근거가 된다.

3. 상담을 안내하고 초점 맞추기

앞의 설명을 바탕으로 상담개입 공식화가 구체화되고, 상담목표를 구체화하기 위한 전략과 상담의 초점과 실행을 위한 전략이 수립된다.

4. 도전과 장애 예상하기

효과적인 사례개념화는 상담과정에서 있을 수 있는 장애와 도전을 얼마만큼 예상하느냐에 달려 있는데, 특히 상담과정에의 적극적 참여와 헌신, 집착, 저항, 양가감정, 동맹의 결렬, 전이 재연, 재발, 종결 등이 포함된다.

5. 종결 준비하기

사례개념화는 또한 상담자가 가장 중요한 임상목표와 상담목표가 이루어진 때를 인식하고, 언제 어떻게 종결을 준비해야 하는지 알 수 있도록 도와준다(Cucciare & O'Donhue, 2008). 몇몇 내담자, 특히 의존적 이슈가 있는 내담자, 거절에 민감한 내담자, 버림받은 경험이 있는 내담자에게는 상담 종결과정이 상당한 스트레스가 될 수 있다. 따라서 이런 점을 예상하여 효과적으로 구성된 사례개념화는 내담자에게 종결을 준비시키는 데 매우 유용할 것이다(Sperry, 2010).

임상적으로 유용한 사례개념화

임상적으로 유용한 사례개념화는 상담과정을 효과적으로 계획하고 안내하도록 설명력(호소문제에 대한 설명)과 예측력(상담 성공과 관련된 장애요인과 촉진요인 예측)을 제공한다. 그렇다면 임상적으로 유용한 사례개념화에는 구체적으로 어떤 특징이 있을까?

이 질문에 대한 우리의 의견을 말하기 전에 여러분에게 간단한 실험을 하고자 한다. 다음에 동일한 사례에 대한 세 가지 사례개념화가 있다. 이를 '버전 1' '버전 2' '버전 3'이라고 하자. 각 버전은 길이와 강조점이 다르다. 각 버전의 하단에 있는 '논평'은 보지 말고, 먼저 세 가지 버전을 읽어 보라. 그다음 '어느 버전(1, 2 또는 3)이 내담자를 가장 잘 설명하고 있고, 상담계획을 가장 잘 구체화하고 있으며, 긍정적인 성과를 낼 가능성이 있는지' 스스로에게 질문해 보라. 그다음 우리의 선택을 반영한 논평을 읽고 그 이유를 생각해 보라.

버전 1

Geri는 35세의 아프리카계 미국 여성으로, 3주 동안 우울한 기분이 지속되어 평가와 상담이 필요하다고 본 그녀의 회사 인력자원부 책임자에 의해 의뢰되었다. 다른 증상으로는 에너지 저하, 뚜렷한 흥미 감소, 불면증, 주의집중의 어려움, 사회적 고립감 증가가 있다. 주목할 점은 우울증에 대한 가족력인데, 그녀에게는 수면제를 과다 복용한 것으로 추측되는 이모가 있다. 그녀는 자신이 믿고 있는 종교가 자살을 금하고 있기 때문에 지금도 과거에도 자살에 대한 생각과 계획을 한 적이 없다고 말했다. Geri는 DSM-5의 주요우울증에서 경도에서 중등도 정도의 단일 삽화의 기준을 충족하고 있다. 그녀는 건강이 좋다고 하였고, 약물, 알코올 또는 마약 성분의 물질은 사용하지 않는다고 하였다. 이전의 정신과 입원이나 개인상담 또는 가족상담 이력은 보고되지 않았다. 정신과 의사는 이 시점에서 입원을 할 만한 징후는 나타나지 않았다고 하였다. 상담목표는 증상의 감소와 기본적 기능 상태를 회복하는 것으로 구체화되었다. 외래 치료로 우리 클리닉의 정신과 의사가 검토한 하루 50mg의 항우울제 졸로프트(Zoloft)가 처방될 것이고, 즉각적으로 매주 심리치료 회기가 진행될 예정이다.

논평　　이 버전은 사례에 대한 사실적 기술로, DSM 진단과 최초 상담계획을 강조하고 있다. 주목해야 할 점은 성격적·상황적·문화적 역동이 없다는 것이다. 또한 관련 증거도 없이 내담자에게 약물치료가 선택되었다는 점을 주시해야 한다. 게다가 내담자가 포괄적인 상담계획을 따를지, 회복될 수 있는지에 대한 예측이 없다. 이 버전은 사실상 사례개념화라고 해야 할지 말아야 할지 애매하다. 오히려 이 버전은 기본적으로 사례 요약이다. 유감스럽게도 이 버전에는 사실상 설명력이나 예측력이 없다.

버전 2

　Geri의 사회적 고립감 증가와 우울 증세는 임박한 부서 이동과 승진 소식에 대한 반응으로 보이며, 그녀는 비판받고 거절당하며 안전하지 않다고 느끼는 상황을 회피하는 경향이 있다. 그녀는 살아오면서 가능한 한 타인을 회피하고, 평소 타인과 조건적으로 관계 맺는 것이 안전하다는 것을 알았다. 그 결과, 그녀는 주요 사회적 기술이 부족하고 제한된 사회적 관계를 맺어 왔다. 이러한 패턴은 요구하고, 비판하고, 정서적으로 도움을 주지 않으면서 타인에게 개인적인 노출, 가족에 대한 노출을 강하게 금지시킨 부모와 또래들의 괴롭힘과 비난, 그리고 결함과 사회적 고립에 대한 스키마를 고려해 보면 이해할 수 있다. 우울증에 대한 그녀의 가족력은 슬픔과 사회적 고립에 생물학적으로 취약하게 만들었고, 이는 관계 기술의 개발 부족으로 이어졌다. 이 패턴은 수줍음, 혼자 살고 있음, 제한된 사회적 기술 그리고 사회적 고립이 더 안전하다는 깨달음에 의해 유지되어 왔다. 상담목표는 우울 증세의 감소, 대인관계 및 친구관계 기술의 증진, 업무 복귀이다. 상담은 즉시 시작될 것이며, 우리 클리닉의 정신과 의사가 검토하고 처방한 약물로 우울 증세와 사회적 고립감의 감소에 역점을 둘 것이다. 인지행동치료는 행동 활성화 전략과 자신, 타인 그리고 세상에 대한 잘못된 신념을 다루는 인지재구조화, 수줍음, 거절에 대한 민감성, 불신, 타인으로부터의 고립을 다루는 대처전략에 초점을 두고 진행할 것이다. 또한 Geri가 보다 나은 업무 환경으로 복귀하여 적응할 수 있도록 그녀의 직장 상사 그리고 인력개발 책임자와 협력할 것이다. Geri는 자기표현, 신뢰감, 친구관계 기술이 상당히 부족하므로, 나중에 심리교육에 역점을 둔 집단상담이 추가될 것이다. 예후는 보통에서 좋음 수준이다.

　논평　　이 버전은 기술적 측면에 초점을 둔 버전 1보다 더 나은 설명과 상담의 영향을 제시하고 있다. 이 개념화에서는 성격 역동과 상황 역동이 강조되었고, 이에 따라 상세한 맞춤형 상담계획을 수립하였다. 이 버전은 인지행동적 관점에서 분명하다. 그러나 문화적 요인들과 상담의 성공에서 예측되는 잠정적 장애를 다루지 않았다. 요약하면, 이 버전은 상당한 설명력이 있으나 상대적으로 예측력은 거의 없다.

버전 3

Geri의 사회적 고립감 증가와 우울 증세는 임박한 부서 이동과 승진 소식에 대한 반응으로 보이며, 그녀는 비판받고 거절당하며 안전하지 않다고 느끼는 상황을 회피하는 경향이 있다. 그녀는 살아오면서 가능한 한 타인을 회피하고, 평소 타인과 조건적으로 관계 맺는 것이 안전하다는 것을 알았다. 그 결과, 그녀는 주요 사회적 기술이 부족하고 제한된 사회적 관계를 맺어 왔다. 이러한 패턴은 요구하고, 비판하고, 정서적으로 도움을 주지 않으면서 타인에게 개인적인 노출, 가족에 대한 노출을 강하게 금지시킨 부모와 또래들의 괴롭힘과 비난, 그리고 결함과 사회적 고립에 대한 스키마를 고려해 보면 이해할 수 있다. 우울증에 대한 그녀의 가족력은 슬픔과 사회적 고립에 생물학적으로 취약하게 만들었고, 이는 관계 기술의 개발 부족으로 이어졌다. 그럼에도 불구하고 Geri에게는 그녀를 위해 작동하는 보호요인들이 있다. 그녀는 가까이 지내는 직장동료에게 꽤 확실한 지지를 받고 있고, 강한 직무 몰입감을 가지고 있다. 그녀는 또한 「미국장애인복지법(Americans with Disabilities Act)」에 따라 직무조정을 요청할 수 있는 자격이 있다. 이것은 그녀가 스트레스를 덜 받으면서 현재의 직장으로 복귀할 가능성이 있다는 것을 의미한다.

이 패턴은 수줍음, 혼자 살고 있음, 제한된 사회적 기술 그리고 사회적 고립이 더 안전하다는 깨달음에 의해 유지되어 왔다. Geri와 그녀의 부모는 문화적으로 매우 잘 적응한 상태이고, 그녀는 자신의 우울증이 업무에 대한 스트레스와 뇌의 '화학적 불균형'에 의한 결과라고 생각한다. 편견이나 문화적 갈등요인이 없는 것은 확실하다. 대신 Geri의 현재 임상적 호소는 성격 역동과 관련이 깊다.

Geri의 도전과제는 타인과 관계를 맺을 때 더 효과적으로 기능하고 안전함을 느끼는 것이다. 상담목표에는 우울 증세를 감소시키고, 대인관계와 친구관계 기술을 증진시키며, 업무에 복귀하고 직장에서 지지적 사회관계를 형성하는 것이 포함된다. 상담의 초점은 그녀의 부적응적 신념과 행동을 변화시키는 데 맞춰질 것이다. 이러한 상담목표를 달성하기 위한 상담전략으로는 인지행동적 대체, 둔감법 그리고 사회적 기술 훈련을 활용할 것이다. 첫째, 약물치료와 둔감법으로 우울 증세를 감소시키고, 인지행동적 대체로 거절에 대한 민감함과 타인으로부터의 고립 증세를 다룬다. 둘째, 집단상담 장면에서의 사회적 기술 훈련을 통해 자기표현, 신뢰감, 친구관계 기술에 역점을 둔다. Geri가 보다 나은 업무 환경으로 복귀하여 적응할 수 있도록 직장 상사 그리고 인력개발 책임자와 협력한다. 순차적으로 (클리닉 정신과 의사의 자문을 받아) 내과 의사가 약물치료 관리를 맡을 것이고, 개인상담 형식으로 즉각 인지행동적 대체를 실행할 것이다.

상담에서의 몇 가지 장애와 도전을 예상할 수 있다. 그녀의 회피적 성격구조로 볼 때, 애매모호한 저항을 할 가능성이 있다. 그녀는 개인적인 문제를 상담자와 이야기하는 것을 어려워하고, 막판에 약속을 바꾸거나 취소하고 또 지각을 함으로써 상담자가 자신을 비난하도록 상담자를 '시험'하고 자극할 것이며, 꾸물거리고, 감정을 회피하고, 다른 한편으로는 상담자의 신뢰성을 '시험'할 것으로 예상된다. 일단 상담자에 대한 신뢰가 생기면, 그녀는 상담자와 상담에 의존할 가능성이 있으며, 상담실 밖의 사회적 지지체계가 증가하지 않는 한 종결이 어려울 수도 있다. 게다가 그녀의 회피 패턴은 집단상담에 참여하고 지속하는 것을 어렵게 할 가능성이 있다. 따라서 수용적이고 비판단적인 집단상담자와 여러 번 만나도록 하여 개인상담에서 집단상담으로 전환할 수 있도록 도와주어야 한다. 이것은 Geri의 안전감을 높여서 집단 장면에서 어렵지 않게 자기노출을 하도록 할 것이다. 전이 재연도 고려해야 한다. 부모와 또래들의 비난과 괴롭힘의 정도를 감안해 볼 때, 상담자가 조급해하고 언어적·비언어적 비난의 징후를 보이면 이러한 전이가 활성화될 것으로 예상된다. 마지막으로, Geri는 그녀가 믿는 사람들에게 집착하는 경향이 있으므로 종결을 앞둔 마지막 4~5회기 정도는 독립적으로 기능하는 데 자신감을 갖도록 해야 종결에 대한 그녀의 양가감정을 줄일 수 있을 것이다. Geri가 상담실 안과 밖에서 자신감을 키우고 관계 기술과 사회적 접촉을 높이고 복직한다면 예후는 좋을 것으로 판단된다. 그렇지 않으면 지켜봐야 한다. 상담진행은 문화적 개입 또는 문화적으로 민감한 상담개입에 의존하지 않아도 될 것이다. 그러나 아버지와의 긴장이 고조된 관계와 그 후 남성들과의 제한된 관계를 고려해 보면 성 역동은 치료적 관계에 영향을 줄 수 있다. 따라서 개인상담과 집단상담 둘 다 상담의 초기단계에는 여성 상담자가 하는 것이 바람직해 보인다.

논평   이 버전은 버전 1의 기술적 강조 대신에 설명과 상담의 의미를 강조하고 있다. 성격, 상황적 역동 그리고 문화적 역동이 이 사례개념화의 핵심이며, 상담이 성공적으로 이루어지도록 잠정적 장애를 예상하여 맞춤형 상담계획을 수립하였다. 어떤 사람은 이 버전이 너무 길다고 생각할 수도 있다. 이 버전은 다른 두 버전보다 더 길고, 더 자세하며, 초점을 맞춘 세부적인 내용에는 중요한 설명력과 예측력이 포함되어 있다.

〈표 1-1〉은 이상의 세 버전 각각에 포함된 요소들을 시각적으로 비교한 것이다.

분명히 버전 3은 다른 두 버전을 합친 것보다 더 많은 요소를 포함하고 있다. 버전 2는 버전 1보다 더 상세하고, 버전 3은 더욱 상세하다. 그러나 버전 2에는 문화와 관련된 요소 전체가 빠졌다는 점에 주목해야 한다. 어떤 사례에서는 문화적 요소가 작동하지 않을 수도 있지만, 사례개념화에서 문화적 요

표 1-1 **세 버전의 사례개념화 비교**

사례개념화 요소	버전 1	버전 2	버전 3
호소문제	○	○	○
촉발요인		○	○
부적응적 패턴		○	○
유발요인		○	○
보호요인			○
유지요인		○	○
문화적 정체성			○
문화적 스트레스/문화적응			○
문화적 설명			○
문화 그리고(또는) 성격			○
적응적 패턴			○
상담목표	○	○	○
상담의 초점			○
상담전략		○	○
상담개입	○	○	○
상담의 장애			○
문화적 상담개입			○
상담의 예후		○	○

소들을 설명하지 않고 결정을 내려서는 안 된다.

우리가 이 책에서 계속 강조하겠지만, 설명력과 예측력이 높은 사례개념화는 그렇지 않은 사례개념화보다 임상적으로 훨씬 유용하다.

교육자와 임상 수퍼바이저로서 우리는 완벽한 사례개념화, 즉 열여덟 개의 요소 모두를 설명한 사례개념화를 선호한다. 그러나 특정한 사례개념화를 할 때 몇 개의 요소가 있어야 충분한지는 여러분의 결정에 맡기고자 한다.

사례개념화의 구성요소

사례개념화는 네 가지의 구성요소로 이루어져 있다. 즉, 진단적 공식화, 임상적 공식화, 문화적 공식화 그리고 상담개입 공식화이다(Sperry et al., 1992; Sperry, 2005, 2010). 〈표 1-2〉에 이러한 구성요소와 각 구성요소에 대해 개략적으로 설명하였다.

표 1-2 **사례개념화의 네 가지 구성요소**

구성요소	설명
진단적 공식화	내담자의 호소문제와 촉발요인 또는 유지요인과 더불어 기본적인 성격 패턴을 기술하고, '무엇'에 대한 질문, 이를테면 '무슨 일이 얼어났는가?'에 대한 답을 한다. 보통 DSM-5 진단이 포함된다.
임상적 공식화	내담자의 패턴을 설명하고, '왜'라는 질문, 이를테면 '그것이 왜 일어났는가?'에 대한 답을 한다. 사례개념화에서 중심이 되는 구성요소로, 진단적 공식화와 상담개입 공식화를 연결한다.
문화적 공식화	사회적·문화적 요인을 분석하고, '문화가 어떤 역할을 하는가?'라는 질문에 대한 답을 한다. 문화적 정체성, 문화적응과 스트레스의 정도, 문화적 설명 그리고 문화적 역동과 성격 역동 간의 상호작용을 구체화한다.
상담개입 공식화	상담개입 계획을 위한 명확한 청사진을 제공한다. 진단적 공식화, 임상적 공식화 그리고 문화적 공식화의 논리적 확장으로, '어떻게 하면 그것이 변화될 수 있는가?'에 대한 답을 한다. 여기에는 상담목표, 상담의 초점, 전략과 구체적인 상담개입, 이런 목표를 달성하는 과정에서 예상되는 도전과 장애들이 포함된다.

사례개념화 평가

앞에서 언급한 바와 같이, 모든 사례개념화가 똑같지 않다. 어떤 개념화는 다른 것보다 임상적으로 더 유용하다. 우리는 사례개념화를 평가할 때 설명력과 예측력이 포괄적인 기준으로 유용하다고 생각한다. Eells(2010)는 사례개념화 평가를 위한 몇 가지 세부적인 기준을 제안했는데, 그 기준은 다음과 같다. 심리이론이 문제와 증상을 어느 정도 설명하고 있는가? 그것이 충분히 일관성 있게 구체화되고 있는가? 선택한 이론의 핵심 구성요소가 포함되어 있는가? 그것이 충분히 호소문제를 설명하고 있는가? 진단적 공식화와 임상적 공식화의 모든 요소가 상담개입 공식화와 상담계획에서 연결되어 다루어지고 있는가? 상담개입 공식화와 상담계획이 진단적 공식화, 임상적 공식화와 논리적으로 일관성 있게 이어지고 있는가? 상담계획에는 단기-장기의 분명한 상담목표가 포함되어 있고, 상담자가 대비할 수 있는 것 이외의 잠재적인 위험 이슈가 검토되고 있는가?

또한 Eells는 사례개념화의 종합적인 질을 평가하기 위한 추가적인 기준을 제시하였다. 그 기준은 포괄성, 일관성, 언어의 정확성, 공식화의 주제와 상담계획의 정교화 정도, 공식화의 복합성, 임상적 공식화와 상담개입 계획 간의 연계성, 그리고 상담자가 사례개념화를 할 때 체계적 과정을 적용한 정도이다(Eells, 2010). 이 절에서는 각 사례개념화 구성요소의 충분조건을 포함하여 사례개념화의 충분조건을 규정하는 방법을 제시하고, 충분조건의 세 가지 수준도 기술할 것이다.

높은 수준의 사례개념화

높은 수준의 사례개념화에는 다음의 특징이 나타난다. ① '무슨 일이 일어났는가?'라는 질문(진단적 공식화), '그것이 왜 일어났는가?'라는 질문(임상적 공식화), '그것에 대해 무엇을 할 수 있는가?'라는 질문(상담개입 공식화) 그리고 '문화가 어떤 역할을 하는가?'라는 질문(문화적 공식화)을 다룬다. ② 저항, 전이, 불이행 등과 같은 상담의 '장애'를 예상한다. ③ 분명하게 정의된 '상담 초점'과 '상담개입 전략'을 상술한다. ④ '맞춤' 상담개입의 근거로 제시된다. ⑤ 상담 처리 결정을 내리고 수정할 때 지침이 되며, 효과적인 치료적 동맹을 유지하고, 종결 이슈를 계획하고 예상하는 근거가 된다. ⑥ 사례개념화의 다양한 구성요소가 포함된 보고서의 내용 간에는 높은 수준의 일관성이 있다 (Sperry, 2010). 구체적으로 이것은 상담개입 공식화가 임상적 공식화와 진단적 공식화를 직접적으로 반영하고 있음을 의미한다. 결정적으로 이러한 사례개념화는 상당한 수준의 설명력과 예측력을 가지고 있다.

중간 수준의 사례개념화

중간 수준의 사례개념화에는 다음의 특징이 나타난다. 높은 수준의 사례개념화와 비슷하게, 중간 수준의 사례개념화에서도 진단적 공식화, 임상적 공식화, 문화적 공식화 그리고 상담개입 공식화 질문들을 다룬다. 또한 서술한 보고서에 사례개념화의 여러 구성요소가 포함되어 있고 그 내용 간에는 타당한 일관성이 있으나, 높은 수준의 사례개념화에서 중심이 되었던 주요 요소들이 빠져 있다. 일반적으로 상담목표는 포함되어 있으나, 상담의 초점과 상담전략이 뚜렷하지 않다. 또한 상담목표를 달성하기 위해 장애를 충분히 고려하여 내담자에게 어떻게 맞춤으로 상담을 진행할 것인가가 분명하지 않다. 간단히 말해서, 중간 수준의 사례개념화는 설명력은 우수하지만 예측력이 떨어진다.

낮은 수준의 사례개념화

　낮은 수준의 사례개념화는 몇 가지 측면에서 부족한 점이 있다. 무엇보다도 낮은 수준의 사례개념화는 진단적 공식화, 임상적 공식화, 상담개입 공식화에 해당하는 질문을 충분히 다루지 못하여 임상적으로 유용한 설명이라기보다는 임상적 자료를 길게 써 놓은 경우가 많다. 결과적으로 상담목표가 충분히 명료화되고 초점 맞춰질 가능성이 없다. 상담목표를 달성하는 과정에서의 장애를 예상하지 못하기 때문에 상담자가 상담과정에서 놀라거나 크게 실망할 가능성이 있다. 치료적 동맹의 이슈가 문제가 되어 상담이 조기 종결될 가능성도 있다. 사례개념화를 포함한 보고서의 내용 간에 일관성이 전혀 없거나 거의 없는 것으로 드러날 것이다. 당연히 낮은 수준의 사례개념화에는 설명력도, 예측력도 없다.

사례개념화의 요소

　우리의 사례개념화 강의나 워크숍에 참가한 사람들은 사례개념화의 구성요소와 그 구성요소를 이루는 요소들로 사례개념화 내용을 제시하는 것이 이 능력을 이해하는 쉬운 방법이라는 데 동의한다. 여기에는 네 가지의 구성요소, 즉 진단적 공식화, 임상적 공식화, 문화적 공식화 그리고 상담개입 공식화가 있다. 각 구성요소는 여러 개의 사례개념화 요소로 이루어져 있다. 예를 들면, 진단적 공식화는 호소문제, 촉발요인, 부적응적 패턴이라는 요소들로 구성되어 있다. 〈표 1-3〉의 상단에 이들 세 요소가 간략한 정의와 함께 제시되어 있다. 마찬가지로 〈표 1-3〉의 나머지 부분에는 다른 구성요소와 그 구성요소를 이루는 요소들이 정의와 함께 제시되어 있다. 이러한 사례개념화의 구성요소와 구성요소를 이루는 요소들은 2장에서 4장까지 자세히 설명될 것이다.

표 1-3   **사례개념화의 요소**

호소문제	호소하는 문제 그리고 촉발요인에 대한 특정적인 반응
촉발요인	패턴을 활성화하여 호소문제를 일으키는 자극
부적응적 패턴	지각, 사고, 행동의 경직되고 효과가 없는 방식
유발요인	적응 또는 부적응적 기능을 촉진하는 요인
보호요인	임상적 문제의 발병 가능성을 감소시키는 요인
유지요인	내담자의 패턴을 지속적으로 활성화하여 호소문제를 경험하게 하는 자극
문화적 정체성	특정 민족집단에 대한 소속감
문화적 스트레스/문화적응	주류 문화의 적응 수준, 심리사회적 어려움을 포함한 문화적으로 영향을 받는 스트레스
문화적 설명	고통, 질환, 장애의 원인에 대한 신념
문화 그리고(또는) 성격	문화와 성격 역동 간의 상호작용 정도
적응적 패턴	지각, 사고, 행동의 유연하고 효과적인 방식
상담목표	단기-장기 상담의 성과
상담의 초점	적응적 패턴의 핵심이 되는 상담의 방향성을 제공하는 중요한 치료적 강조점
상담전략	보다 적응적인 패턴을 달성하기 위한 실행 계획 및 방법
상담개입	상담목표와 패턴 변화를 달성하기 위한 상담전략과 관련된 세부 변화 기법 및 책략
상담의 장애	부적응적 패턴으로 인해 상담과정에서 예상되는 도전
문화적 상담개입	해당 사항이 있을 경우 문화적 개입, 문화적으로 민감한 상담, 개입의 구체화
상담의 예후	상담을 하거나 하지 않을 경우, 정신건강 문제의 경과, 기간, 결과에 대한 예측

사례개념화에 관한 오해

사례개념화에 대해서는 여러 가지 오해와 왜곡된 의견이 많다. 이 절에서는 몇 가지 흔한 오해를 풀고자 한다.

오해 1: 사례개념화는 사례요약에 불과하다

어떤 사람들은 사례개념화가 근본적으로 사례요약이라고 생각한다. 다소 비슷한 점이 있긴 하지만 이 둘은 매우 다르다. 기본적으로 사례요약은 사례의 객관적 사실(호소문제, 발달사, 사회적 배경, 정신상태검사 등)을 종합 정리한 것이다. 반면에 사례개념화는 그러한 객관적 사실에서 추론하여, 사례에 관한 사실의 요약 너머에 있는 스토리를 구성한다. 사례개념화는 내담자의 호소문제를 내담자의 생활 패턴 맥락에서 파악하며, 생생한 추론을 하는 데 높은 수준의 추상적 개념을 수반한다. 그 결과로 맞춤형 상담개입이 도출될 수 있고, 잠재적인 장애와 도전을 예상할 수 있다. 이에 비해 사례요약은 설명력이 전혀 없고, 예측력도 거의 없다. 간단히 말하자면 사례개념화는 그냥 사례요약이 아니다.

오해 2: 사례개념화는 임상적으로 유용하지 않다

몇몇 수련생과 상담자는 사례개념화가 임상적으로 유용하지 않다고 주장하곤 한다. 실제로 사례개념화의 활용이 임상적으로 유용하며, 긍정적인 상담 성과와 관련되어 있다는 것을 보여 주는 연구는 시작단계이다(Kuyken, Padesdky, & Dudley, 2009). 점차적으로 사례개념화는 증거기반 상담과 관련되어, 임상적 유용성의 명백한 지표가 되고 있다. 2005년 미국심리학회

(American Psychological Association)의 증거기반 상담 특별전문위원회는 이 관련성을 인정하였다(APA Presitential Task on Evidence–Based Practice, 2006). 다른 학자들 또한 이 관련성을 인정하였고, 사례개념화가 효과적인 증거기반 상담에서 필수적이라고 결론지었다.

> 사례공식화(case formulation)는 증거기반 인지행동치료(CBT) 상담의 초석이다. 사례공식화는 인지행동치료 상담의 특정 사례에서 상담실제, 상담이론, 상담연구 간의 다리 역할을 한다. 사례공식화는 주어진 사례에 대한 개인적 특성, 관련 상담이론, 상담연구를 통합하여 인지행동치료 이론 안에서 내담자의 호소문제를 이해하고 구체적인 상담개입을 알려 주는 틀이다.
>
> (Kuyken et al., 2005, p. 1188)

오해 3: 사례개념화는 배우기 어렵고 시간이 많이 걸린다

어떤 수련생과 상담자들은 사례개념화가 너무 복잡하고 시간이 걸리며, 학습하는 데 어려움이 따르고, 오래 걸린다고 주장한다. 연구는 이러한 오해를 완전히 무시한다. 연구에 따르면 두 시간 정도의 짧은 훈련에 참여한 수련생과 상담자는 그렇지 못한 상담자들에 비해 보다 정확하고 정밀하며, 복합적이고 종합적인 임상적 공식화를 작성할 수 있고, 그런 능력이 증가한 것으로 나타났다(Abbas et al., 2012; Binensztok, 2019; Eells, 2015; Kendjelic & Eells, 2007; Ladd, 2015; Lipp, 2019; Smith Kelsey, 2014; Stoupas, 2016). 당연히 높은 수준의 사례개념화를 하려면 추가적으로 시간을 들여 실습을 해야 한다. 단기간의 훈련이라도 유의미한 차이가 있다는 것이 핵심이다.

오해 4: 사례개념화의 유형은 오직 한 가지이며, 그것은 모든 내담자에게 사용되어야만 한다

사례개념화를 '잠정형, 종합형, 간편형'의 세 가지 형태로 구분하는 것은 유용하고 필요한 일이다.

잠정형 사례개념화　　이 유형의 사례개념화는 내담자를 초기 평가하는 동안에 형성된다. 이를 잠정형 사례개념화라고 하는 이유는 관찰, 질문, 입수가능한 선행 기록에서 추론을 이끌어 내고, 이 미완성의 추론이 '적합'하고 정확한지 충분히 검증되지 않았기 때문이다. 따라서 잠정형 사례개념화는 추가적인 정보와 면밀한 조사에 따라 바뀌게 된다.

종합형 사례개념화　　이 유형의 사례개념화에는 진단적 · 임상적 · 문화적 · 상담개입 공식화의 거의 모든 요소가 포함된다. 처음에는 잠정형 사례개념화처럼 시작해도, 종합형 사례개념화는 보다 더 정교하게 내담자의 스토리와 패턴을 반영하며, 충분한 설명력과 예측력을 가지고 있어서 합리적으로 상담을 실행하고, 효과적인 변화를 일으킬 수 있다. 이러한 유형의 사례개념화는 내담자가 성격병리로 촉발되거나 악화된 증상과 기능장애를 호소하며, 현재의 호소문제 이전에 기능 수준이 문제가 되었을 때 필요하다. 또한 친밀한 관계를 유지하는 데 문제가 있고 직장 또는 학교에서 공통의 문제를 경험한 경우, 대처 자원, 회복탄력성 그리고 변화의 준비도가 대체적으로 낮은 경우에도 종합형 사례개념화가 필요하다.

간편형 사례개념화　　이 유형의 사례개념화에는 진단적 공식화, 임상적 공식화, 문화적 공식화 그리고 상담개입 공식화의 몇몇 요소(예: 호소문제, 촉발요인, 패턴, 상담목표, 상담개입)가 선택적으로 포함된다. 간편형 사례개념화에는 더 적은 요소가 포함되기 때문에 종합형 사례개념화 진술문보다 훨씬 짧고 간단하다.

연습

여러분이 Jane이라는 이름을 가진 젊은 여성 내담자 네 명을 초기 평가한 다고 생각해 보라. 그들은 연령, 학력, 문화적응 수준이 비슷하다. 그들은 모두 친밀한 관계가 깨진 후 '슬픔을 느끼고 있다.'고 호소하고 있다. 이러한 유사성 너머에 진짜 차이점이 있다. 다음의 사례 설명을 읽고, 각 사례마다 종합형 사례개념화가 필요한지 혹은 간편형 사례개념화가 필요한지 결정해 보라. 각 사례에 대해 당신이 내린 결정의 합당한 근거를 제시하라.

Jane 1　　이 Jane은 우울 증상을 동반한 적응장애의 진단 기준을 대체로 충족한다. 일부 회피 증상과 의존 증상이 나타났다. 그녀의 심리기능 평가척도의 수준(Level of Psychological Funtioning Scale: LPFS)(American Psychiatric Association, 2013) 점수는 현재 1점이고, 작년에는 최고 0점까지 평가되었다. 이전에 그녀는 친밀한 관계와 직장생활을 유지하는 데 성공적이었다. 그녀의 회복탄력성 수준은 높았으며, 변화에 대한 준비도는 실행단계로 높은 편이다.

Jane 2　　이 Jane은 단일 삽화 주요우울장애와 회피성 성격장애의 진단 기준을 충족한다. 그녀의 LPFS 점수는 현재 2점이고, 작년에는 최고 1점까지 평가되었다. 그녀는 친밀한 관계를 유지하는 데 약간의 어려움이 있으나 직장생활은 어렵지 않다고 하였다. 그녀의 회복탄력성 수준은 중간 정도이고, 변화에 대한 준비도는 준비단계다.

Jane 3　　이 Jane은 반복형 주요우울장애와 회피성 성격장애의 진단 기준을 충족한다. 그녀의 LPFS 점수는 현재 3점이고, 작년에는 최고 2점까지 평가되었다. 그녀는 친밀한 관계와 직장생활을 유지하는 데 어려움이 있다고 보고하였다. 그녀의 회복탄력성 수준은 낮으며, 변화에 대한 준비도는 숙고 단계다.

Jane 4   이 Jane은 반복형 주요우울장애, 기분부전장애, 외상후 스트레스 장애, 경계선 성격장애의 진단 기준을 충족한다. 그녀의 LPFS 점수는 현재 4점이고, 작년에는 최고 3점까지 평가되었다. 그녀는 친밀한 관계와 직장생활을 유지하는 것이 매우 어렵다고 보고하였고, 3년간 장애를 겪고 있다고 하였다. 그녀의 회복탄력성 수준은 매우 낮으며, 변화에 대한 준비도는 전숙고 단계다.

논평   종합형 사례개념화는 Jane 2, 3, 4에게 필요하고, Jane 1은 간편형 사례개념화로 충분하다. Jane 1은 회복탄력성의 전례가 있고 관계와 일을 성공시킬 충분한 대처자원을 가지고 있다. 그녀는 생애 처음으로 그녀를 지지해 주고 보살펴 주는 가족과 멀리 떨어져 생활하고 있다. 최근에 '사실상 약혼한 것이나 다름없던' 남자 친구가 다른 여자가 생겼으니 그들의 관계를 끝내자고 말하고 집으로 돌아갔다. 그녀를 보살펴 주는 가족들의 즉각적인 지지를 받지 못한 Jane은 상담실을 찾아와 '도와 달라'고 요청하였다.

심리기능 평가척도 수준에 대한 설명은 2장을 보라.

오해 5: 모든 사례개념화는 기본적으로 동일하다

사례개념화를 하는 데는 실제로 세 가지의 다른 방법이 있다. 이 중 두 가지 방법이 가장 보편적인데, 이는 구조화된 이론 기반의 방법과 직감적 방법이다.

구조화 또는 표준화된 사례개념화 방법　　구조화된 방법은 이론 기반의 방법 또는 표준화된 방법이다. 구조화된 방법에는 여러 가지가 있다. 정신역동 방법에서 인지행동 방법에 이르기까지 열한 개의 방법이 Eells의 책(2007)에 소개되어 있다. 이런 방법들의 장점은 질과 신뢰도가 훈련과 경험을 통해 보장될 수 있다는 것이다. 단점은 이 방법들이 복잡한 경향이 있으며, 일반적으로 이를 숙련하기까지 공식적 교육 훈련과 상당한 경험이 필요하다는 것이다.

비표준화된 사례개념화 방법　　비표준된 방법 또는 직감적 방법은 일반적으로 일상의 상담현장에서 사례를 개념화하기 위해 자기 자신만의 독특한 양식을 만들고 발전시켜 온 적극적인 상담자들에 의해 활용되었다. 평소 이런 상담자들은 제공한 서비스의 청구조건으로 제3자인 보험회사가 실제로 요구하거나 납득할 만한 요구사항을 충족하기 위해 자기 자신의 사례개념화 방식을 개발한다. 이런 방법의 장점은 상담자가 사례를 개념화하는 방식에 대해 주인의식이 있다는 것이다. 단점은 이 방법의 질과 신뢰도가 떨어지거나 없을 수도 있다는 것이다.

통합적 사례개념화 방법　　심리치료 전문가를 대상으로 한 델파이 조사를 통해 사례개념화의 통합적 모형이 개발되었다(Norcross, Hedges, & Prochaska, 2002). Eells(2007)는 사례개념화에 대한 몇 가지 모형을 검토한 결과, 이 사례개념화 모형들에는 공통된 부분이 있다는 것을 알았다. 그는 "완벽하게도 사례개념화의 통합적 모형은 공통되는 개념을 지니고 있고…… 또한 각 방식의 독특한 특징도 그대로 가지고 있다."라고 하였다(Eells, 2007, p. 428). Eells(2010)는 그러한 통합적 사례개념화 모형과 그 구조적 특징을 제시하였다. 여러분은 이 책에서 매우 명료하고 활용하기 편리한 통합적 사례개념화 모형을 만나게 될 것이다.

사례개념화 능력 개발 전략

사례개념화 능력을 학습하고 숙련하는 것은 우연히 이루어지는 것이 아니라 이런 핵심적 능력을 키우기 위한 의도적 계획과 전략을 수반한다. 다음에서 우리가 수퍼비전을 한 사람들에게 권고했던 6단계의 증거기반 전략을 소개하고자 한다.

1. 높은 수준의 사례개념화를 수행하기 위한 필수요건을 알라

이 장에서 사례개념화의 여러 요소를 소개하였다. 사례개념화에 이런 요소들의 전부 또는 대부분이 포함되는 것만으로도 훌륭한 사례개념화로 보기에 충분하다. 그러나 현실은 이런 요소들을 포함하는 것 이상이 필요하다. 사례개념화를 평가하는 다른 기준으로는 포괄성, 일관성, 언어 정확성, 공식화 주제와 상담계획의 구체화 정도가 있다(Eells, 2010). 마찬가지로 연구에서도 사례개념화의 구체적 지표 또는 전문적 기술을 검토하였다. 그 결과, 수련상담자들이 경력상담자들보다 더 나은 임상적 공식화를 수행했지만 전문상담자들은 경력상담자나 수련상담자들보다 더 포괄적이고, 체계적이고, 복합적이며, 구체적인 공식화를 수행한 것으로 나타났다(Eells & Lombart, 2003; Eells et al., 2005). 부록에 사례개념화의 질을 평가할 수 있는 사례개념화 평가 양식이 제시되어 있다.

2. 사례개념화의 가치를 손상시키는 오해를 버리라

이 장의 앞부분에서 사례개념화에 대해 언급되고 있는 다섯 가지의 일반적인 오해를 논의하고 풀어 보았다. 이미 소개한 오해나 그 외 다른 어떤 오해들이 사례개념화 능력을 익히려는 여러분의 동기와 역량에 방해가 되는지 인식하고 그것을 떨쳐 버려야 한다.

3. 이러한 능력을 학습하기 위해 꾸준히 연습하라

꾸준한 연습은 사례개념화 능력을 학습하고 숙련하는 데 꼭 필요하다 (Caspar, Berger, & Hautle, 2004). 꾸준한 연습에는 숙련될 때까지 세부 요소 또는 사례개념화 요인을 반복하는 것이 포함된다. 꾸준한 연습은 학습전략의 하나로, 대학원 훈련교육 프로그램에서 사례개념화를 구성·실행·평가하는 데 충분한 전문적 지식이 있는 교수와 수퍼바이저가 제공하는 체계적인 학습과 코칭을 통해 실현될 수 있다.

4. 여러분의 사례개념화에 대한 피드백을 받으라

사례개념화 능력을 향상시키려면 적절한 때에 수련생에게 지속적으로 정확한 피드백을 제공하는 것이 중요하다. 수련생에게는 사례개념화를 구성하고, 개선하고, 정교화하는 데 있어 연습과 함께 집중적이고 체계적인 피드백이 필요하다. 그러한 피드백은 항상 부족하므로, 이러한 자격을 위임받은 정신건강 훈련교육 프로그램에 계획적으로 참여할 필요가 있다(Caspar, Berger, & Hautle, 2004).

5. 다양한 사례개념화, 특히 모범 사례를 개관하고 연구하라

사례개념화의 모범 사례에 대한 지속적 연구는 사례개념화 능력을 학습하고 숙련하는 데 큰 도움을 줄 수 있다. 이 책에는 높은 수준의 사례개념화의 모범 사례라 할 수 있는 스물다섯 가지의 종합형 사례개념화가 소개되어 있다. 사례개념화의 구조, 설명력 그리고 예측력을 완전히 이해하기 위해서 이 책에 소개된 모범 사례와 임상적으로 유용한 다른 사례를 읽고, 연구하고, 논의하고, 질문하고, 비교하고, 대조해 보라. 그다음에 모범 사례를 따라 해 보라.

6. 사례개념화의 통합적 방법을 배우고 그것을 자주 연습하라

구조화된 이론 기반의 사례개념화 방법들은 특정 사례에 대한 설명력과 예측력에 영향을 줄 수 있는 고유의 독특한 요소들을 갖고 있다. 수련생과 상담자들은 구조화된 사례개념화의 어떤 요소가 특정 사례에 가장 '적합'한지 결정해야 한다. 여러 가지 구조화된 방법을 완전히 활용하기 위해 전문 지식을 쌓는 것은 도리어 이러한 방법들의 충분한 활용을 제한하기도 한다. 반면 인지행동주의, 정신역동주의, Adler와 같은 특정한 구조화된 방법들의 주요 요소들(예: 유발요인, 상담의 초점, 상담전략, 상담개입)을 구체화할 수 있는 통합적 사례개념화 방법은 통합적이지 않은 방법에 비해 사례개념화의 설명력과 예측력을 모두 높일 수 있다. 서문에서 언급한 바와 같이, 여기에서 기술하고 설명한 방법의 통합적 특성이 이 책이 갖고 있는 독특한 기여이며 임상적 가치다.

다섯 임상사례

이 절에서는 후속 장에서 언급되고 분석될 다섯 임상사례의 배경 정보를 제시한다. 이 사례들은 연령, 성, 민족적 배경, 패턴 그리고 호소문제가 모두 다른 내담자들을 보여 주고 있다. 2장부터 4장에 걸쳐 다양한 논점을 설명하기 위해 이 사례들의 특정 부분을 인용할 것이다. 6장에서 10장까지는 다섯 사례의 요약이 제시되고, 생리심리사회, 인지행동, 역동, Adler, ACT의 다양한 관점에서 각각의 사례를 자세하게 사례개념화한 내용이 이어질 것이다. 또한 이 장들에는 독자들이 이런 다양한 관점에서 사례개념화의 주요 요소들을 구성해 볼 수 있도록 연습 공간을 마련할 것이다.

Geri

Geri R.은 35세의 여성으로 업무 비서이며 아프리카계 미국인 후손이다.

그녀는 미혼이고, 혼자 살고 있으며, 우울한 기분이 3주 동안 지속되어 평가와 상담이 필요하다고 생각한 그녀 회사의 인력자원부 책임자에 의해 의뢰되었다. 그 외 증상으로는 에너지 저하, 현저한 흥미의 감소, 불면, 집중의 어려움, 그리고 사회적 고립감의 증가가 있었다. 그녀가 4일 동안 결근하는 바람에 상담 의뢰가 빨라졌다. Geri는 16년 동안 친밀하게 지낸 직장 팀—그중 6년은 업무 비서로 일하던 곳—을 떠나 판매부 신임 부사장의 수석 업무 비서 자리로 승진하는 문제를 직속 상사와 의논했다. 그녀는 부모님이 살아 계시고 남동생이 있다고 하였다. 그녀는 부모님이 남동생을 편애하여 망쳤다고 했고, 자신은 부모님에게 비난받았으며, 또래와 남동생에게 놀림을 당했다고 했다. 부모님이나 남동생과는 몇 년 동안 거의 연락하지 않았으며, 장기간의 만남이나 결혼 관계는 없었고, 지역 전문대학을 졸업한 이후 줄곧 같은 회사에 근무하고 있다고 했다. 그녀는 타인을 신뢰하는 데 어려움이 있으며, 그녀가 믿는 진짜 친구는 단 한 명뿐이라고 했다. 그 사람은 회사의 여자 선배로 매우 지지적이고 판단적이지 않은 사람이었다. 그녀는 개인상담이나 가족상담을 거부하였고, 이번이 정신건강 전문가와의 첫 면담이었다.

Antwone

Antwone는 20대 중반의 아프리카계 미국인 해군 수병이다. 그는 유능한 수병이지만, 성미가 급하고 최근에는 별것 아닌 도발에 다른 해군 요원들을 때렸다. Antwone이 인종차별 때문에 그랬다고 주장하는 가장 최근의 싸움 후, 부대 사령관은 그를 처벌하고 강등시키고는 부대 정신과 의사에게 상담을 받도록 명령하였다. Antwone은 처음에 정신과 의사에게 상담받기를 거부했지만, 그 의사를 시험해 본 후 협력하기로 했다. 그는 고통스러운 어린 시절을 이야기했는데, 그의 아버지는 격분한 여자 친구에게 살해당했고, 아버지의 여자 친구들 중 한 명이었던 그의 어머니는 감옥에서 그를 낳았다고 했다. 어머니는 마약 밀거래 혐의로 기소되었다. 그 이후 그는 아프리카게 미국인 가족에게 위탁 보호되었는데 그곳에서 양어머니에게 무시와 (정서적 · 언어적 · 신체적) 학대를 번갈아 당했고, 양어머니의 성인 딸에게 성적 학대를 당했다. Antwone은 그 가정의 세 입양 소년 중 한 명이었다. 양어머니는 거들먹거리며 그 셋을 '깜둥이'라고 불렀고, 그들에게 자신의 모든 요구사항을 이행하도록 강요하였다. 한번은 양어머니가 그를 기절할 때까지 때렸다. 그 후로 그는 비행 모드로 있다가, 양어머니가 주변에 있으면 공포로 움츠러들었다. 양어머니는 그의 가장 친한 친구인 Jesse를 멸시했는데, 성학대를 당한 후 Antwone이 Jesse에게 달려가면 Jesse는 그를 정서적으로 진정시키고 지지해 주었기 때문이다. 15세가 되었을 때, 그는 양어머니가 그를 꾸짖기 시작하자 폭력을 더 이상 견딜 수 없어서 그를 때리려고 든 신발을 붙잡고 양어머니를 위협하였다. 양어머니는 그를 거리로 내쫓아 버렸다. 그 뒤로 그는 부당함을 느끼면 격렬하게 덤벼들었다. 부대 정책에 따라 정신건강 클리닉의 상담은 단기로 이루어졌고, 3회기가 최대한이었다. 세 번째 회기에서 정신과 의사는 상담이 끝남을 알려 주며 Antwone에게 그의 진짜 가족을 찾으라고 권했다. 정신과 의사는 그것이 Antwone의 문제를 종결하는 데 중요한 과정이라고 하였다. 격분한 Antwone은 대들며, 그의 삶에서 Jesse와 앞에 있는 정신과 의사를 포함한 모든 사람이 자신을 버렸다고 소리질렀다. Jesse가 편의점을 털다가 총에 맞았을 때, Antwone은 그냥 옆에 서 있었을 뿐이라고 했다. 처음으로 Antwone은 Jesse와 정신과 의사가 자신을 버리는 것 같아 화가 났음을 인정할 수 있었다. 그는 자신의 가족을 찾는 것이 필요하다는 것을 깨달았다. 많은 노력과 끈기로 마침내 그는 아버지의 가족과 어머니를 찾아서 만났고, 양어머니와 양어머니의 딸과도 직면하였다. 여기에서 설명하고 있는 사람은 현재 저명한 시인, 작가, 극작가, 영화 제작자로 활동하고 있는 실존 인물인 Antwone Fisher다. 이 사례의 정보는 그의 자서전과 영화 〈앤트원 피셔(Antwone Fisher)〉에서 가져왔다.

Richard

Richard는 41세의 백인 남자로, 최근 이혼에 대한 불안과 슬픔, 분노 때문에 심리 평가를 받았다. 그는 두 아이를 데리고 이혼한 전문직 여성과 첫 결혼을 하였다. 그는 잘생기고 매력이 있으며, 유쾌한 태도를 지녔기에 고등학교 중퇴임에도 전문직 그룹에 들어갈 수 있었다. 그는 최근 혼자 살고 있고, 기계설비 기사로 일하고 있으며, '완벽한 여자를 찾을 수 있는' 야간 업소에 자주 가고 있다. 그와 전 부인 사이에는 '의사소통의 문제'가 있었으며, 그녀는 남편이 사교 모임에서 정반대의 의견으로 자신을 당황스럽게 한다고 불평했다고 한다. 가장 최근의 사건 이후, 그녀는 별거를 통보했고 이혼 소송을 제기하였다. Richard는 지난 6년 동안 네 개의 일자리를 가졌고, 마지막 직장에서는 여자 동료가 대든다고 주먹으로 벽을 쳐서 해고당했다. 그는 알코올 중독 부모의 외아들로, 부모는 '항상 싸웠다'고 했다. 그는 몇 번의 개인상담을 받았고 자신의 문제에 대한 약간의 통찰을 얻었지만, 대인관계에서 감지할 수 있는 행동의 변화는 없었다.

Maria

Maria는 17세의 멕시코계 이민 2세대 미국 여성으로, 지난 2, 3개월 동안 그녀의 기분 변화와 알코올 사용을 걱정한 부모님에 의해 심리 평가가 의뢰되었다. Maria는 가을에 대학으로 떠날 것인지, 아니면 집에 남아서 말기의 병을 앓고 있는 어머니를 간호할 것인지에 대한 갈등이 주된 관심사라고 했다. 그녀의 부모는 그녀가 집에 남기를 원했고, 그녀의 백인계 친구들은 대학에 가라고 권하였다. 다른 두 방향에서 서로 끌어당기고 있는데 자신은 '중간에 끼인 상황'이며, '낙담'이 되고, 결정을 내리는 것에 대해 '압박'을 받고 있다고 하였다. 또한 그녀는 '착한 딸'이 되지 못해서 부모의 수용과 인정을 받지 못할 수도 있다는 죄책감을 느끼고 있었다. 그녀의 가족은 그녀에게 굉장히 중요하며, "나는 부모님에 대한 책임감이 있어요."라고 말했다. 하지만 그녀는 또한 자신의 시야를 넓히고 싶어 한다. "만약 내가 가족과 함께 인생 전부를 보낸다면 나는 실패자가 될 거예요. 나는 나의 모든 잠재력을 버리게 되겠죠."라고 했다. 그녀는 부모님과 대화를 시도했지만, 그들은 그녀를 이해하지 못하는 것 같다. 그녀는 갈등을 하면서도, 여전히 '실망'하거나 '영원히 후회할 잘못된 결정'을 내리지 않기를 바랐다. 기분을 좋게 하려고 단 한 번 술을 마셨으나, 그 외 알코올 또는 약물 사용은 없었다고 하였다.

Maria는 두 딸 중 동생이다. 언니는 고등학교를 중퇴했고 약물 사용 전력이 있으며, 가족과는 최소한의 연락만 하고 있다. 그녀의 부모는 약 12년 전에 멕시코에서 이민을 왔고, 친척들은 여전히 멕시코에 살고 있다. 그녀는 대도시의 멕시코계 이민자들이 많이 사는 지역에서 부모님과 함께 살고 있고, 부모님은 작은 세탁소를 운영하며 '전통적인 멕시코계 미국인의 생활'을 영위하고 있다. 부모님은 언니와 Maria를 불공평하게 비교하며, Maria가 무언가 잘못하여 언니처럼 될까 봐 걱정한다고 한다. 부모님은 그녀에게 지나치게 엄한데, Maria는 '그건 부모님이 걱정이 되어서 그런다'고 생각한다. Maria는 스페인어로 말하고, 백인계과 멕시코계 친구들이 있으며, 그녀와 가족이 미국에 처음에 도착해서 받았던 이민자 차별을 지난 5년 동안 경험하지 않았다. 그녀는 자신의 문제가 '신에 대한 믿음의 부족' 때문이라고 생각하고, 매일 '이 어두움에서 벗어나게 해 달라'고 기도하고 있다고 했다. Maria 어머니의 병은 아버지에게도 영향을 미쳤는데, 아버지는 Maria 같은 보살펴 주는 사람이 없으면 어머니가 오래 살지 못할 거라고 생각하고 있다.

Katrina

Katrina는 13세의 혼혈 여성이다. 그녀는 최근 우울 증상, 학업성적의 부진, 반항적인 행동, 학교에서 다른 학생들과의 싸움 때문에 생활지도 상담사에 의해 상담이 의뢰되었다. 그녀의 공격적인 행동과 학업문제는 아버지가 8년 동안 바람을 피웠다는 어머니와 이모의 대화를 Katrina가 우연히 들은 이후 증가되었다. 그녀는 그 결과 아이가 두 명 있다는 사실을 알고서 충격에 빠졌다. 그 외 다른 문제는 교실에서 다른 친구들과 몇 번의 싸움, 어머니와의 잦은 갈등, 지난 6개월간 15일 결석, 학업에 대한 흥미 감소이다. 이전에 그녀는 뛰어나게 공부를 잘했는데, 지금은 그림 그리기, 독서와 같은 그녀가 좋아했던 활동에서도 뚜렷하게 흥미의 상실을 보이고 있다. Katrina의 아버지는 현재 푸에르토리코에 살고 있으며, 가족과는 연락을 하지 않는다. Katrina는 학교 근방 작은 아파트에서 어머니와 남동생과 살고 있다. 그녀는 1년 전 아버지가 가족을 떠나기 전에 살았던 주택에서 집을 줄인 이후로 공간의 부족으로 힘들다고 토로했다.

　Katrina가 미성년자였기 때문에 학교상담사는 첫 면접에서 Katrina와 그녀의 어머니와 함께 이야기할 필요가 있었다. Katrina의 어머니인 Julia는 Katrina가 누구도 믿지 않기 때문에 많은 사람에게 자신의 문제를 이야기하지 않을 것이라고 생각한다고 말하였다. 첫 면접에서 Katrina는 누구도 믿지 않으며 상담자가 뭐를 하라고 해도 상담하는 것에 관심이 없다고 이야기했다. 첫 면접에서 자기노출은 Katrina에게 매우 어려운 일이었고, Julia가 대부분의 질문에 답을 하였으며 어떤 경우에는 Katrina가 대답하려고 하는 때에도 Katrina 대신 말하였다. Julia는 Katrina의 아버지가 매우 비판적이었고, Katrina의 어린 시절 내내 정서적으로 관계를 끊었다고 하였다. Katrina도 "나는 진짜로 아빠가 없어요. 진짜 아빠는 자신의 가족을 돌보고 보살피니까요."라고 하였다. 그녀는 선생님들과 어머니가 항상 자기가 하고 싶지 않은 일들을 하라고 강요해서 지친다고 말했다.

전문적인 단체의 지원과 훈련 및 상담실제의 현실

미국심리학회(American Psychological Association: APA), 상담 및 관련 교육 프로그램 인증위원회(Council for Accreditation of Counseling and Related Educational Programs: CACREP) 같은 전문인증단체가 훈련 프로그램과 일상의 상담실제에서 사례개념화를 폭넓게 지원하고 있다. 예를 들면 APA는 사례개념화가 "상담심리의 실제에 대한 효과성과 공중보건의 증진"을 위해 꼭 필요하다고 언급하였다(APA Task Force, 2006, pp. 271-285). CACREP 또한 상담전공 학생들이 "내담자를 사례개념화하는 체계적인 방법"(Section 2: F.1.b., CACREP Standards, 2016, p. 12)뿐만 아니라 "면접/상담/사례개념화의 필수적인 기술"(Section 2: F.1.g., CACREP Standards, 2016, p. 13)을 배울 것을 요구하고 있다.

지난 10년 동안 사례개념화에 대한 연구, 훈련, 실제가 많이 이루어졌고, 현재 사례개념화의 여러 모형이 소개되고 있다. 여전히 상담자와 수련 중인 상담자들은 사례개념화를 준비하고 활용하는 것을 어렵게 여기거나 심지어 압도되기도 한다. 오늘날 수련생들은 일반적으로 ① 대학원 강의 중심의 과목, ② 대학 중심 실습 또는 인턴십 세미나와 같은 대학원 임상과목, ③ 실습 또는 인턴십 훈련 현장(Berman, 2015)의 세 가지 방법 중 하나로 상담사례를 개념화하는 것을 배운다. 플로리다 애틀랜틱 대학교, 린 대학교 같은 몇몇 대학원 상담교육과정에서는 학생들이 세 가지 방법 모두로 사례개념화를 배우고 있다.

그러나 어떤 학자는 그런 전문적인 단체의 기준이 원하는 기대치와 상담실제에서 사례개념화의 효과적 활용에 관한 훈련 프로그램의 실태 간에는 괴리가 있다고 지적하고 있다(Ridley, Jeffrey, & Roberson, 2017). 예를 들면, 사례개념화는 많은 상담자에게 미흡한 기술이고 지속적으로 일관되지 않게 훈런되고 있다(Sperry, 2010; Johnstone & Dallos, 2014). 또 다른 학자들은 사례
개념화 모형이 다양하기 때문에 사례개념화 수퍼비전에서 일관성이 없으며,
현장의 수퍼바이저가 자기가 선호하는 사례개념화의 방법을 활용하도록 수
퍼바이지를 지도하는 경향이 있어서 "사례개념화의 위기"를 초래하고 있다고
주장한다(Ridley & Jeffrey, 2017, p. 354). 그들은 또한 사례개념화를 하기 위
한 표준화된 접근법의 부재가 너무 간단하거나 너무 복잡한 사례개념화 프로
토콜을 만들었다고 주장하고 있다. 이는 사례개념화의 실제에서 분열과 일관
성 부족이라는 결과를 가져왔다(Ridley et al., 2017; Berman, 2015).

사례개념화에 대해 권위 있는 연구자인 Tracy Eells가 이러한 '위기'라는 정
의에 크게 동의하지 않는다는 점은 주목할 만하다(Eells, 2017). 다행스럽게도
이 책의 초판과 2판에서 소개하고 있는 통합적 사례개념화 모형은 모든 접근
기반의 사례개념화 모형을 통합하는 방법을 제시하고 있다. 이 모형과 여타
다른 통합적 모형은 이러한 '위기'라는 정의를 대부분 감소시킨다. 그렇지만
표준화 부족과 현장의 수퍼바이저가 수퍼바이지에게 어떻게 사례개념화를
지도하느냐에 관한 문제는 고민거리로 남아 있다.

사례개념화 용어의 역사

이 장을 마치기 전에 용어에 대한 문제를 이야기하고자 한다. 강의, 워크
숍, 사례회의, 논문 그리고 책에서 여러분은 사례개념화, 사례공식화, 임상적
공식화, 상담개입 공식화, 진단적 공식화와 같은 용어를 읽거나 들었을 것이
다. 이런 용어들은 대부분 같은 뜻으로 사용된다. 동일한 문단 안에서 '사례공
식화'와 '사례개념화'라는 용어가 흔히 같이 사용되기도 한다. 또는 책의 장에
서 '사례개념화'란 제목으로 한 절을 이루지만 사례개념화라는 용어는 그 절
에서 두 번 다시 쓰이지 않고 대신 '사례공식화'라는 용어가 사용되기도 한다.

역사적으로 '사례공식화'라는 용어가 더 선호되고 일반적으로 사용되어 왔다. 사실 '사례개념화'라는 용어는 2000년까지 전문적 용어로 사용되지 않았다. 정신의학과 임상심리학의 관련 논문이나 책 또는 책의 일부에서는 최근까지 '사례공식화'라는 용어를 주로 사용하였다. 반면에 '사례개념화'는 상담 및 심리치료 문헌에서 꽤 오랫동안 주로 사용되어 왔다. 현재는 사례개념화라는 용어가 모든 정신건강 학문 분야에서 널리 사용되고 있다. 따라서 우리는 이 능력을 기술하고 논의할 때 일반적인 용어로 '사례개념화'를 사용할 것이다. 동시에 사례개념화의 세부 구성요소로 '진단적 공식화' '임상적 공식화' '문화적 공식화' '상담개입 공식화'라는 용어도 사용할 것이다.

결론

사례개념화는 정신건강 전문가들이 점차 숙련되기를 바라는 가장 중요한 능력 중 하나이다. 과거에는 몇몇 전문가가 사례개념화가 임상적으로 유용하지 않으며 이를 학습하는 것도 너무 복잡하고 시간이 많이 걸린다는 이유로 이런 능력을 개발하는 데 적극적이지 않았다. 이 장의 앞부분에서 언급한 바와 같이, 임상 지식 또는 연구는 이런 의견을 지지하지 않는다. 실제로 연구에서 사례개념화는 임상적으로 유용하고, 증거기반 상담을 대표하며, 상담 성과에 긍정적인 영향을 미치는 것으로 나타났다. 마찬가지로 사례개념화의 전문적 지식과 훈련에 관한 연구는 잘 짜인 훈련의 가치를 지지하고 있다. 대학원 프로그램에서 사례개념화 능력을 키우는 것은 수련생들에게 이론과 실제를 통합할 수 있는 능력을 훈련시키는 기회가 되는데, 이는 상담 훈련에서 가장 어려운 목표일 수 있다.

다수의 상담, 정신의학, 심리치료 훈련 프로그램에서 사례개념화 능력을 숙련하는 것을 최우선으로 두고 있으며, 수련생과 상담자들은 사례개념화의 활용을 주저하는 것은 효과적인 임상 실제를 위해 필요한 가장 가치 있는 임상 능력 중 하나를 버리는 것임을 명심해야 한다(Falvey, 2001).

질문

1. 이 장의 시작 부분에서 제시한 Geri 사례의 세 가지 버전을 떠올려 보고, 성격 역동, 상황적 역동 및 문화적 역동 그리고 그 외 다른 요인들이 어떻게 사례개념화의 설명력과 예측력을 높이는지 설명하라.
2. 사례개념화의 네 가지 구성요소―진단적 공식화, 임상적 공식화, 문화적 공식화, 상담개입 공식화―를 설명하고, 적합한 상담계획을 세울 때 핵심 구성요소와 그 요소의 중요성에 대해 설명하라.
3. 호소문제, 촉발요인, 부적응적 패턴, 유발요인, 유지요인를 논의하고, 높은 수준의 사례개념화를 할 때 이들이 어떤 역할을 하는지 논의하라.
4. '높은 수준의 사례개념화'를 할 때 사례개념화에 대한 오해를 푸는 것이 필요함을 설명하라.
5. 제시한 사례개념화 능력 개발 전략을 비교해 보고, 그것들 중 어느 것이 여러분에게 가장 도움이 되는지, 그 이유가 무엇인지 설명하라.

참고문헌

Abbas, M., Walton, R., Johnston, A., & Chikoore, M. (2012). Evaluation of teaching an integrated case formulation approach on the quality of case formulations: Randomised controlled trial. *The Psychiatrist, 36*(4), 140-145.

American Psychological Association Presidential Task Force on Evidence-Based Practice. (2006). Evidence-based practice in psychology. *The American*

Psychologist, 61(4), 271-285.

Berman, P. S. (2015). *Case conceptualization and treatment planning: Integrating theory with clinical practice* (3rd ed.). New York, NY: Pearson.

Binensztok, V. (2019). *The influence of reflective practice on the case conceptualization competence of counselor trainees* (Doctoral dissertation). Florida Atlantic University,Boca Raton, FL.

Caspar, F., Berger, T., & Hautle, I. (2004). The right view of your patient: A computerassisted,individualized module for psychotherapy training. *Psychotherapy: Theory,Research, Practice, Training, 41*(2), 125-135.

Council for Accreditation of Counseling & Related Educational Programs 2016 Standards. (2016). 2016 CACREP standards. Retrieved from http://222 .cacr ep.or g/for-prog rams/2016- cacre p-standards/.

Cucciare, M., & O'Donohue, W. (2008). Clinical case conceptualization and termination ofpsychotherapy. In M. O'Donohue & W. Cucciare (Eds.), *Terminating psychotherapy:A clinician's guide* (pp. 121-146). New York, NY: Routledge.

Eells, T. (2007). Comparing the methods: Where is the common ground? In T. Eells (Ed.), *Handbook of psychotherapy case formulation* (2nd ed., pp. 412-432). New York, NY:Guilford.

Eells, T. (2010). The unfolding case formulation: The interplay of description and inference. *Pragmatic Case Studies in Psychotherapy, 6*(4), 225-254.

Eells, T. D. (2015). *Psychotherapy case formulation.* Washington, DC: American Psychological Association Books.

Eells, T. D. (2017). Thematic mapping maps much territory but needs stronger evidence-based coordinates: A commentary. *Journal of Clinical Psychology, 73*(4), 425-438.

Eells, T., & Lombart, K. (2003). Case formulation and treatment concepts among novice, experienced, and expert cognitive-behavioral and psychodynamic therapists. *Psychotherapy Research, 13*(2), 187–204.

Eells, T., Lombart, K., Kendjelic, E., Turner, L., & Lucas, C. (2005). The quality of psychotherapy case formulations: A comparison of expert, experienced, and novice cognitive–behavioral and psychodynamic therapists. *Journal of Consulting and ClinicalPsychology, 73*(4), 579–589.

Falvey, J. (2001). Clinical judgment in case conceptualization and treatment planning across mental health disciplines. *Journal of Counseling and Development, 79*(3), 292–303.

Hill, C. (2005). Therapist techniques, client involvement, and the therapeutic relationship:Inextricably intertwined in the therapy process. *Psychotherapy: Theory, Research, Practice, Training, 42*(4), 431–442.

Johnstone, L., & Dallos, R. (Eds.). (2014). Introduction to formulation. *In Formulations in psychology and psychotherapy: Making sense of people's problems* (2nd ed., pp. 1–17).New York, NY: Routledge.

Kendjelic, E., & Eells, T. (2007). Generic psychotherapy case formulation training improves formulation quality. *Psychotherapy: Theory, Research, Practice, Training, 44*(1), 66–77.

Kuyken, W., Fothergill, C. D., Musa, M., & Chadwick, P. (2005). The reliability and quality of cognitive case formulation. *Behaviour Research and Therapy, 43*(9), 1187–1201.

Kuyken, W., Padesdky, C., & Dudley, R. (2009). *Collaborative case conceptualization: Working effectively with clients in cognitive-behavioral therapy.* New York, NY: Guilford.

Ladd, C. (2015). *The effect of case conceptualization on counselor competence and the influence of self-efficacy* (Doctoral dissertation). Florida Atlantic University, Boca Raton, FL.

Lipp, S. L. (2019). *The effects of case conceptualization training and deliberate practice coaching on counselor competence* (Doctoral dissertation). Florida Atlantic University, Boca Raton, FL.

Norcross, J., Hedges, M., & Prochaska, J. (2002). The face of 2010: A Delphi poll of the future of psychotherapy. *Professional Psychology: Research and Practice, 33*(3), 316-322.

Ridley, C., & Jeffrey, C. (2017). Thematic mapping in case conceptualization: An introduction to the special section. *Journal of Clinical Psychology, 73*(4), 353-358.

Ridley, C. R., Jeffrey, C. E., & Roberson, R. B. (2017). Case mis-conceptualization in psychological treatment: An enduring clinical problem. *Journal of Clinical Psychology, 73*(4), 359-375.

Smith Kelsey, E. (2014). *The effect of case conceptualization training on competence and its relationship to cognitive complexity.* Boca Raton, FL: Florida Atlantic University. doi:UMI No. 3647556.

Sperry, L. (2005). Case conceptualization: A strategy for incorporating individual, couple, and family dynamics in the treatment process. *The American Journal of Family Therapy, 33*(5), 353-364.

Sperry, L. (2010). Core competencies in counseling and psychotherapy: *Becoming a highly competent and effective therapist.* New York, NY: Routledge.

Sperry, L. (2015). Diagnosis, case conceptualization, and treatment. In L. Sperry, J. Carlson, J. D. Sauerheber & J. Sperry (Eds.), *Psychopathology and psychotherapy* (3rd ed., pp. 36-50). New York, NY: Routledge.

Sperry, L., Blackwell, B., Gudeman, J., & Faulkner, L. (1992). *Psychiatric case formulations.* Washington, DC: American Psychiatric Press.

Stoupas, G. (2016). *The effects of case conceptualization training over time and its relationship to practitioner attitudes towards evidence-based practice* (Vol. 78). Florida Atlantic University, Boca Raton, FL. Retrieved from http://sea rch.e bscoh ost.c om/login.a spx?d irect =true &db=psyh&A N=2017-23164-046&lang=es&site=ehost-live.

2장

평가와
진단적 공식화

　　평가는 사례개념화를 전개하기 위한 전제 조건이며, 종합 평가는 적합하고 임상적으로 유용한 사례개념화를 전개하는 데 필수적이다.

　　평가는 사례개념화의 내용을 구성하고, 상담목표에 초점을 두며, 변화할 수 있는 것이 무엇이고 변화하기 위해 필요한 것이 무엇인지에 관한 기대를 명료화하며, 변화과정에서 내담자와 임상가의 역할을 규정한다(Sim, Gwee, & Bateman, 2005). 진단적 공식화는 사례개념화의 네 가지 구성요소 중 하나이다. 진단적 공식화는 기본적으로 내담자의 호소문제, 촉발요인, 패턴을 평가하는 것이다. 이것은 내담자의 상황과 '무슨 일이 일어났는가?'라는 질문의 답을 기술한다. 진단적 공식화는 진단적 평가와 임상적 평가 둘 다를 반영한다.

　　이 장에서는 적절한 수준의 진단적 평가와 임상적 평가에 근거한 진단적 공식화를 강조할 것이다. 이 장은 진단적 평가와 임상적 평가를 설명하는 것으로 시작하고, 그다음 예시와 함께 진단적 공식화를 설명할 것이다.

　　마지막으로 통합적 사례개념화 모형에서 패턴의 중요성을 설명할 것이다. 이 장과 후속 장들의 기본 가정은 평가가 사례개념화의 모든 구성요소에 영향을 미치며, 사례개념화는 평가의 과정에 영향을 준다는 것이다.

진단적 평가와 임상적 평가

다음의 내용을 생각해 보라.

> 　상담자가 높은 수준의 사회적 불안과 회피를 보이는 두 내담자를 평가하였다. 두 내담자는 다른 사람들과 잘 소통하지 못하고 사회적으로 관계를 맺기보다는 혼자 있기를 좋아한다. 진단적 평가에서 두 내담자는 동일한 DSM-5 장애 기준을 충족하는 것으로 나타났다. 그러나 이러한 공통된 진단을 넘어, 이 두 내담자에게는 아주 다른 상담개입 계획이 주어졌다. 그 이유는 그들이 임상적 평가, 예를 들어 인지행동 평가에서 아주 다른 결과를 보였기 때문이다. 한 내담자는 사회적 기술이 아주 떨어진다. 그는 더듬더듬 조용히 말을 하고, 잘 알아듣지 못하며, 타인은 그가 말하는 방식을 무시하거나 부정적으로 언급하는 경향이 있다. 임상적 평가에서는 상당한 행동적 결핍이 나타났다. 따라서 상담개입 계획은 보다 행동적인 것에 초점을 두어 사회적 기술 훈련을 강조하였다. 반면에 다른 내담자는 잘 듣고, 적절히 소통할 수 있으며, 타인은 그에게 우호적으로 반응하는 편이다. 그의 문제는 기술의 부족이 아니라 자신이 사회적 기술이 부족하다고 생각하는 것이다. 결과적으로 그는 자신이 잘못 말해 창피당할 것이라는 예기 불안을 경험하고 있으며, 그래서 타인의 긍정적인 언급을 무시할 가능성이 있었다. 이 내담자의 상담개입 계획은 좀 더 인지적인 것에 초점을 두고 내담자의 부적응적 신념을 다루었다. 12회의 맞춤형 상담개입 후에 두 내담자는 증상에서 벗어나게 되었고, 사회적 관계 형성 능력이 증가하였다.

　만약 많은 상담개입 계획 관련 책과 실행 프로그램이 제시하는 방법으로 이 두 내담자에게 공통의 DSM-5 진단에 입각하여 상담개입을 했다면 긍정적인 상담 성과를 이루지 못했을 수도 있다. 중요한 점은 진단적 평가와 임상적 평가가 상당히 다르다는 것과 유능한 상담자는 모든 내담자가 독특하고 다양한 면이 있다는 것을 생각해야 한다는 것이다. 따라서 상담자들은 내담자를 주의 깊게 평가하고 개념화함으로써 각 내담자들의 독특함에 맞는 상담 개입을 구상해야 한다.

진단적 평가

진단적 평가는 내담자와 현재 상황 그리고 내담자에게 영향을 미치는 발달적 맥락에 초점을 두는 평가이다. 이 평가의 목적은 다음의 질문에 답을 하는 것이다. 즉, 치료적 도움을 구하는 내담자의 걱정, 고통, 기능의 저하를 설명하는 것은 무엇인가? 비교적 완전한 진단적 평가 면담은 종종 내담자와 상담자의 첫 회기 초반 30~40분 이내에 이루어질 수 있다. 그러나 내담자의 이전 병력과 상담 내력, 상담자에 대한 편안함과 신뢰감, 언어 능력, 다른 심리적 · 문화적 요인들을 더 많이 고려한 평가를 완성하려면 더 많은 시간이 필요하다.

진단적 평가의 초점은 상담과정 및 결과와 관련된 내담자 정보를 수집하는 데 맞춰져 있다. 여기에는 내담자의 현재 문제, 현재의 기능과 정신 상태, 사회적 · 문화적 · 발달적 · 의학적 병력과 건강 행동, 특히 내담자를 상담으로 이끈 기대와 자원이 포함된다. 문화적 정체성, 문화적응 수준, 문화적 기대와 같은 문화적 요인들은 상담과정에 영향을 미치기 때문에 이런 요인들을 꼭 확인해 봐야 한다.

진단적 평가의 가치가 평가절하되어서는 안 된다. 상담자는 이 진단적 평가로 즉시 임상적 판단을 할 수 있다. 즉, 내담자의 호소문제가 정신병 증상인가, 비정신병 증상인가 또는 성격장애 증상인가? 그리고 내담자의 호소문제가 급성이고 심각해서 입원과 같은 즉시적 개입이 필요한가? 본질적으로 진단적 평가는 진단적 기준에서의 내담자에 대한 현상학적 설명과 횡단적 평가다.

심리기능 평가척도 수준

심리기능 평가척도 수준(Level of Psychological Functioning Scale: LPFS)은 성격장애의 유무를 빠르고 정확하게 판단하는 DSM-5 척도이다. 이것은 대안적인 DSM-5 성격장애 모형으로 성격 기능의 네 가지 요소, 즉 정체성, 자기주도성, 공감 그리고 친밀성을 평가한다. 성격 기능의 네 가지 요소의 장애를 다섯 개 수준의 기능 및 손상으로 평가하는데, 0은 거의 또는 전혀 손상이 없음, 1은 약간의 손상, 2는 중간 정도의 손상, 3은 심각한 손상, 그리고 4는 극도의 손상을 의미한다. 성격장애를 진단하려면 중간 정도 이상의 손상이 있어야한다(Sperry, 2016). 이 평가척도는 DSM-5(American Psychiatric Association, 2013)의 섹션 III, 775-778페이지에 제시되어 있다.

임상적 평가

진단적 평가는 DSM-5 기준에 따라 내담자의 증상과 행동을 진단하는 데 유용하지만, 진단이 내담자에 대한 심층적 이해를 제공하지는 않는다. 표준화된 진단적 평가로는 특정한 증상을 일으키는 성격 역동과 관계 역동을 밝혀낼 수 없다. 진단적 평가는 이러한 증상이 언제, 어떻게, 왜 일어났는지뿐만 아니라 무엇이 증상들을 유지시키는지도 명확히 밝히지 못한다. 그러나 임상적 평가는 그러한 것들의 설명을 제공할 수 있다. 따라서 이론 기반의 평가로도 알려져 있는 임상적 평가는 종합 평가 전략의 유용한 구성요소다. 여섯 가지의 임상적 평가는 다음과 같다.

생리심리사회적 평가

생리심리사회적 평가는 관련된 생리적 · 심리적 · 사회적 요인을 밝히는 데 역점을 둔다. 요인은 내담자의 증상과 기능을 설명하는 데 어느 정도 관련이 있다. 생리적 요인에는 건강력, 정신 상태, 물질 사용(알코올, 불법 약물, 니코틴, 카페인)이 포함된다. 심리적 요인에는 적응적 신념과 부적응적 신념, 정서와 정서 조절, 행동의 과다와 부족, 기술의 부족이 포함된다. 사회적 요인에는 가족 역동, 친구, 사회적 지지, 환경적 요인, 직장의 요구가 포함된다.

인지행동적 평가

이론 기반의 평가를 통해 얻은 정보의 유형은 특정한 이론적 배경에 따라 차이가 있다. 예를 들어, 인지행동치료(CBT) 기반의 평가는 인지와 행동에 역점을 둔다. 그것은 다음과 같은 질문에 초점을 둔다. 어떤 특정한 부정적인 사고나 신념이 내담자의 특정한 정서적·행동적 문제를 일으키는가? 문제적 정서와 행동이 어떻게 부적응적 사고와 신념을 유지시키는 데 피드백 되는가?(Ledley, Marx, & Heimberg, 2005). 그러한 임상적 정보를 평가하는 것이 CBT를 기반으로 하는 사례개념화에서는 필수적이다.

역동적 평가

단기역동심리치료와 같은 역동적 접근은 역기능적 정신작동 모형과 관련이 있고, 치료적 관계에서도 재연되는 순환적 부적응 대인관계 패턴에 대한 설명을 도출하는 데 더 비중을 둔다(Binder, 2004 ; Binder & Beton, 2013). 따라서 순환적 부적응 패턴을 밝히는 것은 역동적 사례개념화뿐만 아니라 상담의 초점을 맞추는 데도 꼭 필요하다(Levenson, 1995).

Adler 평가

Adler 평가에서는 주로 생활양식 신념, 예를 들어 부적응적 신념과 스키마 그리고 가족 패턴과 역동을 밝히는 데 초점을 둔다. Adler 평가에서는 초기 기억, 가족 구성, 그 외 생활양식 신념의 지표를 도출하는 평가계획을 실행할 수 있다(Dinkmeyer & Sperry, 2000). 이런 정보는 Adler 사례개념화를 하는 데 필수적이다.

수용전념치료 평가

수용전념치료(Acceptance and Commitment Therapy: ACT)에서의 평가는 여섯 가지 과정으로 내담자의 심리적 유연성을 평가한다. 심리적 유연성 모형은 현재 순간의 자각, 가치, 전념 행동, 맥락으로서 자기, 탈융합, 수용으로 구성되어 있다. 예를 들어, 현재 순간의 자각을 평가할 때, 상담자는 바꿀 수 없는 과거나 알 수 없는 미래에 '끌려 다니지' 않고 현재의 순간에 접촉해 기능하는 내담자의 능력을 평가한다. 반면에 탈융합 과정을 평가할 때, 상담자는 내담자가 자신의 생각과 감정'으로부터' 행동하기보다는 자신의 생각과 감정을 관찰할 수 있는 능력을 평가한다.

통합적 평가, 패턴 중심의 평가

마지막으로, 이 책의 기본 모형인 통합적 모형의 평가는 패턴 중심이다. 이 것은 임상적 평가의 주요한 초점이 패턴 확인이며, 주요한 상담 성과는 패턴의 변화라는 것을 의미한다(Sperry, Blackwell, Gudeman, & Faulkner, 1992; Sperry, 2005, 2010). 내담자의 호소 증상 또는 문제의 순서를 살펴보면, 문제가 활성화될 때 촉발요인이나 촉발자극 그리고 패턴이 내담자의 반응을 일으킨다. 사례개념화의 핵심은 내담자의 패턴이고, 상담은 내담자의 부적응적 패턴을 보다 적응적인 패턴으로 바꾸기 위해 노력하는 것이다.

진단적 공식화

진단적 공식화는 내담자의 호소문제, 촉발요인에 대한 기술적 평가로, 내담자의 패턴을 반영한다. 이것은 '무슨 일이 일어났는가?'라는 질문에 대한 답이다. 진단적 공식화는 현상학적 기술일 뿐만 아니라 내담자의 독특한 상황과 패턴에 대한 횡단적 평가이다. 이 공식화는 진단적 평가와 임상적 평가 모두에 근거하여 이루어진다.

진단적 공식화의 주요 요소

1. 호소문제

호소문제는 촉발요인에 대한 내담자의 특징적 반응을 말한다. 호소문제에는 증상의 유형과 심각도, 개인적·관계적 기능이나 손상 그리고 병력과 경과가 포함된다. 또한 의학적 진단과 DSM 진단도 포함된다.

2. 촉발요인

촉발요인은 패턴을 활성화하여 호소문제를 일으키는 촉발자극 또는 스트레스 요인을 말한다. 달리 말하면, 촉발요인은 증상, 고통스러운 생각 또는 부적응적 행동들이 동시에 시작되도록 하는 선행조건이다. 촉발요인은 문제나 사건의 시작과 최초의 출현을 나타내는 요인들, 즉 언제, 어디에서 발생했고, 누가 말했고 무엇을 했는지, 그다음엔 무엇이 일어났는지 등을 검토함으로써 확인할 수 있다.

3. 패턴

패턴은 내담자의 특징적인 지각, 사고, 반응의 방법에 대한 간결한 기술이다. 패턴은 내담자의 호소문제와 촉발요인을 연결하며, 문제 상황을 이해하도록 한다. 패턴은 내담자의 유발요인에 의해 시작되며, 내담자의 유지요인을 반영한 것이다. 패턴은 적응적이거나 부적응적이다. 적응적 패턴은 융통성이 있고, 적절하며, 효과적인 성격 유형과 개인적ㆍ대인관계적 능력을 나타낸다. 반면에 부적응적 패턴은 융통성이 없고, 비효과적이며, 부적절한 경향이 있고, 개인적ㆍ관계적 기능에서 증상과 손상 그리고 만성적 불만족을 야기한다. 만약 부적응적 패턴이 충분히 고통스럽거나 악화된다면, 이는 성격장애로 진단할 수 있다.

　패턴은 특정한 상황에 국한될 수도 있고 종단적일 수도 있다. 특정한 상황적 부적응 패턴은 오로지 현재 상황에 대한 유일한 설명이다. 한편, 종단적 패턴은 현재 상황뿐만 아니라 이전 상황에 대한 공통적인 설명이다. 다시 말해서, 종단적 패턴은 내담자 상황에 대한 타당한 설명이나 일련의 이유를 알려 줄 수 있는 생애 패턴을 나타낸다(Sperry et al., 1992; Sperry, 2005, 2010).

　다음의 사례는 이러한 패턴 유형 간의 차이를 설명하고 있다.

　Jack은 13세의 아프리카계 미국인 소년으로, 지난 3개월 넘게 어머니에게 극심하게 분노를 터뜨리고 무례하게 굴었다. 여기에는 법원이 분노관리 상담과 가족상담을 명령한 후 어머니에게 두 번 신체적으로 협박을 가한 것도 포함된다. 이 두 가지 상담은 그의 행동에 거의 영향을 주지 못했다. 어머니는 당연히 걱정이 되어서 Jack에게 거주상담 프로그램을 명령해 달라고 법원에 요청했다. 판사는 어머니의 요청을 받아들이기 전에, 생리심리사회적 종합 평가를 받도록 임상심리 전문가에게 Jack을 의뢰하였다. 이 평가에서 특정한 상황적 패턴이 밝혀졌는데, Jack의 위협적인 행동의 주요 촉발요인은 그의 어머니가 마약을 찾기 위해 그의 방을 샅샅이 뒤지고, "나는 네가 형처럼 되는 것을 원치 않는다."라며 Jack이 작곡한 악보를 찢은 것이었다. 그의 형은 록 음악가인데, 코카인을 구입하고 배달한 혐의로 주 교도소에 수감되었다. Jack은 리드 기타리스트가 되길 원하고, 형처럼 작곡을 하고 싶어 한다.

　그러나 Jack은 마약을 사용하지도 않고 사용하려고 시도도 하지 않았으며, 방이나 그 어디에도 갖고 있지 않았다. 의붓아버지는 Jack의 작곡 노력을 헐뜯는 어머니 편을 들었고, 개인음악 교습비 지불을 거절하였다. 한편 Jack은 그의 부모님을 많이 존경했고, 학교에서 비교적 잘 지냈으며, 친구들이나 학교 관계자, 임상가에게도 다른 문제 행동을 보이지 않았다. 주목할 점은 Jack의 분노 폭발은 오직 어머니에게만 국한되었으며, 학교 선배들과 이웃의 놀림에도 불구하고 그가 자신의 분노를 통제할 수 있었다는 것이다. 다시 말해서, 그에게는 분노 폭발의 지속적이고 과한 패턴의 징후가 없었다. 특정한 상황적 패턴이라는 점을 고려해서, 소극적인 상담전략이 계획되었다. 여기에는 부모상담 2회가 포함되었는데, 부모에게 Jack의 특정한 상황적 패턴을 알려 주고 촉발요인, 즉 Jack의 방을 뒤지고 악보를 찢어 버리는 일을 하지 않도록 코칭하였다. 또한 임상심리전문가는 부모가 덜 자극적이고 더 지지적이지만 단호한 태도로 Jack과 관계 맺는 방법을 찾도록 도와주었다. 그런 촉발자극이 없어지면, 그들의 관계는 Jack이 학교에서 경험하는 것과 같아질 것이다. 이것이 효과적이라면, 현재로서는 더 이상의 개인상담이나 가족상담이 필요하지 않을 것이다. 만약 충분히 효과적이지 못하다면, 다른 개입이 고려될 것이다. 실제로 부모 코칭은 효과적이었다.

논평   이 사례는 특정한 상황과 지속적이고 만연된 패턴 간의 차이를 설명하고 있으며, 임상적으로 유용한 사례개념화를 하는 데 종합 평가를 수행하는 것이 중요하다는 것을 보여 주고 있다. 이것은 진단적 공식화의 주요 요소들(호소문제, 촉발요인, 패턴)을 정확하게 구체화하는 것의 중요성을 설명하고 있다. 또한 이 사례는 상담계획이 어떻게 진단적 공식화에 근거하여 짜였는지, 촉발요인(어머니의 자극적 행동)을 줄이고 없애는 것이 어떻게 호소문제(Jack의 예측 가능한 반항 행동)의 감소를 이끌어 내는지 설명하고 있다.

[그림 2-1]은 촉발요인, 패턴, 호소문제 간의 관계를 시각적으로 보여 주고 있으며, 〈표 2-1〉은 진단적 공식화의 요소를 간단하게 정의하고 있다.

촉발요인 ┄┄▶ [패턴] ━━▶ 호소문제

그림 2-1 촉발요인, 패턴, 호소문제의 관계

표 2-1 진단적 공식화의 요소

호소문제	호소하는 문제, 그리고 촉발요인에 대한 특정한 반응
촉발요인	패턴을 활성화하여 호소문제를 일으키는 자극
부적응적 패턴	지각, 사고, 행동이 경직되고 효과가 없는 방식

진단적 공식화 구체화하기: Geri의 사례

이 절에서는 유능한 상담자가 초기면접을 하는 동안 어떻게 사례개념화를 구체화하는지를 설명하고자 한다. Geri의 사례는 1장에서 소개하였다. 간단히 상기해 보면, Geri는 35세의 미혼인 아프리카계 미국인으로 장기간의 결근 때문에 상담에 의뢰되었다. 다음의 대화 내용은 첫 회기 부분이다. 이 회기는 (진단을 구체화하고 안전문제와 상담의 고려사항을 확인하기 위한) 진단적 평가와 (부적응적 패턴을 확인하고 진단적 평가를 구체화하기 위한) 임상적 평가를 모두 포함하고 있다. 여러분은 상담자가 질문을 통해 진단적 공식화 요소에 대한 정보를 이끌어 냈다는 점에서 상담자가 한 일련의 질문이 사례개념화에 따라 이루어졌음을 알게 될 것이다.

상: 저는 당신의 회사 인력자원부장인 Hicks 씨가 당신을 저에게 의뢰한 것으로 알고 있습니다. 당신은 우리가 오늘 왜 만나고 있는지 알고 계시나요?

내: 제가 요즘 기분이 너무 안 좋았기 때문에 부장님이 선생님을 만나 보라고 하셨습니다.

상: 어떻게 기분이 안 좋은가요?

내: 지난 3주 이상, 저는 매우 슬펐습니다. 이것이 업무에 많은 영향을 주는 것 같아요. 무엇을 하고 싶은 욕망도, 의지도 없습니다.

어느 정도 호소문제가 밝혀졌다. 아니면 적어도 일부분이 드러났다. 그다음에 상담자는 촉발요인 또는 촉발사건을 밝히는 데 초점을 두었다.

상: 그런데 이런 일들이 약 3주 전에 시작되셨다고요?

내: 예.

상: 그때 무슨 일이 있었습니까?

내: 그러니까 제 상사가 판매부 부사장의 수석 업무비서 자리가 비어 있다고 말했어요. 상사는 그 업무에 나를 추천했으니, 일주일 내로 임원용 특별실로 옮길 준비를 하라고 했습니다. (잠시 중지) 저는 결코 다른 사무실로 가서 제가 모르는 누군가를 위해 일하고 싶지 않아요. (한숨을 쉬고 탄식함) 승진을 하고 그에 따라 봉급이 인상된다고 해도 말이죠.

상: 그 소식이 당신을 아주 힘들게 만든 것 같군요.

내: 예, 제가 사는 세상이 무너진 것 같아요.

상: 그건 당신에게 어떤 의미였나요?

내: 저에게는 승진과 봉급 인상보다 안전함을 느끼는 것이 더 중요합니다.

상담자는 자기가 들은 것을 잠시 되새겨 보았다. 많은 사람은 승진과 봉급 인상이 예상되면 기뻐하는데, 이 내담자는 정반대로 우울하고 고립되었다. 이 시점에서 호소문제(우울과 철회)와 촉발요인(승진에 관한 이야기)이 드러났다. 상담자는 이 두 요소에서 그녀는 '안전하지 않다고 지각할 때 철회한다'는 잠정적 패턴을 도출한다. 이 패턴은 잠정적이고 추가적인 정보에 따라 수정될 수 있다. 또한 추가적인 질문으로 이러한 패턴이 상황적인 것인지 혹은 오래 지속되어 온 것인지 판단할 수 있다.

논평   여기에 상담자가 어떻게 Geri의 패턴을 구체화하였는지 제시되어 있다. 상담자의 질문과 진단적 공식화의 요소들을 확인하는 것에 대한 임상적 가치를 이해하고 행해졌다. 이 요소들을 도출하는 과정에서, 상담자는 Geri의 대인관계 방향이 타인과 거리를 두는 것임을 알게 되었다. 회피와 철회는 타인과 거리를 두는 아주 일반적인 형태다. 그녀는 또한 "안전함을 느끼는 것이 더 중요합니다."라고 하였다. 상담자가 두 가지 생각을 짜맞춰보니, '안전함을 느끼기 위해 철회함'이었다. 그다음 상담자는 이 패턴을 촉발요인 및 호소문제와 조합해 보았다. 그녀에게 커다란 스트레스 요인인 승진에 관한 대화는 개인적으로 철회와 우울을 불러일으켰고, 그녀는 안전하지 않다고 느낄 때 철회의 패턴을 보인다. 즉, 새로운 장소에서 새로운 상사를 위해 일해야 한다는 대화가 그녀에게 아주 위협적이고 안전하지 않은 것으로 지각되었다.

Geri의 진단적 공식화

〈표 2-2〉는 Geri의 진단적 공식화의 주요 요소를 요약하고 있다.

표 2-2   진단적 공식화: Geri의 사례

호소문제	사회적 고립감 증가와 우울 증상
촉발요인	임박한 승진과 익숙한 부서에서의 이동에 대한 그녀의 반응
부적응적 패턴	안전하지 않다고 지각할 때 철회함
[DSM 진단]	주요우울장애, 회피성 성격장애

패턴과 통합적 사례개념화 모형

통합적 사례개념화 모형을 이해하는 데 유용한 두 가지 기본 전제가 있다. 첫 번째 전제는 성격 발달, 정신병리, 심리치료에 대한 이해이다. 사람들은 무의식적으로 타인과 관계를 맺고 기능할 때 자기영속적이고 부적응적인 패턴을 개발한다고 가정한다(성격 발달). 불가피하게 이러한 패턴은 내담자 호소문제의 바탕이 된다(정신병리). 효과적인 상담은 언제나 내담자와 상담자가 협력하여 이러한 패턴을 알아내어 부수고 더 적응적인 패턴으로 대체하는 변화과정을 포함한다. 이 변화과정에서 최소한 두 가지의 성과가 나타나는데, 그것은 안녕감의 증가와 내담자 호소문제의 해결이다(심리치료).

두 번째 전제는 패턴의 변화가 사례개념화 과정의 핵심이라는 것이다. 패턴은 예측이 가능하고, 일관성이 있으며, 자기영속적인 방식으로, 개인이 생각하고 느끼고 행동하고 대처하고 자신을 방어하는 방법이다(Sperry, Brill, Howard, & Griscom, 1996; Sperry, 2006). 패턴 변화에는 ① 부적응적 패턴 알아내기, ② 부적응적 패턴을 버리고 보다 적응적인 패턴으로 대체하기, ③ 적응적 패턴 유지하기의 세 가지 과정이 있다(Beitman & Yue, 1999). [그림 2-2]는 이 모형을 표현한 것이다.

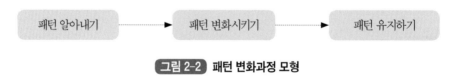

그림 2-2 패턴 변화과정 모형

패턴과 사례개념화

패턴 변화의 과정은 임상적으로 유용한 사례개념화에 반영될 것이다. 패턴 알아내기는 내담자의 부적응적 패턴을 밝혀내는 과정이며, 진단적 공식화의

영역이다. 부적응적 패턴이 어떻게 만들어지고 유지되었는지에 대한 설명은
임상적 공식화와 문화적 공식화의 영역이고, 보다 적응적인 패턴으로 대체하
려는 계획은 상담개입 공식화의 영역이다.

관계 스타일, 성격 스타일, 패턴

예전에 Alfred Adler와 Karen Horney는 모든 행동은 사회적 맥락에서
의 움직임으로 이해할 수 있다고 하였다. 네 가지 종류의 움직임이 있는데,
다가가기, 물러서기, 대항하기, 또는 다가가면서 대항하기와 같은 혼합이다
(Sperry, 2011). 움직임의 이러한 유형들은 관계 스타일로 생각할 수 있다. 또
한 그것들은 뚜렷한 성격 스타일의 전형이 된다. 성격 스타일은 자신과 타인
에 관해 지각하고 관계를 맺고 생각하는 패턴으로, 광범위한 개인적 · 사회적
맥락에서 지속적으로 나타난다. 이런 패턴이 유연하고 적응적이면 성격 스타
일이라고 하지만, 유연하지 못하고 부적응적이고 상당한 손상과 고통을 일으
키면 성격장애라고 한다. 패턴, 관계 스타일, 성격 스타일은 필수적으로 관련
되어 있기 때문에, 내담자의 움직임이나 관계 스타일을 알면 내담자의 성격
스타일 또는 성격장애를 짐작할 수 있다.

〈표 2-3〉에 1장에서 소개되었고 이 책의 나머지 부분에서 계속 등장할 다섯
사례의 내담자 이름이 관계 스타일 및 성격 스타일과 함께 제시되어 있다.

표 2-3 **다섯 사례에서 나온 내담자의 관계 스타일 및 성격 스타일**

사례	관계 스타일	성격 스타일/성격장애
Geri	물러서기	회피적
Antwone	대항하기	자기애적/편집증적
Maria	다가가기	의존적
Richard	대항하기	자기애적
Katrina	혼합—물러서기, 대항하기	편집증적

통합적 사례개념화 모형의 중심: 패턴

패턴과 패턴 변화는 통합적 사례개념화 모형의 중심 개념이다. 사실 이 책에서 강조하고 있는 다섯 가지의 사례개념화 방법은 모두 패턴 개념을 강조하거나 그 개념을 수용하고 있다. 예를 들어, '순환적 부적응 패턴'은 단기역동심리치료 접근의 핵심 개념이고, '스키마에 의거한 패턴'은 인지행동적 접근의 주요 부분이다(Young, Kloske, & Weishaar, 2003). Adler 접근에서는 생활계획 설계 또는 패턴이 생활양식과 비슷하게 사용되고 있으며, 수용전념치료 접근에서는 전념 행동과 가치 기반의 행동이 적응적 행동을 나타낸다. 마지막으로, 생리심리사회적 접근의 특징은 모든 이론적 접근의 구성개념을 통합하기 위해 매우 다차원적이라는 것이다(Sperry et al., 1992). 확실히 여기에도 '패턴'이 포함된다.

결론

사례개념화를 실행하고 활용하는 데는 정확하고 생산적인 종합 평가가 중요하다. 이러한 평가에는 진단적 평가와 임상적 또는 이론 기반의 평가가 모두 포함된다. 많은 수련생이 사전에 준비된 긴 질문 목록으로 초기 평가를 수행하는데, 보다 생산적인 종합 평가를 하려면 사례개념화, 특히 진단적 공식화에 따라 진행해야 한다. 우리는 진단적 공식화의 요소를 도출함으로써 사례개념화가 어떻게 효과적으로 평가과정을 이끌어 낼 수 있는지 설명하였다. 사례개념화는 또한 임상적 공식화와 문화적 공식화를 유도한다. 사례개념화의 이 두 구성요소는 다음 장에서 다뤄질 것이다.

🗩 질문

1. 진단적 평가와 임상적 평가를 비교하고 각각의 핵심 구성요소를 설명하라.

2. 진단적 평가와 임상적 평가의 조합이 어떻게 효과적인 사례개념화를 만드는지 논의하라. 그 예를 제시하라.

3. 이 장에서 거론한 여섯 가지 이론 기반의 평가(생리심리사회적 평가, 인지행동적 평가, 역동적 평가, Adler 평가, 수용전념치료 평가, 통합적 평가)을 구별하는 핵심 요소들을 설명하라.

4. 진단적 공식화의 핵심 요소(호소문제, 촉발요인, 패턴)을 기술하고, 패턴에 방점을 두고 이 요소가 전체 사례개념화와 어떻게 연결되는지 설명하라.

5. 대표적인 관계 스타일과 이에 상응하는 공통의 성격 스타일 또는 성격장애를 논의하라.

🗔 참고문헌

American Psychiatric Association. (2013). *Diagnostic and statistical manual of mental disorders* (5th ed.). Arlington, VA: American Psychiatric Association Press.

Beitman, B., & Yue, D. (1999). *Learning psychotherapy.* New York, NY: Norton.

Binder, J. (2004). *Key competencies in brief dynamic psychotherapy: Clinical practice beyond the manual.* New York, NY: Guilford Press.

Binder, J. L., & Betan, E. J. (2013). *Core competencies in brief dynamic psychotherapy: Becoming a highly effective and competent brief dynamic psychotherapist.* New York, NY: Guilford.

Dinkmeyer, D., & Sperry, L. (2000). *Counseling and psychotherapy: An integrated, individual psychology approach.* Upper Saddle River, NJ: Prentice Hall.

Ledley, D., Marx, B., & Heimberg, R. (2005). *Making cognitive-behavioral therapy work.* New York, NY: Guilford.

Levenson, H. (1995). *Time-limited dynamic psychotherapy.* New York, NY: Basic Books.

Sim, K., Gwee, K., & Bateman, A. (2005). Case formulation in psychotherapy: Revitalizing its usefulness as a clinical tool. *Academic Psychiatry, 29*(3), 289-292.

Sperry, L. (2005). Case conceptualization: A strategy for incorporating individual, couple, and family dynamics in the treatment process. *The American Journal of Family Therapy, 33*(5), 353-364.

Sperry, L. (2006). *Cognitive behavior therapy of DSM-IV-TR personality disorders* (2nd ed.). New York, NY: Routledge.

Sperry, L. (2010). *Core competencies in counseling and psychotherapy: Becoming a highly competent and effective therapist.* New York, NY: Routledge.

Sperry, L. (2011). Personality disorders: A quick and reliable strategy for screening and diagnosing axis ii disorders. In H. Rosenthal (Ed.), *Favorite counseling and therapy techniques* (2nd ed., pp. 291-298). New York, NY: Routledge.

Sperry, L. (2016). *Handbook of diagnosis and treatment of DSM-5 personality disorders* (3rd ed.). New York, NY: Routledge.

Sperry, L., Blackwell, B., Gudeman, J., & Faulkner, L. (1992). *Psychiatric case formulations.* Washington, DC: American Psychiatric Press.

Sperry, L., Brill, P., Howard, K., & Grissom, G. (1996). *Treatment outcomes in psychotherapy and psychiatric interventions.* New York, NY: Brunner/Mazel.

Young, J., Klosko, J., & Weishaar, M. (2003). *Schema Therapy: A practitioner's guide.* New York, NY: Guilford.

3장

설명:
임상적 공식화와
문화적 공식화

    2장에서 언급한 바와 같이, 임상적 공식화는 사례개념화의 네 가지 구성요소 중 하나다. 임상적 공식화는 내담자의 호소문제에 대한 설명과 내담자의 증상, 문제, 기능 수준, 부적응적 관계 패턴에 대한 이론적 해석을 제공한다. 임상적 공식화는 '왜'라는 질문에 대한 답을 한다. 문화적 공식화도 마찬가지로 내담자의 호소문제에 대한 설명을 제공하지만, 임상적 공식화와 다른 관점에서 설명한다. 문화적 공식화는 문화적 요인이 내담자에게 미친 영향을 기술하며, '문화가 어떤 역할을 하는가?'라는 질문에 대한 답을 한다. 문화적 공식화는 내담자의 호소문제에 대한 문화적 설명뿐만 아니라 내담자의 성격과 기능 수준에 미치는 문화적 요인의 영향을 다룬다. 이 장에서는 사례개념화의 이 두 가지 면에 초점을 둘 것이다. 우선 임상적 공식화와 그 주요 요소들을 기술하고 사례를 들어 설명할 것이다. 그다음 문화적 공식화와 그 주요 요소들을 기술하고 사례와 더불어 설명할 것이다. 본격적인 설명에 앞서 우리는 설명과 설명력, 사례개념화에서의 추론과정을 간략히 설명할 것이다. 이 장은 사례개념화의 과정에 트라우마 기반 관점을 포함시키는 것의 중요성에 관한 논의로 마무리할 것이다.

설명과 설명력

　설명은 사례개념화 과정의 핵심이다. 설명은 상담자의 가설(또는 일련의 가설들)이며, 내담자의 부적응적 패턴과 내담자의 호소문제의 원인들을 이해할 수 있는 최상의 추측이다. 사례개념화의 가치, 특히 사례개념화의 임상적 공식화 요소의 가치는 임상적 공식화가 내담자가 왜 그런 방식으로 행동하고, 생각하고, 지각하고, 느끼는지를 정확하고 설득력 있게 설명하고 있는지에 달려 있다. 공식화가 패턴을 충분히 설명하고 있는 정도를 설명력이라고 한다. 설명력은 '부족함'에서부터 '매우 설득력이 있음'까지 분류할 수 있다. 설명력은 특정한 상담 접근과 관련이 없는데, 이는 모든 내담자의 패턴과 호소문제를 가장 잘 설명하는 이론적 접근이 없다는 것을 의미한다.

　수련생과 상담자들이 사례개념화를 구성하는 것에 더 많이 능숙해지고 자신감이 생기면, 모든 사례개념화가 다 설득력이 있는 것은 아니라는 것을 깨닫게 된다. 이를 다른 말로 표현하면, 사례개념화는 낮은 것부터 아주 높은 것까지 다양한 등급의 설명력이 있을 수 있다. 사례회의에서 수련생에게 "이 사례개념화는 '왜'라는 질문에 정확한 설명을 하고 있느냐?"고 질문을 하면 "그렇지 않다."고 대답한다. 이것이 사례개념화의 설명력을 논의하고, 설명력이 낮다면 어떻게 높일 수 있는지 강구해야 하는 이유이다.

　설명력은 제시한 설명과 특정 사례에 대한 자료 사이에서 임상적 공식화의 정확성과 '적합성'을 결정한다. 어떤 상담 접근이 다른 방법들보다 우월한 사례개념화 방법을 보여 줄지라도 현실에서 내담자와 내담자가 살아가고 관계 맺는 맥락은 매우 고유하고 복잡하기 때문에, 단 하나의 사례개념화 방법이 모든 사례에 대해 최상의 설명을 제공한다는 것은 있을 수 없는 일이다. 그럼에도 특정한 사례개념화 방법이 보다 풍부하고 설득력 있는 설명을 제공할 수 있고, 따라서 다른 사례개념화 모형보다 더 설명력이 있을 수 있다.

사례개념화에서 추론과정

설득력 있는 설명에는 평가와 사례개념화를 할 때 핵심이 되는 두 가지 추론과정이 포함된다(Sperry, 2005). 그것은 연역적 추론과 귀납적 추론 그리고 전방향 추론과 후방향 추론이다.

연역적 추론과정

연역적 추론은 보편적인 것에서 특정한 것을 추론하는 것이다. 이러한 추론과정은 진단적 평가와 사례개념화의 진단적 공식화 구성요소를 수행할 때 필수적이다. 따라서 DSM-5 진단을 내리는 것은 연역적 추론의 한 예이다. DSM-5 진단은 증상과 기능 저하에 관한 자료를 모으고, 이러한 자료를 기준에 따라 분류하고, 이러한 기준을 단일 진단 범주와 연결 짓는 과정이다. 다시 말해서, 진단(보편적인 것)은 기준(특정한 것)과 관련 있는 증상의 순서와 의미를 제공한다. 예를 들어, 특정한 증상을 호소하고 다음의 기준을 충족하는 내담자는 사회불안장애라는 진단을 받게 된다. ① 타인이 자세히 관찰할 수 있는 만남에 대한 극심한 두려움, ② 이러한 관찰 상황의 회피, ③ 친하지 않은 사람들과의 만남에 대한 극심한 두려움, ④ 그러한 만남이 이루어졌을 때의 과도한 불안이나 당황하는 반응, ⑤ 그러한 두려움이 과도하고 비합리적임을 인식함, ⑥ 이러한 두려움의 결과로 사회적으로 고립됨(American Psychiatric Association, 2013). 간단히 말하자면, 연역적 추론과정은 보편적인 것에서 특정한 것으로 진행되는 과정이다.

귀납적 추론과정

반면에 귀납적 추론은 특정한 것에서 보편적인 것으로 추론하는 것이다. 이러한 추론과정은 패턴을 인식하고 사례개념화의 임상적 공식화, 문화적 공식화 그리고 상담개입 공식화를 수행하는 과정에 필수적이다. 예컨대, 증상, 사회적 배경, 발달사 등 활용 가능한 정보가 많을수록, 임상적 공식화는 점점 더 복잡해지고 자신감을 갖고 임상적 공식화를 진행하는 것은 어려워진다. 그 이유는 임상적 공식화의 도출은 귀납적 추론을 필요로 하기 때문이다. 연역적 추론과 달리 귀납적 추론과정은 증상, 기능, 병력, 하나로 묶인 개념, 테마에 관한 언뜻 보기에 관련이 없어 보이는 자료의 조각들을 종합하고 추론하는 것, 또는 별개인 모든 자료를 엮어 내담자가 왜 이 특정한 시기에 이런 특정한 맥락에서 이러한 특정 문제를 경험하는지에 대한 설명인 패턴이 포함된다.

여러분이 추측을 하는 심리 게임을 하고 있다고 상상해 보자. 여러분은 물건의 형태로 제시된 일련의 단서를 받고, 그것들이 궁극적으로 무엇을 나타내는지 추측해 보라는 요청을 받을 것이다. 첫 번째로, 여러분은 아이팟과 전화 충전기를 받는다. 여러분은 이들의 연결고리 또는 공통점이 '전자제품'이라고 추측한다. 그다음에 여러분은 십자낱말퍼즐 책을 받는다. 공통점을 찾아내는 것이 조금 더 어려워지지만, 잠시 생각해 본 후 여러분은 '즐겁게 시간을 보내는 것들'이라는 결론을 내린다. 다음으로, 여러분은 지도와 물통을 받는다. 과제는 더욱더 어려워지지만, 여러분은 더 추상적인 추측 또는 공식을 추론한다. '그것들은 모두 무생물이다.' 그리고 또 다른 두 가지 단서로 부모와 세 자녀가 주어진다. 여러분은 이 모든 품목을 연결하는 개념이 '가족여행'이라고 생각하지만, 이를 큰 소리로 말하기보다는 이러한 추론을 확정하거나 부정하거나 또는 수정할 수 있는 다른 정보를 찾는다. 가벼운 식사, 선글라스, 손 세정제가 포함된 또 다른 열 개의 단서가 제시된다. 각각의 이런 단서들은 여러분의 추측과 일치하거나 추측을 확정하기 때문에 '가족여행'이라는 여러분의 잠정적인 추론에 보태어진다. 여러분은 이제 자신 있게 '가족여행'이란 답을 외치고, 게임에서 이긴다. 많은 경우, 열다섯 개 이상의 별개인 자료 조각에서 공통된 의미를 찾는 것은 어렵고 화가 나는 일일 수도 있다. 그것이 임상적인 이론적 구조가 임상적 공식화를 수행하는 과정에 도움이 되는 이유이다. 이론적 구조는 수집한 정보를 종합하여 의미 있게 연결하는 방법을 제공할 뿐만 아니라, 다른 정보는 '무시하고' 정보에서 선택된 조각들을 찾아내고 집중할 수 있는 지도를 제공한다. 예를 들면, 이론적 구조를 가지고 있는 상담자 #1(공인 상담전문가)은 네 개의 조각 정보, 즉 부모, 자녀, 자동차 그리고 지도에서 연결되는 주제인 '가족여행'을 이끌어 낸다. 이것을 상담자 #2(초심자)와 비교해 보면, 아무런 이론적 구조의 안내를 받지 못하는 초심자는 특정한 순서 없이 열다섯 개의 정보를 모두 수집한다. 임상적 공식화를 도출해 본 경험이 없거나 그런 훈련을 받아 보지 못한 학생들과 상담자들은 종종 성급한 결론을 내리는 경향이 있다. 그들은 먼저 제시된 세 개의 정보를 가지고 답을 '즐거운 것'이라고 하는데, 그런 추론은 부분적으로만 맞을 뿐이다.

전방향 추론

사례개념화를 수행할 때, 전문가와 수련생이 다르게 사용하는 또 다른 방법은 전방향 추론과 후방향 추론과정의 활용이다. 전방향 추론은 답이 나올 때까지 정보에서 하나 또는 그 이상의 가설로 이동하는 방식이다. 이런 추론 방식은 대개 전문가들이 더 많이 활용한다. 이 유형의 추론을 예시한 사례개념화 진술문은 다음과 같다. '내담자는 자기 남자 친구에게 화가 났으며, 어릴 때 정이 많고 소극적인 아버지와 매우 친했다고 언급하였다. 따라서 그녀는 다른 남자들이 아버지처럼 행동하기를 기대할 수 있으며, 그들이 그렇게 행동하지 않을 때 혼란스럽고 화가 날 수 있다.' 이 진술문은 내담자가 말한 정보로 시작하고 이를 근거로 추론한 것이다(Eells et al., 2011).

후방향 추론

반면에 후방향 추론은 가설을 바탕으로 한 답에서 그것을 지지하는 정보를 찾아내는 방향으로 움직이는 방법이다. 이런 추론 방식은 수련생들이 더 많이 활용한다. 이 유형의 추론을 예시한 사례개념화 진술문은 다음과 같다. '그는 아마도 경계선 성격장애일 수 있는데, 자랄 때 정서적으로, 성적으로 학대를 받았을 가능성이 있다.' 이 진술문은 내담자가 성격장애를 갖고 있다는 추론에서 시작하고, 그다음 가능성 있는 원인을 추측한다(Eells et al., 2011). 요약하면, 전방향 추론은 사실에서 추론으로 나아가는 특성이 있고, 후방향 추론은 추론에서 사실을 찾아가는 특성이 있다.

추론과정과 훈련

언뜻 보기에 전혀 별개인 정보의 조각을 통합하고 추론하여 일관성 있는 패턴으로 그리고 임상적으로 유용한 사례개념화로 발전시키는 과제는 때때로 많은 수련생에게 능력 밖의 것으로 여겨진다. 분석적으로 사고하고 종합하는 능력이 있는 사람들이 사례개념화 과정을 쉽게 다루는 것은 사실인데, 이러한 능력이 필요하긴 하지만 그것으로 충분한 것은 아니다. 교육과 실습, 지속적인 연습이 필수적이다. 사례개념화, 특히 임상적 공식화는 효과적인 상담계획을 세우는 데 필수적인 기술이다(Eells & Lombart, 2003). 이런 능력은 강의, 수퍼비전, 계속적인 연습을 통해 가장 잘 키워진다. 그러나 이런 능력은 또한 자기주도적 학습, 실습, 헌신적 노력으로 연마될 수 있다. 여기에는 사례개념화 모범사례를 지속적으로 연구하고, 부단한 연습을 통해 필수적인 기술인 귀납적 추론, 추론하기, 전방향 추론, 패턴 인식을 익히며, 설명력과 예측력의 수준이 충족될 때까지 진단적 공식화, 임상적 공식화, 문화적 공식화, 상담개입 공식화를 만들어 보는 것이 포함된다. 다음 절에서는 임상적 공식화에 관해 설명할 것이다.

임상적 공식화

임상적 공식화는 사례개념화의 핵심적인 구성요소이고, 문화적 공식화와 더불어 진단적 공식화와 상담개입 공식화를 연결하는 역할을 한다. 임상적 공식화의 핵심 요소는 유발요인으로, 이는 내담자의 부적응적 패턴을 설명하며, 호소문제와 촉발요인을 연결한다. 이 절에서는 임상적 공식화의 주요 요소들 그리고 진단적 공식화의 주요 요소들과의 관계를 설명할 것이다.

임상적 공식화의 요소

임상적 공식화는 본질적으로 내담자의 유발요인, 보호요인 그리고 유지요인에 대한 평가이고 내담자의 패턴과 호소문제에 대한 설명을 제공한다 (Sperry, 2010). 다음에서 유발요인과 유지요인을 설명할 것이고, 패턴, 호소문제 그리고 촉발요인과의 관계가 시각적으로 제시될 것이다.

1. 유발요인

원인적 요인, 소인요인이라고도 하는 유발요인은 내담자의 패턴과 호소문제를 설명해 낼 수 있는 모든 가능한 요인이다. Eells(2010)는 이것을 공식화의 '기원'이라고 하였다. 유발요인은 소인이 될 만한 요인들에 대한 단서를 제공하는 발달사, 사회적 배경, 건강력에서 대부분 도출되며, 내담자의 생리적 · 심리적 · 사회적 취약점을 담고 있다. 생리적 취약점에는 병력, 현재 건강 상태, 약물과 물질 사용이 포함된다. 또한 자살과 물질 사용이나 물질 의존에 대한 개인사 및 가족사와 같은 치료 내력도 포함된다. 심리적 취약점에는 심리내적 요인, 개인내적 요인, 대인관계 요인, 그리고 지능과 성격 스타일, 부적응적 신념과 스키마, 자동적 사고, 중재적 신념, 회복탄력성, 자아개념, 자아통제, 성격구조 같은 성격 역동이 포함된 기타 심리적 요인이 포함된다. 또한 모든 결핍 행동과 과다 행동, 기타 증상의 장애, 자기관리, 문제해결, 의사소통, 관계, 타협, 갈등해결 기술도 포함된다. 사회적 취약점에는 부모와 형제자매의 특징, 상호작용 방식, 가족의 비밀과 같은 가족 역동, 학업성취도, 종교교육, 성 경험, 유아기의 방임과 학대(언어적 · 정서적 · 신체적 · 성적 또는 재정적)가 포함된다. 또한 가족 기능 수준, 가족 스트레스 요인, 별거, 이혼, 동료관계, 직무 스트레스 요인, 지지체계, 환경적 요인이 포함된다. 예를 들면, 우울증, 충동성, 또는 술 마시는 친구들, 빈곤한 생활, 적대적 근무 환경 같은 특정한 사회적 · 환경적 요인에서 취약한 점을 확인하는 것이 중요하다.

2. 보호요인

보호요인은 임상적 문제로 발병할 가능성을 감소시키는 요인들이다. 보호요인에는 안정된 애착 스타일, 회복탄력성, 효과적인 대처 기술, 긍정적인 지지체계뿐만 아니라 학대관계에서 벗어나기가 포함된다. 보호요인은 실제로 임상적 문제의 발병 가능성을 증가시키는 요인인 위험요인의 반대되는 요인이다. 위험요인에는 학대관계, 자해, 자살사고가 포함된다. 보호요인은 자기 자신과 타인에게 도움이 되는 방식으로 생각하고 행동하도록 하는 심리적 과정인 강점과 비슷하다. 이것에는 마음챙김, 자기통제, 자신감이 포함된다.

3. 유지요인

유지요인은 지속적으로 유지되는 요인이다. 본질적으로 유지요인은 내담자의 패턴이 내담자와 내담자의 환경에 의해 강화되고 견고해지는 과정들이다. 유지요인은 증상, 갈등 또는 다른 요구사항으로부터 내담자를 '보호'하거나 '차단'하는 역할을 한다. 예를 들어, 수줍어하고 거절에 민감한 사람들은 점점 혼자 지내게 되는데, 이렇게 함으로써 타인이 자신에게 대인관계적 요구를 하거나 비난할 가능성을 줄일 수 있기 때문이다. 이런 요인들의 영향은 중첩되기 때문에, 가끔 한 요인이 유발요인인지 혹은 유지요인인지 구체적으로 밝히는 것이 어려울 수 있다. 여기에는 기술 부족, 적대적인 근무 환경, 혼자 사는 것, 그 외 부정적인 반응들이 포함될 수 있다. 때로는 유발요인이 유지요인의 기능을 한다. 예를 들어, 회피적인 스타일(유발요인)의 사람은 사회적 고립을 자초하는 경향이 있다. 이러한 사람은 안전함을 얻기 위해 스스로 타인과 반복적으로 거리를 두기 때문에, 친구를 사귀는 데 필요한 사회적 기술과 주장적 의사소통 기술을 개발하고 친밀한 관계를 맺으며 갈등을 해결하는 경험을 해 보았을 가능성이 거의 없다. 외로움을 느끼고 다른 사람들과 관계를 잘 맺지 못한 결과로, 이 사람은 무의식적으로 자신이 결함이 있거나 사랑스럽지 않다는 핵심 신념을 강화할 수 있다.

유발요인, 패턴, 유지요인, 촉발요인 그리고 호소문제의 관계는 [그림 3-1]에 시각적인 도표로 제시되어 있다. 또한 〈표 3-1〉를 보라.

〈표 3-2〉는 Geri의 사례에 대한 세 가지 다른 상담 접근(생리심리사회적 접근, 인지행동적 접근, 단기역동 접근)에서의 임상적 공식화의 유발요인들을 설명하고 있다. 이 세 가지 상담 접근은 각각 강조점이 다르다는 것을 명심하라. 인지행동적 모형이 부적응적 행동과 인지에 대한 설명으로 초점을 제한한다면, 생리심리사회적 모형과 단기역동 모형은 좀 더 넓은 초점을 갖는다.

표 3-1 **임상적 공식화의 요소**

유발요인	적응적 또는 부적응적 기능을 촉진하는 요인들
보호요인	임상적 문제의 발병 가능성을 감소시키는 요인들
유지요인	패턴을 활성화하여 호소문제를 일으키는 자극들

표 3-2 Geri의 임상적 공식화: 생리심리사회적 접근, 인지행동적 접근, 단기역동 접근

생리심리사회적 접근		
유발요인	생리적 요인	우울증에 대한 가족력
	심리적 요인	수줍어함, 회피적임, 자기표현을 하지 않음
	사회적 요인	• 현재: 비난, 거절 또는 그 외 위험해 질 수 있는 상황 회피 • 과거: 요구가 많고 비난적이며, 정서적으로 도움이 되지 않는 부모, 또래의 괴롭힘과 비난 경험
인지행동적 접근		
유발요인	부적응적 인지	• 자신을 무능하고 거절을 두려워하는 사람으로 생각함 • 세상을 거절하고 비판적인 것으로 생각하지만 안전한 관계를 원함
	부적응적 스키마	• 결함과 사회적 고립
	부적응적 행동	• 어릴 적에 괴롭힘, 비난, 거절, 그 외 해를 당한 경험 • 안전하지 않다고 지각되는 상황에서는 수줍음과 회피 행동을 보이며, 타인과의 관계를 맺기보다는 사회적 고립을 선호함
단기역동 접근		
유발요인	자기의 행동	우울해하고 승진에 대해 걱정함
	자기를 대하는 타인의 행동	• 부모, 남동생, 또래들이 어린아이인 그녀를 비난함 • 지지해 주는 친한 친구가 있음
	타인에 대한 기대	• 직장 동료, 친구, 가족 구성원이 자신에 대해 판단하고, 비난하고, 요구하는 것이 많을 것으로 기대함 • 새로운 상사가 그녀의 직무 수행에 대해 비난할 것으로 기대함
	자기를 대하는 자기의 행동(내사)	• 그녀는 자신이 부적절하며, 매우 자기비난적이라고 믿음
	상호작용적 역전이	상담자는 그녀에게 끌리면서도 동시에 멀리 밀쳐내는 느낌

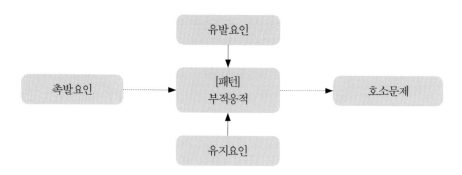

그림 3-1 유발요인, 패턴, 유지요인, 촉발요인, 호소문제 간의 관계

예를 들면, 생리심리사회적 모형의 심리적 차원은 인지행동적 모형의 부적응적 행동과 인지는 물론이고 회복탄력성과 자기통제 같은 다른 심리적 요인들을 포함할 만큼 범위가 넓다. 그러나 단기역동 모형은 생리심리사회적 모형처럼 넓긴 하지만 대인관계와 내사 또는 자기에 대한 신념에 더 구체적으로 역점을 둔다.

임상적 공식화의 설명력 평가하기

이 책에서는 가장 일반적인 네 가지 상담이론적 방식(인지행동적 접근, 단기역동 접근, Adler 접근, 수용전념치료)을 설명하지만, 많은 상담자는 사례를 개념화할 때 기본으로 생리심리사회적 방식 또는 그것을 약간 변형한 방식을 활용한다. 상담자들이 생리심리사회적 방식과 같은 비이론적 방식을 사용하는 일반적인 이유는 이 방식의 임상적 공식화가 사례의 실제 정보, 즉 내담자가 직접 한 말, 생각, '설명'에 가깝게 기록할 수 있고, 이 방식의 공식화가 보다 '통합적'이 될 수 있으며, 하나 또는 그 이상의 상담이론적 방식에서 통찰을 얻을 수 있기 때문이다. 달리 말하면, 상담자는 사례에 대한 높은 수준의 합리적인 설명력을 가지는 이론을 만들기 위해 유발요인들을 계속 더해 나갈 수 있다.

Antwone의 사례는 사례개념화에서의 임상적 공식화 요소의 설명력을 평가하는 데 유용할 수 있다. 여러분은 Antwone의 호소문제가 분노 폭발과 사실상 보복적으로 화를 내는 것이었음을 기억할 것이다. 그의 현재와 과거력에서 다양한 촉발요인이 드러났다. 여기에는 그를 비웃는 동료들, 특히 그가 생각하기에 부당하거나 독단적인 명령으로 여겨지는 것을 강요하는 권위적 인물들이 포함된다. 그는 또한 인종적으로 조롱을 당했고, 성 경험이 없다고 놀림을 받았다. 그 외 다른 촉발요인으로는 유일하게 친한 친구였던 Jesse 같은 중요한 사람의 상실 또는 버림받음과 해군 정신과 의사에게도 버림받을 수 있다는 예상도 포함된다. 이를 달리 표현하면, 그의 부적응적 패턴은 놀림을 당하거나 실제의 상실 또는 예상되는 상실에 직면할 때 반격을 가하는 것이었다.

이제부터 높은 수준의 합리적인 설명력이 있는 공식화를 구성하기 위해 상담자가 어떻게 임상적 공식화 과정을 풀어 나가는지 살펴보자. 상담자는 가장 명백한 유발요인이 무엇인지를 검토하는 데서 시작한다. 그것은 Antwone이 어릴 때 늘상 받았던 학대의 내력이다. 불행하게도, 이 학대받은 내력으로는 Antwone의 분노 폭발, 그의 보복이나 싸움을 설명할 수 없다. 동일한 또는 비슷한 촉발요인으로 그런 학대를 당한 많은 사람이 타인의 자극에 대해 공격성과 분노로, 지속적으로 그리고 예상대로 반응하지는 않기 때문이다. 두 번째 유발요인인 그의 버림받은 경험도 설명력을 크게 높이지 못한다. 마찬가지로 버림받은 경험이 있는 많은 사람이 자극이 있을 때 복수심을 가지고 반응하지는 않기 때문이다. 마찬가지로 세 번째 유발요인인 양어머니의 학대 행동 관찰과 모델링도 합리적으로 설득력이 있는 설명을 제공하지 못하는데, 많은 학대 희생자가 학대를 관찰하긴 하지만 그것을 모델링하지는 않기 때문이다. 상담자는 이러한 세 유발요인이 모두 공통점이 있다는 것을 알아챈다. 그것들은 외적이고 역사적인 설명인자들이다.

상담자는 다음으로 내적 요인들을 살펴본다. 네 번째 유발요인은 지속되어 온 내적인 성향을 반영한다는 점에서 다르다. 그것은 반격하는 Antwone의 능력과 인지한 부당함에 보복하기 위해 노력하고 반격한 경험이다. 상담자는 15세 이후에 그의 양어머니의 학대가 힘없이 '꺾였다는' 것을 상기해 본다. Antwone은 그의 패턴을 바꾸어 양어머니를 뒤로 밀치며 자신을 다시 학대하면 가만두지 않겠다고 위협했다.

앞의 세 개의 유발요인과 더불어 이 요인은 Antwone의 행동에 대한 보다 설득력 있는 설명을 제공하는데, 그것은 학대받은 사람들 중 1/3이 학대자가 되기 때문이다. 이 네 개의 유발요인이 함께하면 설명력은 더욱 높아진다. 상담자는 인지행동적 모형에서의 핵심 부적응적 신념이나 스키마를 추가적인 유발요인으로 검토해 본다. 상담자는 결함(열등하고, 나쁘고, 원치 않는 사람이라는 신념), 학대-불신(타인이 학대하고, 굴욕을 줄 수 있다는 신념), 처벌(타인은 가혹하게 처벌받아야 한다는 신념)의 스키마가 있는 사람은 학대하고 그에게 결함을 느끼게 하는 사람에게 반격하고 복수할 가능성이 있다고 추론한다. 스키마에 대한 정보를 도출하면서 상담자는 이러한 세 세트의 스키마 또는 부적응적 핵심 신념이 있으며, 학대받고 버림받은 Antwone의 경험, 타인에게 반격한 경험과 그런 그의 능력, 이에 더해 그를 학대하거나 조롱한 사람들은 처벌을 받아야만 한다는 핵심 신념이 설명력을 더욱 높인다고 결론짓는다.

이 사례는 상담자가 잠정적인 임상적 공식화를 어떻게 평가하고, 보다 설명력 있는 임상적 공식화를 만들기 위해 유발요인들에 대한 추가적인 자료를 어떻게 도출하는지 설명하고 있다. 주목할 점은 상담자가 처음에는 생리심리사회적 방식을 활용하고, 그다음에는 그가 전개한 임상적 공식화의 설명력을 높이기 위해 인지행동적 방식으로 전환했다는 것이다.

문화적 공식화

문화적 공식화는 사례개념화의 네 가지 구성요소 중 세 번째 구성요소이다.

문화적 신념, 가치관, 태도, 관습은 내담자의 생활에서 중요한 역할을 하므로 상담을 아주 효과적으로 진행하는 상담자는 이런 것에 민감하고, 내담자에게 영향을 미치는 부가적인 문화적 정보를 알아내려고 언제나 노력한다. 상담자는 그런 정보를 통해 내담자의 개인적 대처 기술과 사회적 자원을 더 잘 이해할 수 있을 뿐만 아니라 내담자의 고통과 문제에 영향을 주는 여러 가지 문화적 이슈를 탐색할 수 있다(Hayes, 2016; Ridley & Kelly, 2007).

상담자와 수련생들이 상담실제에서 문화적 공식화를 사용하고 전개할 때 어떻게 하면 효과적일까? 연구에 따르면 상담자들은 대부분 문화적 공식화의 활용이 효과적인 상담실제에 도움이 된다고 생각하고 있었다. 그러나 자신의 상담실제를 진행하는 데 문화적 공식화를 실제로 사용하는 경우는 드물었다(Hansen et al., 2006). 수련생들도 비슷하게 행동하는 것 같다(Neufield et al., 2006). 문화적 민감성이 정신건강 전문직에서 규범이 되어 가고 있는 시기에 이 중요한 능력을 개발하는 것은 수련생과 상담자에게 더 이상 선택사항이 아니다. 그것은 조만간 필수사항이 될 것이다. 이 절에서는 문화적 공식화를 정의하고, 이 공식화를 구체화하는 데 유용한 네 가지 요소를 설명할 것이다. 그다음 두 사례를 통해 문화적 공식화의 네 가지 요소와 상담의 시사점을 설명할 것이다.

문화적 공식화의 정의

문화적 공식화는 임상적 공식화를 보완하며, 상담의 초점과 선택한 상담개입의 유형을 알려 준다. 문화적 공식화는 임상사례 보고서의 '사회적 배경과 문화적 요인' 영역에 기술되어 있는 문화적 요인과 문화적 역동을 체계적으로 검토하는 것이다. 이것은 '문화가 어떤 역할을 하는가?'라는 질문에 대한 답이다. 문화적 공식화 진술문은 내담자의 문화적 또는 민족적 정체성, 문화적응 수준 그리고 문화적 설명모형을 보다 구체적으로 기술한다(Sperry, 2010). 문화적 공식화는 내담자의 상태뿐만 아니라 내담자의 성격과 기능 수준에 미친 문화적 요인들의 영향에 대한 문화적 설명을 제공한다. 더 나아가 문화적 공식화는 문화적 요소들이 내담자와 상담자의 관계에 영향을 줄 수 있는지 예상하고, 문화적으로 민감한 상담개입이 필요한지 여부를 검토하게 한다(GAP Committee on Culture Psychiatry, 2002).

문화적 공식화의 요소

문화적 공식화는 네 가지의 주요 문화적 요소로 이루어져 있는데, 문화적 정체성, 문화적 스트레스와 문화적응, 문화적 설명모형, 그리고 문화 대 성격 역동의 영향이 그것이다.

1. 문화적 정체성

문화적 공식화는 진단적 평가를 하는 동안 그 형태가 드러나기 시작한다. 상담자는 진단적 평가의 '사회적 및 문화적 배경' 영역의 한 부분으로, 내담자의 문화적 정체성, 즉 문화적 또는 민족 집단의 구성원으로 정의된 존재감에 관한 정보를 추정할 수 있다. 이런 정체성은 인구학적 사실이 아니라 오히려 개인의 자기 평가와 자기확신에 대한 지표이며, 원래의 민족 집단이든 주류 사회의 문화든 상관없이 특정 민족 집단에 대한 소속감이다. 중국 본토에서 와서 미국의 사립 고등학교에 다니는 몇몇 청소년이 주류 사회의 또래 친구들이 중국 이름을 발음하기 어려울 것이라고 생각해서 재빨리 미국식 이름으로 바꾸어 신분증을 발급받는 점은 주목할 만하다. 밝은 피부의 아이티계 미국인 내담자는 아이티 사람과 아프리카계 미국인에 대한 부정적인 고정관념 과 거리를 두기 위해 스스로를 '유럽계 백인 미국인'으로 생각한다. 이는 쿠바 계 미국인 내담자가 쿠바의 관습, 언어, 음식 기호를 여전히 좋아하고 그것을 자랑스러워하는 것과는 반대된다. 이러한 태도는 개인이 진술하는 민족적 또 는 문화적 정체성에 영향을 준다.

상담실제에서의 문화적 역량에 대해 D'Andrea와 Daniels(2001)는 다문화 적 이론적 구조를 구체화하며 RESPECTFUL 모형으로 일련의 문화적 요인들 을 제시하였다.

RESPECTFUL

R 종교적 가치관(Religious values)

E 경제적/계층적 문제(Economic/class issues)

S 성적 정체성 문제(Sexual identity issues)

P 심리적 발달 문제(Psychological developmental issues)

E 민족적/인종적 정체성(Ethnic/racial identity issues)

C 연령별 도전과제(Chronological)

T 트라우마 및 안녕감을 위협하는 요인(Trauma and threats to well-being)

F 가족문제(Family issues)

U 고유한 신체적 문제(Unique physical issues)

L 언어 및 거주지 문제(Language and location of residence issues)

마찬가지로, Hays(1996, pp. 332-334)는 비슷한 문화적 구조인 ADDRESSING 모형을 제시하였다.

ADDRESSING

A 나이/세대(Age/generational)

D 발달적 장애[Disability(Developmental)]

D 후천적 장애[Disability(acquired)]

R 종교(Religion)

E 민족/인종(Ethnicity/race)

S 사회적 지위(Social status)

S 성적 경향성(Sexual orientation)

I 토착 문화(Indigenous heritage)

N 국적(National origin)

G 성별(Gender)

이 두 모형은 상담자가 자신의 편견, 권한, 특권을 평가하기 위한 자기 평가를 보완하고, 이러한 역동들이 어떻게 작동하고 상담과정에 어떻게 영향을 미치는지 검토하기 위해 평가과정 및 시스템으로 활용할 수 있는 틀을 제공하고 있다. 이러한 문화적 요인들은 역사적으로 등한시되었기 때문에 미국상담학회(American Counseling Association; Arrendondo & Perez, 2006)와 미국심리학회(American Psychological Association, 2003)는 이를 강조하고 있다.

2. 문화적 스트레스 및 문화적응

문화적응은 한 개인이 자신의 원래 문화에서 다른 문화로 적응해 가는 과정이다. 이것은 이민자의 건강과 행동에 영향을 미치는 것으로 알려진 스트레스 요인과 위험요인이다. 문화적응은 언어, 가치관, 의식 등을 포함한 자신의 원래 문화를 학습하는 과정인 문화화와는 매우 다르다(Berry, 1997). 다른 문화에 적응하는 것은 문제를 일으키고 스트레스가 될 수 있는데, 이를 문화적응 스트레스라고 한다. 문화적응 스트레스는 문화적응에 뿌리를 두고 있는 스트레스로 정의된다. 문화적응 스트레스는 많은 일상생활의 스트레스와는 차이가 있는데, 이는 민족적 정체성, 차별, 문화적 가치관과 같은 문화적응의 특정 문제와 관련이 있고, 심리사회적 문제를 야기하는 문화적 역량 그리고 모국어가 아닌 제2언어 능력과도 관련되기 때문이다(Berry & Annis, 1974; Wu & Mak, 2012). 그러한 스트레스는 문화적응 과정에서 흔히 일어난다. 그것은 피부색에 대한 인종적 표현과 같은 노골적인 것일 수도 있고, 방향을 묻거나 식당에서 음식을 주문할 때 억양 또는 사투리에서 나타나는 미묘한 차이가 될 수도 있다. 문화적응 스트레스는 또한 이민 부모의 자녀들이 부모보다 적응을 더 잘 할 때와 같이 문화적응 수준의 세대 간 차이에서도 나타난다. 당연히 문화적응 수준에서의 이런 차이는 언어 사용법, 데이트, 통행 금지, 진로계획, 원가족 문화의 의식과 가치관에 대한 전반적인 엄수에 있어서 예상 밖의 갈등을 일으킬 수 있다.

연구에 따르면 심리적 부적응은 높은 수준의 문화적응과 관련이 있으며, 사회문화적 적응 또는 사회문화적 능력은 문화적응 스트레스의 효과를 조절하는 역할을 하는 것으로 밝혀졌다(Wu & Mak, 2012). 그러한 사회문화적 능력은 언어능력, 효과적인 사회적 상호작용, 의사소통 능력에 의해서 증가될 수 있고, 문화 간 의사소통 스타일, 규칙과 사회적 규범에 대한 지식과 기술을 포함한다.

문화적응의 수준은 자기 평가 또는 상담자의 평가 도구로 측정할 수 있다. 일반적으로 사용되는 것은 간편문화적응척도(Brief Acculturation Scale; Burnam, Hough, Karno, Escobar, & Telles, 1987)이다. 이 척도는 5점 리커트 척도상에 평정하는 세 문항, 즉 내담자의 언어(출신지 언어 대 영어), 세대(1~5세대), 사회적 활동(출신지 친구 대 주류 사회 친구에 대한 선호도)으로 구성되어 있다. 이것은 상, 중, 하의 세 가지 수준으로 문화적응을 평가하며, 면담 자료를 토대로 상담자가 평가한다.

문화적 스트레스는 어떤 문화적 집단에 속하는 개인에게 문제를 일으키는 문화심리사회적 사건 또는 역동을 말한다. 몇 가지 스트레스 요인의 예로는 탄압, 차별, 미묘한 차별, 또는 인종문제로 기인된 직장 내 집단따돌림(직장 내 집단 괴롭힘)이 있다. 문화적 스트레스 요인들을 경험할 가능성이 있는 취약집단의 예로는 사회경제적 지위가 낮은 집단에 속한 사람들, 장애를 안고 살아가는 사람들, 비주류의 소수 인종/소수 민족인 사람들, 아동과 노인, 이성애자나 시스젠더(역자 주: 생물학적 성과 성 정체성이 일치하는 사람)로 확인되지 않는 사람들이 있다.

3. 문화적 설명

자신이 문제를 경험하고 있다고 생각하는 이유에 대한 내담자의 설명은 자신의 고통을 표현하기 위해 사용하는 단어와 관용구에 매우 잘 드러난다(Bhui & Bhugra, 2004). 상담자는 언제든지 문화적 설명 또는 설명모형, 즉 고통, 상황, 또는 손상의 원인(신경, 홀린 영혼, 신체 증상 호소, 설명하기 어려운 불행, 신의 시험 또는 벌 등)에 대한 내담자의 생각을 도출해 낼 수 있어야 한다. 이 밖에 내담자의 상담에 대한 기대와 선호도, 그리고 필요에 따라 내담자의 문화에서 치유받은 과거 경험을 알아내는 것이 상담계획을 결정하는 데 유용한 정보가 된다.

4. 문화 그리고(또는) 성격

문화적 공식화를 수행하는 데 고려해야 할 또 다른 점은 호소문제에 문화적 역동과 성격 역동이 어느 정도 영향을 주는지 확인하는 것이다. 성격 역동은 내담자의 성격 스타일을 포함한다. 상담자의 과제는 문화적 역동과 성격 역동의 상호작용을 평가하는 것이다.

문화적응의 수준이 높으면 문화적 역동은 호소문제에 거의 영향을 주지 않지만, 성격 역동은 중대한 영향을 미칠 것이다. 문화적응의 수준이 낮거나 문화적 스트레스가 높으면 문화적 역동은 의미 있는 영향을 미칠 것이다. 때로는 성격 역동과 문화적 역동 둘 다 비슷한 영향을 주기도 한다. 이것은 특히 여성들이 남성들에게 의존하고 순종적이기를 기대하는 문화권에서 흔한 일이며, 이런 문화권의 여성 내담자 역시 뚜렷하게 의존적인 성격 스타일을 보인다. 문화적 역동과 성격 역동의 상호작용 평가는 문화적으로 민감한 상담 개입이 필요한 정도를 결정하는 데 중요한 역할을 한다. 수련생들은 호소문제에 대한 문화적 역동과 성격 역동의 영향 수준을 평가해 보는 것이 도움이 될 것이다. 평가 체계 중 하나는 1~100 척도로 각 역동으로부터 받는 영향력의 양을 보여 준다. 예를 들어, 유의미한 문화적 스트레스와 건강한 성격구조를 가진 내담자는 90:10으로 평가되는데, 이는 이 사례의 변량의 90%는 문화적으로 영향을 받고, 단지 10%만이 성격 요인의 영향을 받는다는 의미이다. 유의미한 문화적 스트레스와 (성격장애 같은) 유의미한 성격 역동의 영향력을 같이 받는 내담자는 55:45 비율로 평가할 수 있다. 〈표 3-3〉에는 이러한 요소들이 요약되어 있다.

표 3-3 **문화적 공식화의 요소**

문화적 정체성	특정 민족 집단에의 소속감
문화적 스트레스/문화적응	주류 문화에 적응한 수준(심리사회적 어려움을 포함한 문화적응 관련 스트레스)
문화적 설명	고통, 상황 또는 손상의 원인에 대한 생각
문화 그리고(또는) 성격	문화적 역동 그리고(또는) 성격 역동의 상호작용

문화적 공식화 구성하기: 예시

임상적으로 유용한 문화적 공식화는 앞의 네 가지 요소를 기반으로 구성된다. 이런 이유로 정보를 정확하고 철저하게 평가하는 것이 필요하다. 다음에 제시되는 두 사례는 문화적 공식화에서의 차이점을 설명하고 있다.

Geri의 사례에서 문화적 공식화의 네 가지 요소는 다음과 같다.

• 문화적 정체성: 한정된 민족적 유대가 있는 중산층 아프리카계 미국인

- 문화적 스트레스/문화적응: 문화적응 수준이 높으며, 편견과 같은 뚜렷한 문화적응 스트레스는 없음. 반면 가족체계에서 성역할은 여자보다 남자를 선호함
- 문화적 설명: 자신의 우울증을 직무 스트레스와 뇌 화학물질 불균형의 결과라고 생각함
- 문화 그리고(또는) 성격: 성격 역동이 의미 있게 작용함

반면 Antwone의 사례에서 문화적 공식화의 네 가지 요소는 다음과 같다.

- 문화적 정체성: 아프카계 미국인
- 문화적 스트레스/문화적응: 문화적응 수준은 높으나 상당한 문화적응 스트레스가 있음
- 문화적 설명: 자신의 문제는 아프리카계 미국인 입양가족의 인종차별적 비하와 학대, 백인 동료와 상사의 인종차별적 도발의 결과라고 생각함
- 문화 그리고(또는) 성격: 성격 요인과 문화적 요인 둘 다 작용함

요약하면, Geri와 Antwone은 둘 다 높은 수준의 문화적응을 보이지만, 문화적 스트레스와 설명모형 그리고 성격 역동과 문화적 역동의 상호작용에서 분명한 차이가 있다. 아마 Antwone과 같은 내담자를 상담할 때는 문화적으로 민감한 상담개입을 중요하게 고려해야 하겠지만, Geri와 같은 내담자에게는 필요치 않다.

트라우마와 사례개념화

정신건강 상담자는 상담에 임하는 내담자들 중 최근이나 어린 시절에 외

상 사건을 경험하고 상담을 받으려는 내담자를 자주 만난다. 불행하게도 많은 상담자는 이런 특정한 내담자들과 치료적으로 작업할 준비가 안 되어 있고 능력이 충분하지 않다고 생각하며, 트라우마 기반 원리를 상담에 활용하지 못한다(SAMHSA, 2014b). 트라우마에 대한 여러 가지 정의가 있지만, 약물남용 및 정신건강 서비스관리국(SAMHSA)의 정의는 다음과 같다.

> 개인의 트라우마는 개인에게 신체적이나 정서적으로 해가 되거나 삶을 위협하는 것으로 경험되고, 개인의 기능과 정신적 · 신체적 · 사회적 · 정서적 또는 영적 안녕감에 지속적으로 부정적인 영향을 미치는 단일 사건, 일련의 사건 또는 상황이 원인이 되어 나타난다.
>
> (2014, p. 7)

트라우마 기반 원리는 이 책에 제시된 통합적 사례개념화 모형 안에 통합되기에 적합하다. Harris와 Fallot(2001)은 안전, 신뢰, 선택, 협력, 역량강화라는 다섯 개의 트라우마 기반 원리를 밝혔다. 마찬가지로 미국 약물남용 및 정신건강 서비스관리국(SAMHSA)의 여섯 개 트라우마 기반 원리도 안전, 신뢰할 수 있음과 투명도, 협력과 상호관계, 동료지원, 역량강화, 의견과 선택 그리고 문화적 · 역사적 · 성적 이슈다(SAMHSA, 2014b).

트라우마 기반 케어의 원리들은 정신건강 케어 전달체계의 모든 측면에서 트라우마 사건을 경험하고 있는 내담자의 증상과 문제를 이해하고 개념화하는 틀을 제공한다(Harris & Fallot, 2001). 트라우마 기반 접근은 모든 내담자가 트라우마를 경험하고 있다는 가정을 하지는 않지만, 트라우마가 상담서비스를 찾는 많은 내담자 사이에 일반적인 것으로 인식하고 있다. 트라우마의 광범위한 발병에 대한 인식에 영향을 미치는 초기 아동기 트라우마의 효과를 연구한 가장 의미 있는 연구들 중 하나는 부정적인 아동기 경험(ACE) 연구인데, 1만 7,000명의 참여자를 종단연구로 추적하여 부정적인 아동기 경험이 조기 사망과 직접적인 상관이 있다는 것을 밝혀냈다(Felitti et al., 1998).

최근의 연구에서는 부정적인 아동기 경험이 관상동맥성 심질환, 비만, 만성 폐쇄성 폐질환, 우울증을 포함한 나쁜 건강 상태와 유의미하게 관련이 있음을 발견하였다(Merrick et al., 2019). 이 연구에서 성인 여섯 명 중 한 명(15.6%)이 최소한 네 개의 부정적인 아동기 경험을 보고하였고, 60.9%가 최소한 한 개의 부정적인 아동기 경험을 보고하였다. 비슷하게, 미국에서 수행된 또 다른 연구에서는 61%의 남성과 51%의 여성이 평생 최소한 한 개의 트라우마 또는 부정적인 경험을 하였다고 보고하였고(Kessler et al., 1999), 공공 정신건강 장면에서는 내담자의 90%가 최소한 하나의 트라우마 사건에 노출된 것으로 보고되었다(Goodman, Rosenberg, Mueser, & Drake, 1997; Mueser et al., 1998).

트라우마 기반 원리는 이 책에서 다루고 있는 통합적 사례개념화 모형에 쉽게 통합된다. 우선 트라우마 기반 사례개념화(TF-CC)는 급성 트라우마에 노출된 내담자와 부정적인 아동기 사건에 노출되었다고 보고하고 있는 내담자들을 상담하는 데 필수적이다. 다음에서 여러분은 이 책에서 다루고 있는 사례개념화 공식화에 적용될 수 있는 일련의 트라우마 기반 원리와 고려사항을 알 수 있을 것이다(SAMHSA, 2014a).

진단적 공식화

- 적절한 트라우마 병력의 평가는 진단적 공식화에 필수적이다. 부정적인 아동기 경험의 평가는 공공의 영역에서 유용하다.
- 상담자는 트라우마 반응을 촉발하고 유지하게 하는 다양한 형태의 트라우마와 사건(자연재해, 테러, 관계 트라우마, 발달 트라우마 등)을 이해할 필요가 있다.
- 트라우마에 대한 즉각적 반응과 지연된 반응을 인지한다.

- 공통 진단 고려사항에는 급성 스트레스 장애, 외상후 스트레스 장애 (PTSD), 해리장애, 우울장애 그리고 경계선 성격장애가 포함된다.
- 내담자가 다른 정신과적 질환 또는 (물질사용장애처럼) PTSD 호소문제와 함께 발병하는 최근 장애가 있다면 평가한다.

임상적 공식화

- 이 공식화는 근본적으로 내담자에게 미치는 트라우마의 영향을 이해하는 기초가 된다.
- 트라우마 관련 증상은 여러 이론으로 개념화할 수 있다. 어떤 이론들은 트라우마의 행동적 반응(공포 자극의 회피)을 트라우마 사건에 대한 적응으로 이해한다. 트라우마에 대한 행동적 반응은 종종 불편감과 정서적 폭발을 줄이는 쪽으로 작동한다.
- 만약 트라우마 관련 증상이 상담의 초점이라면, 사건에 대한 내담자의 개인적 의미를 이해하는 것이 중요하다.
- 생리심리사회적 위험요인들이 어떻게 최근 증상과 고통에 영향을 미치는지 고려한다. 예를 들면, 내담자는 우울증의 가족력이 있는가? 그리고 또한 가족 내에 여러 세대에 걸친 가정폭력 관계가 있는가?

문화적 공식화

- 문화적 공식화는 문화적 요인들이 사례개념화와 상담계획을 짜는 과정에 어떻게 위험요인이나 보호요인이 될 수 있는지 고려하는 데 활용된다.
- 내담자가 증오범죄의 피해자인지, 그리고 취약한 계층 또는 소외계층에 속하는지를 평가한다. 내담자가 문화적 트라우마(예: 전쟁, 집단학살, 정부의 탄압, 고문, 또는 테러)의 피해자인지 판단한다.

- PTSD의 증상과 그 외 트라우마 관련 장애들이 내담자의 문화에서 어떻게 다르게 나타나는지 밝혀낸다.
- 트라우마에 대한 문화적 신념과 심리상담이 무엇을 포함하고 무엇을 포함해서는 안 되는지에 대한 내담자의 기대를 평가한다.
- 교회 지원, 지역사회 지원단체, 문화적으로 행하는 치유 관행 같은 문화적 자원과 보호요인을 평가한다.

상담개입 공식화

- 트라우마 기반 상담개입 공식화는 세부적인 상담개입의 활용과 치료적 과정의 시기에 초점을 두고 있기 때문에 최근 또는 과거에 트라우마 사건을 경험한 내담자를 상담할 때 필수적으로 활용된다.
- 공식적인 상담개입 전략를 활용하기 전에 상담자는 안전, 지원, 역량강화, 선택을 강조하는 강력한 협력관계를 조성하는 작업을 해야 한다.
- 그라운딩 전략과 자기위로 전략의 활용은 내담자를 상담과정에 준비시킬 때 매우 중요하다.
- 상담자는 상담회기 동안 내담자의 비언어적 의사소통을 살펴보고 내담자가 자신의 트라우마에 대해 이야기하도록 강요하지 않으며, 안전하고 믿을 만한 만남의 공간을 제공함으로써 내담자가 상담과정 동안 트라우마를 다시 경험하지 않도록 노력해야 한다.
- 내담자의 촉발 계기와 그에 대처하는 반응을 확인하는 작업을 한다.
- 상담과정 안에 강점, 보호요인, 회복탄력성을 포함한다. 예를 들면, 대부분의 트라우마 피해자는 가족과 지역사회와의 유대감이 증가했고, 삶의 목적의식을 재정립했으며, 트라우마 피해자들에게 긍정적으로 영향을 주려고 자원봉사를 하거나 자선을 베풀고자 하는 바람이 더 커졌다고 보고하고 있다.

- 이론적인 선호가 있더라도, 여러분은 최근 또는 오래된 트라우마에 대해 나타나는 일반적인 반응들, 예를 들면 과각성, 수면장애, 회피, 과다한 알코올 섭취, 악몽이 일반적으로 나타난다는 심리교육을 제공함으로써 트라우마 관련 증상들을 정상화시킬 수 있다.
- 적절할 때 내담자를 트라우마 기반 동료지지 집단에 연결시킨다.
- 변경의 여지가 있는 상담개입 모형들에는 심리적 응급처치와 같은 긴급 개입접근, 트라우마 중심 인지행동치료(TF-CBT), 인지처리치료(CPT), 노출치료, 안구운동 탈감각 및 재처리 요법(EMDR), 이야기치료, 스트레스 면역 훈련(SIT) 같은 지속적인 상담개입이 포함된다.

결론

이 장에서는 사례개념화 구성요소 중 임상적 공식화와 문화적 공식화를 기술하고 예를 들어 설명하였다. 임상적 공식화와 문화적 공식화는 모두 내담자의 호소문제와 패턴을 설명한다. 상담자가 다양성과 문화적 이슈에 민감할수록 문화적으로 민감한 사례개념화를 구성하고 실행할 가능성은 높아진다. 따라서 이 장에서는 문화적 공식화, 문화적 공식화와 임상적 공식화의 관계를 강조하였고, 트라우마 기반 관점을 사례개념화 과정에 통합하는 것의 중요성을 강조하였다. 이 책의 기본 전제는 임상적·문화적 설명이 정확하고 설득력이 있을수록 사례개념화가 임상적으로 더욱 유용해진다는 것이다. 4장에서는 임상적 공식화와 문화적 공식화에서 상담개입 공식화로 이어지는 중요성과 임상적 유용성을 강조할 것이다. 문화적 고려사항과 심리 상태의 상호작용에 대한 풍부한 정보를 원하면 Hayes(2016)를 참조하라.

🗨 질문 ⋯⋯⋯⋯⋯⋯⋯⋯⋯⋯⋯⋯⋯⋯⋯⋯⋯ •

1. 연역적 추론과정과 귀납적 추론과정을 활용하는 것이 평가와 사례개념화를 완성할 때 설명을 작성하는 데 어떻게 도움이 되는지 설명하라.

2. 사례개념화 과정에서 전방향 추론과 후방향 추론을 비교하라. 어떤 훈련방법이 사례개념화 능력을 향상시켜 전문가가 되는 데 도움이 되는가?

3. 임상적 공식화의 유발요인의 주요 요소가 패턴과 어떻게 관련되는지, 그리고 이것이 잘 쓰인 사례개념화에서 호소문제를 일으키는 촉발요인과 어떻게 연결되는지 설명하라.

4. 왜 생리심리사회적 접근과 같은 비이론적 방법이 임상적 공식화에서 일반적으로 활용되는가? 거기에 어떤 이점이 있고, 어떤 대안들이 포함되어야 하는가?

5. 문화적 공식화의 네 개의 주요 요소를 설명하고, 종합적인 사례개념화와 관련하여 이러한 정보를 포함하는 것의 중요성을 논의하라.

6. 트라우마 기반의 인식이 왜 사례개념화 과정에서 중요한가?

📇 참고문헌 ⋯⋯⋯⋯⋯⋯⋯⋯⋯⋯⋯⋯⋯⋯⋯⋯ •

American Psychiatric Association. (2013). *Diagnostic and statistical manual of mental disorders* (5th ed.). Arlington, VA: American Psychiatric Association Press.

American Psychological Association. (2003). Guidelines on multicultural education, training, research, practice, and organizational change for psychologists. *American Psychologist, 58*, 377–402.

Arrendondo, P., & Perez, P. (2006). Historical perspectives on multicultural guidelines and contemporary applications. *Professional Psychology: Research and Practice, 37*, 1–5. http://dx. doi.o rg/10 .1037/0735 5–702 8.37. 1.1

Berry, J. (1997). Immigration, acculturation, and adaptation. *Applied Psychology: An International Review, 46*(1), 5-34.

Berry, J., & Annis, R. (1974). Acculturative stress. *Journal of Cross-Cultural Psychology, 5*(4), 382-405.

Bhui, K., & Bhugra, D. (2004). Communication with patients from other cultures: The place of explanatory models. *Advances in Psychiatric Treatment, 10*(6), 474-478.

Burnam, M., Hough, R., Karno, M., Escobar, J., & Telles, C. (1987). Acculturation and lifetime prevalence of psychiatric disorders among Mexican Americans in Los Angeles. *Journal of Health and Social Behavior, 28*(1), 89-102.

D'Andrea, M., & Daniels, J. (2001). RESPECTFUL counseling: An integrative model for counselors. In D. Pope-Davis & H. Coleman (Eds.), *The interface of class, culture and gender in counseling* (pp. 417-466). Thousand Oaks, CA: Sage.

Eells, T. (2010). The unfolding case formulation: The interplay of description and inference. *Pragmatic Case Studies in Psychotherapy, 6*(4), 225-254.

Eells, T., & Lombart, K. (2003). Case formulation and treatment concepts among novice, experienced, and expert cognitive-behavioral and psychodynamic therapists. *Psychotherapy Research, 13*(2), 187-204.

Eells, T., Lombart, K., Salsman, N., Kendjelic, E., Schneiderman, C., & Lucas, C. (2011). Expert reasoning in psychotherapy case formulation. *Psychotherapy Research, 21*(4), 385-399.

Felitti, V. J., Anda, R. F., Nordenberg, D., Williamson, D. F., Spitz, A. M., Edwards, V., & Marks, J. S. (1998). Relationship of childhood abuse and household dysfunction to many of the leading causes of death in adults: The adverse childhood experiences (ACE) study. *American Journal of Preventive Medicine, 14*(4), 245-258.

GAP Committee on Cultural Psychiatry. (2002). *Cultural assessment in clinical psychiatry.* Washington, DC: American Psychiatric Press.

Goodman, L., Rosenberg, S., Mueser, K., & Drake, R. (1997). Physical and sexual assault history in women with serious mental illness: Prevalence, correlates, treatment, and future research directions. *Schizophrenia Bulletin, 23*(4), 685–696.

Hansen, N., Randazzo, K., Schwartz, A., Marshall, M., Kalis, D., Fraziers, R., Burke, C., Kerscher–Rice, K., & Norvig, G. (2006). Do we practice what we preach? An exploratory survey of multicultural psychotherapy competencies. *Professional Psychology: Research and Practice, 337*(1), 66–74.

Harris, M., & Fallot, R. D. (Eds.). (2001). *New directions for mental health services. Using trauma theory to design service systems.* San Francisco, CA: Jossey–Bass.

Hayes, P. A. (2016). *Addressing cultural complexities in practice: Assessment, diagnosis, and therapy* (3rd ed.). Washington, DC: American Psychological Association.

Hays, P. A. (1996). Addressing the complexities of culture and gender in counseling. *Journal of Counseling & Development, 74*(4), 332–338. https://do i.org /10.1 002/j .1556–6676 .1996 .tb01 876.x

Kessler, R. C., Sonnega, A., Bromet, E., Hughes, M., Nelson, C. B., & Breslau, N. N. (1999). Epidemiological risk factors for trauma and PTSD. In R. Yehuda (Ed.), *Risk factors for PTSD* (pp. 23–59). Washington, DC: American Psychiatric Press.

Merrick, M. T., Ford, D. C., Ports, K. A., Guinn, A. S., Chen, J., Klevens, J., ⋯ Ottley, P. (2019). Vital signs: Estimated proportion of adult health problems attributable to adverse childhood experiences and implications for prevention: 25 states, 2015–2017. *MMWR: Morbidity and Mortality Weekly Report, 68*(44), 999–1005.

Mueser, K., Goodman, L., Trumbetta, S., Rosenberg, S., Osher, F., Vidaver, R., Anciello, P., & Foy, D. (1998). Trauma and Posttraumatic Stress Disorder in severe mental illness. *Journal of Consulting and Clinical Psychology,* *66*(3), 493–499.

Neufield, S., Pinterits, E., Moleiro, C., Lee, T., Yang, P., & Brodie, R. (2006). How do graduate student therapists incorporate diversity factors in case conceptualizations? *Psychotherapy: Theory, Research, Practice, Training,* *43*(4), 464–479.

Ridley, C., & Kelly, S. (2007). Multicultural considerations in case formation. In T. Eells (Ed.), *Handbook of psychotherapy case formulation* (2nd ed., pp. 33–64). New York, NY: Guilford.

Sperry, L. (2005). Case conceptualization: A strategy for incorporating individual, couple, and family dynamics in the treatment process. *The American Journal of Family Therapy, 33*(5), 353–364.

Sperry, L. (2010). *Core competencies in counseling and psychotherapy: Becoming a highly competent and effective therapist.* New York, NY: Routledge.

Substance Abuse and Mental Health Services Administration. (2014a). *SAMHSA's concept of trauma and guidance for a trauma-informed approach.* Retrieved from https ://s3.amaz onaws .com/ stati c.nic ic.go v/Lib rary/ 02843 6.pdf

Substance Abuse and Mental Health Services Administration. (2014b). *Trauma-Informed Care in Behavioral Health Services. Treatment Improvement Protocol (TIP) Series, No. 57.* Center for Substance Abuse Treatment. Rockville, MD: Substance Abuse and Mental Health Services Administration. Retrieved from https://www.ncbi.nlm.nih.gov/books/NBK207201/

Wu, E., & Mak, W. (2012). Acculturation process and distress: Mediating roles of sociocultural adaptation and acculturative stress. *The Counseling Psychologist, 40*(1), 66–92.

4장

상담계획 및
상담개입 공식화

　　내담자를 상담하는 수련생의 가장 일반적인 고민 두 가지가 다음의 질문에 담겨져 있다. '나는 무엇을 말하고 있나?' '나는 무엇을 하고 있나?' 논리적이긴 하지만 이런 질문은 수련생들이 곧 길을 잃고 경로를 이탈하도록 하는데, 이런 일은 수련생들이 그들을 인도하는 정확한 인지적 지도가 없을 때 흔히 일어난다. 상담과정을 인도하는 정확한 인지적 지도를 개발하기 위해서 수련생들은 첫 번째로 초점을 맞추는 데 유능해져야만 하는데, 초점을 맞춘다는 것은 듣고 관찰할 때 자신의 주의를 어디에 두어야 하는지 아는 것을 의미한다. 수련생들이 자기 자신과 자신의 수퍼바이저에게 할 수 있는 가장 유용한 질문 중 하나는 '내담자와 대화를 할 때 내가 주목해서 들어야 할 것은 무엇인가?'이다. 전문 상담자와 평범한 상담자를 구분하는 명백한 기준은 무엇에 주목하고 초점을 맞추는가에 달려 있다. 수련생들이 초점을 잘 맞추면 맞출수록 더 나은 상담자가 될 수 있을 것이다. 매우 유능한 상담자는 이런 기술과 능력을 그들의 경력 중에 지속적으로 개발하고 연마하기 때문에, 수련생들이 곧바로 이러한 능력을 숙달하겠다고 생각해서는 안 된다. 사례 개념화는 초점을 맞추는 상담 기술과 능력에 대한 기술적 용어로, 진단적 공식화의 패턴 인식에서 핵심인 '평가의 초점'과 상담개입 공식화와 상담과정의 패턴 변화의 핵심인 '상담개입의 초점'이 포함된다.

　　이 장에서는 사례개념화 구성요소 중 상담개입 공식화를 다룰 것이다. 먼저 상담개입 공식화의 요소들을 설명할 것이다. 다음으로 상담의 초점과 상담전략을 다루며, 일곱 개의 기본 상담전략을 강조할 것이다. 그다음에는 맞춤형 상담개입을 구체화하기 위한 상담개입 공식화의 지침을 제시할 것이다. 맞춤형 상담개입은 문화적 민감성을 반영해야 하므로, 문화적으로 민감한 상담개입의 세 가지 유형을 기술할 것이다. 마지막에는 그러한 상담개입을 선택하기 위한 지침을 제시할 것이다.

상담개입 공식화

이 절에서는 상담의 초점과 상담전략에 중점을 둔 상담개입 공식화의 요소들을 설명한다.

상담개입 공식화의 요소

1. 상담목표

상담목표는 내담자가 상담에서 성취하기를 기대하는 명확한 결과이다. 또한 치료목표와 상담의 표적이라고도 불리는 상담목표는 상담자와 내담자가 함께 한 작업에 기초하여 설정된다. 임상적으로 유용한 상담목표는 측정 가능하고 달성 가능하고 현실적이어야 하며, 상담자와 내담자의 상호 합의가 확장되도록 효과적이어야 하고, 내담자는 그것을 이해하고 전념을 다하며 성취 가능하다고 믿어야 한다. 목표는 단기목표나 장기목표로 세울 수 있다. 일반적인 단기목표에는 증상의 감소, 관계 기능의 향상, 기준선까지의 기능 회복 그리고 업무 복귀가 있다. 예를 들면, 우울 증상 또는 강박적으로 확인하고 숫자를 세는 행동을 감소시키고 궁극적으로 제거하는 것을 목표로 삼을 수 있다. 일반적인 장기목표는 성격 변화를 포함한 패턴 변화이다. 성격과 패턴의 형태에 초점을 둔 장기간의 변화는 이차적 변화라고도 한다. 요약하면, 상담목표는 진술된 상담 결과다. 여행에 비유하자면, 상담목표는 목적지를 의미한다.

2. 상담의 초점

상담의 초점은 핵심적인 상담의 강조점으로 상담의 방향성을 제시하고, 부적응적 패턴을 보다 적응적인 패턴으로 교체하는 데 목적이 있다. 오늘날에

는 상담의 초점이 점차 중요해지고 있는데, 상담의 방향성이 '내담자의 주도
성에 따르라'는 비지시적 선언에서 '긍정적인 상담의 성과를 보이라'는 책무
성 중심 선언으로 바뀌고 있기 때문이다. "상담의 초점을 지속적으로 유지하
는 상담자의 능력이 긍정적인 상담 성과와 관련 있다는 설득력 있는 실증적
증거가 있다"(Binder, 2004, p. 23). 상담의 초점은 상담의 방향을 제시할 뿐만
아니라, "매번 바람의 이동에 따라 경로를 바꾸지 않는다는 점에서 상담을 계
획하고 실행하는 데 안정된 힘의 역할을 한다"(Perry, Cooper, & Michels, 1987,
p. 543). 대부분의 수련생과 다수의 상담자와 달리, 매우 유능하고 효과적인
상담자는 생산적인 상담의 초점을 수립하고 유지하는 데 탁월하다.

　우리의 통합적인 사례개념화 모형에서는 상담의 초점이 핵심 요소이다. 여
행에 비유해 보면, 상담의 초점은 가장 좋은 길이나 행로에 대한 지도 또는
GPS 지침서다. 상담의 초점을 수립한다는 것은 '길 위에 오르는 것'을 상징하
고, 상담의 초점을 유지한다는 것은 '길 위에 계속 머물러 있는 것'을 의미한
다. 상담의 초점에 대한 이런 비유는 임상적으로 매우 유용한데, 그것은 상담
자가 '지금 당장 선택할 수 있는 최선의 상담 방향은 무엇인가?'라는 질문에
계속 답을 하도록 상기시키기 때문이다.

　내담자의 상황을 다루게 될 때, 상담자는 최소한 세 가지의 다른 방향 또는
길을 선택할 수 있다. ① '올바른' 방향을 찾기 바라며 일련의 사실적 질문을
한다. ② '내담자의 주도성 따라가기'라고 일컬어지는 것으로, 형식이 없이 대
화가 이끄는 대로 간다. 또는 ③ 최종 도착지, 즉 상담목표를 향해 나아간다.
수련생들은 일반적으로 첫 번째나 두 번째 길 또는 첫 번째와 두 번째 길 둘
다를 선택하고, 상황을 치료적으로 처리하고 변화를 가져오는 세 번째 길은
거의 선택하지 않는다.

　수련생은 내담자와 비생산적인 대화를 나눌 때 길을 잃거나 옆길로 빗나가
는 경우가 많다. 예를 들어, 내담자가 상호 합의한 과제를 하려고 했지만 대
신에 다른 것을 하게 되었다고 보고한다. 그러면 수련생은 그 상황에 대한 몇

가지 사실적 질문을 한다. 그 상황에 대한 정보를 더 모으는 동안, 수련생은 행동을 하기보다 변명을 하는 내담자의 부적응적 패턴과 무의식적으로 결탁하게 된다. 변명을 한 후에 내담자는 주제를 바꿔 어제 진짜 우울(또는 불안)했다고 말하고, 수련생은 다시 첫 번째나 두 번째 길로 접어들게 된다. 곧 진전도 없고 효과적인 변화도 없이 상담을 끝마칠 시간이 된다.

그러나 수련생들과 상담자들은 세 번째 길을 선택할 수 있다. 만약 그들이 특정한 상담 접근에 의해 안내를 받는다면, '방향' 질문의 답이 이미 제시되어 있고 상황을 치료적으로 처리하는 방법에 대한 구체적인 지침이 주어진다. 예를 들어, 합의한 과제를 수행하지 못한 내담자와 상담을 할 때 인지행동적 접근은 방향성이 분명하다. 즉, 내담자의 부적응적 신념이나 행동에 의해 유발되거나 악화된 그 문제 상황에 초점을 둔다. 여기서 상담자는 사례개념화에서 내담자의 핵심 신념이 자신이 무능하고 가치가 없다는 것이고, 중재적 신념 중 하나는 시도하여 실패하면 자신이 가치가 없다고 느낄 것이고 따라서 시도하지 않는다는 것임을 기억해 낸다. 따라서 내담자가 과제를 수행하지 않고 변명을 하는 것은 놀라운 일이 아니다. 상담자는 사례개념화가 알려 주는 대로 과제를 하는 상황에 따라 활성화된 부적응적 신념을 치료적으로 다룰 수 있다. 상담자는 따라야 하는 상담의 초점이 있다는 것을 알게 된다.

표 4-1 다섯 가지 상담 접근별 상담의 초점

생리심리사회적 접근	생리적·심리적·사회문화적 취약점에 의해 촉발되거나 악화된 문제적 상황
인지행동적 접근	부적응적 신념과 행동에 의해 촉발되거나 악화된 문제적 상황
단기역동 접근	순환적 부적응 패턴에 의해 촉발된 문제적 대인관계 상황
Adler 접근	잘못된 신념과 좌절로 촉발되거나 악화된 문제적 상황
수용전념 접근	유연성 과정을 탐색하고 행동 목록을 확장하여 지속적인 회피와 심리적 경직성 감소시키기

그러나 상담자는 여전히 그 방향을 따를 것인지 말 것인지 결정해야 한다.

〈표 4-1〉에 이 책에서 소개하는 다섯 가지 상담 접근별 상담의 초점 방향을 정리하였다.

3. 상담전략

상담전략은 보다 적응적인 패턴을 형성하기 위해 특정한 개입에 초점을 맞춘 실행계획이다. 계획에는 부적응적 패턴을 제거하고 보다 적응적 패턴으로 대체하며 그 패턴을 유지하는 것이 포함된다. 여행에 비유하자면, 상담전략은 안전하게 제때에 목적지에 도착할 수 있는 적합한 길과 이동수단을 선택하는 것을 의미한다. 예를 들어, 3일 안에 뉴욕에서 로스앤젤레스까지 운전을해서 간다면 중대형 차로 주간 고속도로를 이용하는 것이 오토바이나 소형차로 지방 국도를 이용하는 것보다 훨씬 낫다.

가장 공통된 상담전략은 해석, 인지적 재구조화, 대체, 노출, 사회적 기술 훈련과 심리교육, 지지, 약물, 교정적 체험이다. 보통 이러한 상담전략들 중 하나 이상은 특정한 상담 접근과 관련이 있다. 예를 들어, 통찰과 교정적 정서 체험은 단기역동 접근과 관련이 있고, 인지적 재구조화, 노출, 기술 훈련은 인지행동적 접근과 관련이 있다. 그러나 어떤 사람들은 상담목표를 달성하기 위해 다양한 상담전략을 활용할 수 있다고 주장한다. 예를 들어, Binder(2004)는 인지행동적 접근과 관련된 상담전략이 단기역동 심리치료를 받는 내담자의 상담목표를 달성하는 데도 유용하고 필수적일 수 있다고 주장하였다.

해석　　해석은 내담자의 생각, 행동, 정서와 내담자의 무의식적 정서나 생각 간의 관계에 대한 가설 또는 추측이다. 해석은 현재 상황에 전적으로 초점을 맞추는 역동적 해석이거나 현재와 과거의 연결을 시사하는 발생학적 해석일 수 있다(Greenson, 1967). 어떤 경우든지 내담자는 관계에 대한 새로운 구조와 자신과 자신의 삶에 대한 깊은 이해를 얻을 수 있다. 그것은 내담자가 표현하는 말 너머에 있는 새로운 의미나 설명을 제공한다(Beitman & Yue, 1999). 통찰은 정신분석 심리치료의 핵심이며, 명료화 → 직면 → 해석 → 명료화 → 직면 → 해석의 순환에 따라 이루어진다. '훈습'은 해석이 받아들여져 내면화될 때까지 순환이 반복되는 과정이다. 분명히 해석은 이러한 순환의 핵심이다. 해석은 주로 단기역동 접근과 관련이 있으나, Jung 심리치료, 실존주의와 여성주의 심리치료 그리고 Adler 심리치료 같은 여러 가지 다른 접근에서도 사용된다. 단기역동 접근에서의 해석은 과거와 현재 사이의 인과적 관계를 제시하지만, Adler 관점에서의 해석은 "인과적 관계를 설명하는 것이 아니라, 부적응적 생활양식의 연속성을 보여 주기 위해 과거와 현재"를 연결한다(Mosak, 2005, p. 74).

인지적 재구조화　　인지적 재구조화는 내담자가 부적응적이고 왜곡된 신념을 깨닫고, 도전하고 수정해서 보다 적응적 신념이 되도록 하는 기본 인지 전략 중 하나이다(Meichenbaum, 1977). 인지적 재구조화는 인지행동적 전략을 사용할 때 첫 번째 단계로 자주 고려된다. 내담자는 이 인지적 재구조화를 통해 자동적 사고 패턴과 그것이 자기와 타인에게 미치는 영향을 깨닫게 되고, 정보와 행동을 다루는 방법을 바꾸며, 자신과 타인 그리고 세계에 대한 그들의 신념을 수정하는 것을 배운다. 신념을 재구조화하는 데 사용되는 기법에는 발견유도 질문, 소크라테스식 질문, 증거조사, 인지적 논박, 귀인양식을 수정하는 재귀인 그리고 인지적 시연이 있다(Wright, Basco, & Thase, 2006).

대체　　부적응적 신념을 재구조화하고 (부적응적 행동을 수정하는) 대안은 부적응적이고 도움이 되지 않는 생각이나 해석, 행동을 보다 적응적이고 도움이 되는 것, 즉 내담자가 바라는 결과를 성취할 가능성이 많은 생각과 행동으로 대체하는 것이다. 대체전략의 사용이 워낙 일반적이어서, 대부분의 상담자는 자신이 그것을 사용하고 있다는 것을 인식하지 못한다. 예를 들어, 상담회기에서 인지적 논박으로 새로운 이슈를 다루기에는 시간이 충분치 않을 때, 상담자는 "아무도 당신이 어떻게 지내는지 연락하지 않고, 그래서 자신이 불쌍하게 여겨지기 시작하고, 당신에게 관심 있는 사람이 아무도 없다는 생각이 들 때, 당신이 대신 할 수 있는 것은 무엇일까요?"라고 질문을 할 수 있다. 상담자는 내담자에게 대체 행동('나는 Fred 또는 Jack에게 전화를 걸 것이다.')과 대체 생각('내가 그들과 대화를 나누면 다른 사람들이 실제로 나에게 관심이 있다는 것을 알 수 있기 때문이다.')을 해 보도록 요구한다. 인지적 논박과 같은 인지적 재구조화 개입에 반응하지 않는 많은 내담자에게 대체는 효과적인 개입이 될 수 있다. 대체는 심리치료의 인지행동분석 체계에서 주로 사용되는 상담전략이지만(McCullough, 2000; McCullough, Schramm, & Penberthy, 2014), 여러 상담 접근에서도 공통적으로 사용되는데 특히 인지치료, 문제해결치료 그리고 Adler 심리치료에서 가장 많이 사용한다.

노출 노출은 바람직하지 않은 회피 행동과 유력하게 관련되어 있는 두려운 대상에 의도적으로 장시간 접촉하는 것을 포함하는 상담전략이다. 노출전략은 습관화 과정을 포함한다. 습관화는 학습의 한 형태로, 내담자는 반복된 노출의 결과로 자극(예: 생각, 대상, 장소, 사람, 행동)에 반응하거나 마음 쓰는 것을 그만둘 것이다. 노출전략을 쓰는 동안 내담자는 예전에 원치 않는 행동이나 정서적 반응을 유발하였던 자극과 마주하게 된다. 내담자가 단기간, 장기간에 증가된 불안을 경험할지라도, 실제로 또는 심상적으로 두려운 자극에 점차 반복적으로 노출되면 습관화의 원리에 따라 불안과 회피 반응이 없어진다. 체계적 둔감화, 유도심상, 홍수법, 내파 등 다양한 노출 기법이 사용될 수 있다(Goldfried & Davison, 1994).

지지 이 전략은 안전, 수용, 배려를 제공함으로써 내담자가 더 잘 기능할 수 있도록 도와준다(Winston, Rosenthal, & Pinsker, 2004). 상담자는 내담자가 자신의 생활 상황을 되돌아보고 안전과 돌봄을 느낄 수 있도록 지지적 환경을 제공하며, 또한 내담자가 성격이나 패턴의 변화를 시도하기보다는 증상을 완화하거나 증상과 더불어 살 수 있도록 도와준다. 지지에서는 스트레스와 갈등을 감소시키기 위해 생각과 행동의 적응적 패턴을 강화한다. 이런 지지적 관계는 내담자가 직면하고 있는 문제를 변화시킬 수는 없지만 내담자가 잘 대처할 수 있도록 도와주는 데 중요한 역할을 한다. 지지는 일상적인 삶의 도전에 대처할 수 있도록 도와주며, 변화하기 어려운 장기적인 문제를 다루는 데 특히 유용하다. 이 전략은 정신역동, 인지행동, 대인관계의 기법을 통합하고 있으며, 지지적 치료로 알려진 상담 접근의 일부이기도 하다(Winston et al., 2004).

심리교육과 사회기술 훈련   심리교육은 심리적 혼란을 경험하는 내담자들이 그들의 호소문제를 해결하는 데 필요한 지식, 대처 능력, 기술을 키울 수 있도록 교육하고 훈련하는 광범위한 상담전략이다. 기술 부족은 자기주장, 문제해결, 의사소통, 친교 기술, 느낌 인식과 표현, 공감, 타협, 갈등해결 등의 영역에서 나타날 수 있다(Goldfried & Davison, 1994). 내담자가 자기주장적 의사소통 같은 새롭고 더 적응적인 대인관계 기술 패턴을 배우도록 도와줄 수 있는 다양한 방법이 있다. 기술 훈련은 개인상담과 집단상담 장면에서 모두 사용할 수 있으며, 전형적으로 지도, 역할연기, 모델링, 피드백, 사회적 강화, 연습 등의 상담개입들을 혼합해서 사용한다(Alberti, 1977; Goldfried & Davison, 1994). 기술 훈련 전략을 활용하는 일반적인 상담개입에는 자기주장 훈련, 문제해결 훈련, 의사소통 기술 훈련이 있다.

약물치료   정신과적 문제를 위한 약물을 향정신성 약물이라고 한다. 향정신성 약물은 지각, 통증, 기분, 의식, 인지, 행동을 포함한 여러 가지 뇌의 기능에 영향을 미치는 화학물질이다. 기본적으로는 불안 증세를 치료하는 항불안제, 일차적으로 우울감을 치료하고 이차적으로 불안과 다른 증상을 치료하는 항우울제, 조증을 치료하는 항조증제, 정신병적 증세를 치료하는 향정신병제의 네 가지 유형의 약물이 있다. 이러한 약물만을 사용할 경우, 증상을 효과적으로 줄일 수는 있으나 좀처럼 치유되지는 않는다. 약물은 부작용이 있고 장기간 사용하면 당뇨병, 심장병, 비만 같은 의학적 합병증이 유발될 수 있다. 그렇기 때문에 약물의 모니터링은 필수적이다. 향정신성 약물의 사용이 크게 늘어나고 있는데, 그 이유는 보험사와 건강관리 의료단체에서 약물치료를 심리치료만 하는 것보다 비용 대비 더 효과적인 것으로 생각하기 때문이다. 그러나 최근 연구에서는 약물치료와 심리치료를 함께 하는 것이 장기적인 안목으로 보면 실제적으로 비용 대비 더 효과적일 수 있는 것으로 나타났다. 예를 들면, 몇몇 연구에서는 우울증에 대한 장기상담에서 인지행동치료(CBT)와 함께 항우울제를 사용하는 것이 각 전략을 단독으로 사용하는 것보다 더 효과적인 것으로 밝혀졌다(Arnow & Constantino, 2003). 심리치료는 약물 처방자 또는 더 일반적으로 약물 처방자와 협업하는 상담자가 제공할 수 있다.

교정적 정서체험　　교정적 정서체험 상담전략은 통찰만으로는 내담자의 행동 변화가 충분히 일어나지 않는다는 가정에 근거하고 있다. 대신 진짜 변화는 통찰에 이어 교정적 정서체험을 할 때 일어날 가능성이 더 크다. 교정적 정서체험은 보다 호의적인 환경에서 과거에 통제할 수 없었던 정서적 상황에 내담자를 다시 노출시키는 것이다(Alexander & French, 1946). 역사적으로 교정적 정서체험은 내담자 삶의 중요한 사건에 대해 내담자가 예상하는 상담자의 반응(예: 비판적 반응)과 상담자의 실제 반응(예: 지지적 반응) 간의 차이를 경험하는 긍정적인 효과로 한정되어 언급되었다. 요즘엔 교정적 체험이 보다 일반적인 의미를 갖는다. 즉, 교정적 체험은 내담자가 이전의 부적응적 패턴을 바꾸도록 도와주기보다는 예상하지 못한 형태의 관계적 상호작용을 경험하도록 하는 치료과정의 모든 측면을 의미한다. 상담자들은 상담에서 교정적 정서체험에 대한 이러한 해석의 한쪽 또는 양쪽을 활용할 수 있다. 즉, 상담자들은 내담자의 특정한 관계적 기대를 적극적으로 다룸으로써 교정적 정서체험을 촉진하거나, 보다 일반적인 방법으로 내담자와 관심 어린 긍정적 치료적 동맹을 촉진할 수도 있다(Levenson, 1995). 이러한 더 일반적인 해석의 가치를 경시해서는 안 된다. 상담자의 배려, 공감, 관심 그리고 무조건적 수용을 체험하는 것은 많은 내담자의 삶에서 최우선적이고 가장 중요한 교정적 정서체험일 수 있다. 이러한 체험은 상담자가 내담자의 부모나 부모 같은 존재들과는 반대로 내담자를 존중하고, 수용하고, 관심 어린 태도로 반응하는 치료적 과정을 통해 계속적으로 일어날 수 있다. 더 나아가 상담자와 함께 한 교정적 정서체험 때문에 타인이 과거와 다르게 반응한다는 것을 내담자가 깨닫기 시작하면, 교정적 정서체험은 상담실 바깥에서도 일어날 수 있다. 요약하면, 내담자와 상담자 간의 진정한 관계와 그것의 불변성은 때때로 타인에게도 일반화될 수 있는 지속적인 교정적 정서체험을 제공한다.

4. 상담개입

상담개입은 내담자의 문제에 긍정적으로 영향을 주기 위해 계획된 치료적 행동이다. 상담개입은 상담의 목표와 상담개입에 함께하는 내담자의 자발성과 능력에 따라 선택된다. 수많은 상담개입이 있지만, 상담전략을 운용하는 상담개입을 잘 선택해야 패턴 변화를 포함한 효과적인 상담 성과가 나온다. 여행에 비유하자면, 상담개입은 적합한 등급의 연료, 지형에 맞는 타이어, 충분한 음식, 물, 돈과 같은 여행 준비에 해당된다.

5. 상담의 장애와 도전

상담에서 장애와 도전은 많다. 그런 장애는 내담자, 상담자, 내담자-상담자 또는 상담과정 자체의 요인들에서 만들어질 수 있다. 이 장에서 이런 요인들에 대한 충분한 논의를 하기에는 한계가 있으므로, 관심이 있는 사람은 Sperry(2010)의 4~7장을 참고하기 바란다. 상담계획 실행에서 장애와 도전을 예상하는 것은 성공적인 상담을 이루는 데 꼭 필요하다. 효과적인 사례개념화의 여부는 사례개념화가 상담단계의 진행에 따라 장애와 도전, 그중에서도 저항, 양가감정, 전이 재연 그리고 상담의 성과 유지와 종결 준비에 복잡하게 얽힌 이슈들을 예상하느냐에 달려 있다(Sperry, 2010).

내담자의 성격 스타일과 부적응적 패턴을 아는 것은 장애를 예상하는 데 아주 유용하다. 예를 들어, 의존적이고 회피적인 특징을 보이는 내담자는 개인적인 문제를 논의하는 데 어려움이 있고, 약속 변경이나 취소 또는 지각을 하여 자신을 비난하도록 상담자를 자극하고 '시험'할 수 있음을 예상할 수 있다. 내담자는 늑장을 부리며 감정을 회피할 수 있고, 다른 한편으로는 상담자의 신뢰성을 '시험'할 가능성이 있다. 그러나 일단 신뢰가 형성되고 나면 내담자의 사회적 지지체계가 증가하지 않는 한 상담자에게 매달려서 종결을 힘들게 할 가능성도 있다. 여행에 비유하자면, 상담의 장애와 도전은 기대했던 노선의 폐쇄, 우회 도로, 사고, 날씨, 지형에 해당된다. 반면에 수동공격 패턴 또는 높은 반발심리가 있는 내담자는 특정한 기대가 전달되었을 때 양가감정이나 저항을 보일 수 있다. 또한 내담자의 유년기 관계 갈등이나 트라우마를 고려해야 하고, 전이 재연이 일어날 가능성도 고려해야 한다. 작은 개인적 변화마저도 성공해 본 경험이 전혀 없는 내담자는 실패 성향을 보이는데, 이러한 실패 성향 역동을 직접적으로 다루지 않으면 상담에서도 작용할 수 있다. 더욱이 이별을 말하기 어려워하거나 중요한 타인의 예기치 않은 상실을 경험한 내담자는 종결을 가장 어려워할 가능성이 있다.

6. 문화적 상담

상담자는 문화적 공식화에 따라 문화적 요인이 작용하는지, 문화적으로 민감한 상담이 필요한지 여부를 결정할 수 있다. 만약 문화적으로 민감한 상담이 필요하다면, 상담자는 문화적 상담개입, 문화적으로 민감한 상담 또는 문화적으로 민감한 상담개입 중에서 선택해야 하고, 이러한 상담개입을 상담계획에서 세운 다른 상담개입에 어떻게 통합시킬 수 있는지 계획해야 한다. 이 장의 뒷부분에서 문화적으로 민감한 상담을 구체화하는 지침을 논의할 것이다.

7. 상담의 예후

상담의 예후는 상담을 하거나 하지 않을 경우 있을 수 있는 경과, 지속기간, 심각성, 문제의 결과를 예측하는 것이다. 예후는 내담자가 여러 다른 상담을 선택할 때의 장점을 따져 보는 기회를 가질 수 있도록 상담을 시작하기전에 이루어지기도 한다. 몇몇 상담자는 예상되는 상담의 장애와 도전을 극복할 수 있는지의 여부에 따라 예후를 제시한다. 예후는 '매우 좋음'에서 '좋음' '보통' '조심' '나쁨'까지 있다.

여행에 비유해 보면, 예후는 예상한 시간 내에 목적지에 안전하게 도착할

표 4-2 상담개입 공식화의 요소

적응적 패턴	지각하고, 생각하고, 행동하는 것에 대한 유연하고 효과적인 방식
상담목표	명시된 단기 및 장기적 상담의 성과
상담의 초점	핵심적인 치료적 강조점으로, 보다 적응적 패턴이 되는 데 중요한 상담의 방향성을 제공함
상담전략	적응적 패턴을 달성하기 위한 실행 계획과 방법
상담개입	상담목표와 패턴 변화를 달성하기 위해 상담전략과 관련된 세부적인 변화 기법과 방법
상담의 장애	부적응적 패턴으로 예상되는 상담과정에서의 도전과제
문화적 상담	필요시 문화적 상담개입, 문화적으로 민감한 상담 또는 문화적으로 민감한 상담개입의 실행
상담의 예후	상담의 유무에 따라 있을 수 있는 경과, 지속기간, 정신건강 문제의 예상

가능성이다.

〈표 4-2〉에 이 일곱 개의 요소를 요약하였다.

상담개입 공식화 요소들 간의 관계

이 일곱 개 요소는 처음엔 상담과정 안에서 따로따로 분리된 것처럼 보이지만, 실제로는 서로 긴밀하게 연관되어 있다. 이 요소들이 연결되어 있지 않고 관련이 없다고 생각하면 이런 관점이 상담개입 공식화의 상담계획에 그대로 나타날 것이다. 요소들이 연결되지 않는다는 관점을 갖고 있는 수련생 또는 상담자의 상담개입 공식화를 객관적인 제3자가 검토해 보면 상담개입 공식화의 상담계획에서 단절된 부분을 찾아낼 가능성이 있다. 상담목표와 진단 그리고 진단적 공식화 사이가 분리되었을 수도 있고, 일관되고 합리적인 임상적 공식화와 상담의 초점, 상담전략 간에 연결이 되지 않을 수도 있다. 아마도 가장 일반적인 단절은 적응적 패턴과 상담목표 그리고 상담개입 사이에서 나타날 것이다. 우울증 진단을 받은 내담자의 가장 일반적인 상담목표는 우울 증세를 줄이는 것이고, 이런 상담목표는 약물치료와 행동강화라는 상담개입과 짝을 이루는데, 상담목표와 상담개입이 적응적 상담 패턴을 달성하는 것과는 거의 또는 전혀 관련이 없을 수도 있다.

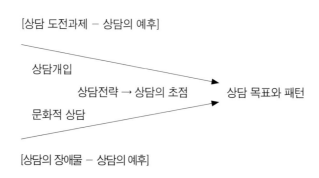

그림 4-1 상담개입 공식화 요소들의 관계도

상담개입 공식화 요소들이 서로 연관되어 있다는 것을 이해하고 이를 상담계획에 구체적으로 반영하면, 맞춤형 상담을 계획하고 실행할 가능성이 높아진다. [그림 4-1]은 이 요소들 간의 관계를 시각적으로 설명한 것이다.

적응적 패턴, 패턴 변화 그리고 변화의 순서

패턴 변화는 3단계로 이루어진다. 첫 번째 단계는 부적응적 패턴의 강도와 빈도를 우선 감소시킴으로써 내담자의 부적응적 패턴을 수정하는 것이고, 두 번째 단계는 적응적 패턴을 형성하고 적응적 패턴의 강도와 빈도를 높이는 것이다. 세 번째 단계는 적응적 패턴을 유지하는 것이다(Beitman & Yue, 1999).

수련생들은 변화의 순서대로 변화과정을 개념화하는 것이 임상적으로 유용할 것이다. 변화의 순서는 가족치료 문헌에서 시작되었지만, 심리치료 문헌에도 비슷한 변화의 순서가 기술되어 있다(Fraser & Solovey, 2007). 이런 관점의 기본적인 주장은 상담이 효과적이려면 안정을 유지하는 상담과는 달리 변화를 일으키기 위해 현재의 노력을 전환할 필요가 있다는 것이다. 예를 들어, 사회 불안장애로 진단받은 실직 상태의 내담자에게 약물치료를 하면 불안 증세는 효과적으로 감소시킬 수 있지만 두려움과 회피의 부적응적 패턴은 바꾸지 못한다. 따라서 내담자가 온라인으로 취업지원서를 작성하기는 하지만, 두려움 때문에 지원서를 제출하고 취업면접을 볼 생각은 하지 못할 것이다. 약물치료가 내담자의 증상을 감소시켰다면 안정성은 달성된 것이다. 이것은 첫 번째 순서의 변화를 나타낸다. 그러나 내담자가 상담자의 도움을 받아서 자신의 두려움과 회피 행동에 직접적으로 직면하는 것을 배우고, 지원서를 제출해서 취업면접을 보고 일을 시작할 수 있게 되면 보다 적응적인 패턴이 달성된 것이다. 보다 적응적인 패턴을 반영하는 이런 행동은 두 번째 순서의 변화를 의미한다. 만약 같은 내담자가 상담자의 도움 없이도 과도한 두려움과 불안한 느낌에서 벗어날 수 있다면, 내담자는 세 번째 순서의 변화를 이룬 것이다. 이것은 내담자가 '자기 자신의 상담자로서' 기능하는 상담의 최종 목표를 나타낸다.

우리의 임상 경험과 수퍼비전 경험에서 보면, 또 다른 변화의 순서를 포함시킬 수 있다. 굳이 이름을 붙이자면 제로 변화라고 할 수 있는데, 이것은 여러 가지 이유로 아무런 변화도 일어나지 않는 상황을 의미한다. 이런 상황은 종종 수련생들이 상담을 진행하는 방법에 대한 자신의 불안감을 감소시키기 위해 내담자의 문제를 다루거나 내담자와 적절한 관계를 맺기보다는 계속적으로 사실적 질문을 하는 방법을 쓸 때 특히 흔하게 나타난다. 불행하게도 이런 전략의 숨은 메시지는 '나는 무엇을 해야 할지 모르겠고, 당신이 좋아질 거라고 생각하지 않는다.'는 것이다. 바꿔 말하면, 상담자가 상담의 초점을 맞추고 유지할 수 없으며, 변화과정에서 내담자와 상호관계를 맺을 수 없다는 것이다. 그 결과, 내담자는 증상을 계속 경험할 수 있으며, 개선되지 않는 상황에 대해 혼란스러워하거나 또는 직장 찾기, 복직하기, 직장의 인간관계 형성하기와 같이 더 좋아지면서 따라오는 책임을 지고 싶지 않아서 개선되지 않을 수도 있다. 〈표 4-3〉에 변화의 순서를 요약하였다.

표 4-3 상담에서의 변화의 네 가지 순서

변화의 순서	설명
제로	변화가 일어나지 않으며, 상담과정에 부정적인 영향을 줄 수 있다.
첫 번째	작은 변화를 만들거나, 증상을 감소시키거나, 안정성을 달성하도록 내담자를 돕는다.
두 번째	패턴을 수정할 수 있도록 내담자를 돕는다.
세 번째	내담자가 자신의 패턴을 깨달아 인식하고, 변화시키기 위해 학습한다. '자기 자신의 상담자가 된다.'

변화 준비도와 상담계획 그리고 공식화

Prochaska, DiClemente와 Norcross(1992)는 스스로 하든 상담자의 도움을 받든 자신의 행동을 바꾸는 사람들은 일반적으로 변화의 5단계를 밟는다는 것을 밝혀냈다. 그 변화의 단계는 전숙고단계, 숙고단계, 준비단계, 실행단계 그리고 유지단계다. 이러한 단계의 이동은 반드시 직선적인 과정이 아니며 오히려 내담자는 상담이 진행되는 동안 여러 단계를 왔다갔다한다. 좋아졌다가 나빠지는 것은 여러 심리적 문제 가운데 흔히 있는 일이다. 이 모형은 상담을 실행할 때뿐만 아니라 상담개입 공식화 과정에서 다양한 문제를 겪고 있는 내담자의 변화를 이해하고 예측하는 데 아주 유용하다.

변화의 준비도 사전 평가는 상담계획을 세울 때 매우 가치롭고 유용할 수 있다. 대부분 내담자는 목표를 이루기 전에 이 단계들을 몇 번 왔다갔다하기 때문에, 최초 회기에서 현재의 변화단계를 알아내고 이 단계 안에서의 움직임을 모니터하는 것은 도움이 된다. 이상적으로는 내담자가 준비단계나 실행단계에서 상담을 시작하면, 이는 상담의 성과가 예상대로 긍정적일 것임을 의미한다. 내담자가 전숙고단계 또는 숙고단계에서 시작을 하면, 상담자의 주요 과제는 내담자 자신의 자기결정과 전반적인 안녕감 사이의 균형점을 찾아가면서 내담자가 실행단계 쪽으로 옮겨 가도록 상담을 맞추어 가는 것이다.

준비도는 일반적으로 관찰이나 지속적인 평가를 통해 평가된다. 내담자에게 "이런 특정 목표를 향해 작업을 하는 것에 대해 당신은 1부터 10까지 중 얼마나 의욕이 있으신가요?"라고 질문하는 것은 상담과정에 참여하는 내담자의 준비도와 동기를 검증하는 데 활용하는 간단한 척도질문이 될 수 있다. 준비도를 평가할 때 각 단계에서 관찰되거나 보이는 표시는 다음과 같다.

• 전숙고단계: 내담자는 자신의 행동이 문제가 된다고 생각하지 않으며, 현

재 어떤 변화를 만들려는 생각이 없다.

- 숙고단계: 내담자는 자신의 행동이 문제가 될 수도 있다고 생각하지만 어떤 변화를 시도하지는 않는다.
- 준비단계: 내담자는 문제가 있다고 생각한 행동을 바꾸려고 애를 쓰고 있고, 가까운 미래에 변화를 이룰 작정이다. 내담자는 이 단계에서 변화를 향해 확인된 발걸음을 내딛을 수 있다.
- 실행단계: 내담자는 적극적으로 변화를 이루고 있고, 상담 이전의 행동/생각 패턴으로 되돌아가지 않는다.
- 유지단계: 내담자는 6개월 이상 변화를 유지하고 있다(Prochaska et al., 1992).

이 책의 초판을 내고 나서 수많은 상담개입 공식화를 평가해 본 결과, 경력이 많은 상담자들이 상담개입 공식화와 상담계획을 구상할 때 내담자의 변화 준비도를 고려하지 않는다는 사실이 드러났다. 이것은 간과하기 쉬운 매우 간단한 요인이라서, 우리는 독자들에게 내담자의 변화 준비도를 명확하게 평가하고, 그에 따라 상담개입 공식화에 반영할 것을 강력히 권고한다. 내담자가 첫 3회의 상담회기에 변화의 전숙고단계에 머물러 있는 경우, 상담자는 내담자가 변화하려고 애를 쓰고 상담목표를 설정하는 데 적극적으로 협력할 때까지 공감적 반응 기술과 동기강화면접 또는 관련된 전략을 활용하여 내담자와의 관계를 증진하는 데 초점을 두고 계속 노력해야 한다.

상담개입 공식화를 실행하기 위한 지침

다음에 상담개입 공식화를 실행하고 상담개입 공식화 진술문을 작성하는 데 유용한 몇 가지 지침를 제시하고자 한다.

1. 작동하고 있는 패턴을 주목하면서 진단적 공식화와 임상적 공식화를 검토하라. 그리고 상담 형태, 내담자의 상담 기대, 준비도와 관여도 등에 대해서는 심각성과 긴급성을 고려하라

첫 번째로 내려야 할 결정은 최초의 상담 형태(입원상담, 집중 외래상담, 부분 입원상담, 거주상담, 외래상담)를 선택하는 것이다. 만약 자해 또는 가해의 징후가 있으면 즉시 다루어야 한다. 그다음 유발요인을 포함한 여러 요인 중에서 생리적인 측면을 검토해 봐야 한다. 예를 들어, 만약 카페인, 니코틴 또는 크산틴 사용이 내담자의 문제와 증상을 유발하거나 악화시킨다면 그 사용을 줄이거나 없애야 한다. 의학적 평가나 약물사용 평가가 필요하다면 적절한 의뢰와 협업을 위한 준비를 고려해야 한다. 사회-환경적 유발요인이 상담적 영향을 넘어서서 작용하는 범위를 평가하고, 선택할 수 있는 것을 고려한다. 만약 관계적 요인 또는 가족요인이 작용한다면, 부부 또는 가족자문/상담을 고려한다. 내담자의 상담 기대가 문제가 될 소지가 있거나 내담자의 준비도가 행동단계가 아니라면, 이것과 다른 관련 문제들을 다루어야 한다.

2. 만약 지속적인 부적응적 패턴이 아니라 상황적 패턴이라면, 최초의 상담 형태에서 제기된 호소문제와 촉발요인을 고려하라

증상에 따른 고통, 자살사고, 갈등해결, 그 외 호소문제는 촉발요인 또는 자극요인을 제거함으로써 바로 변화될 수 있다. 이것이 가능하지 않거나 충분히 효과적이지 않을 경우, 반응예방 기법이 증상, 갈등, 또는 손상된 기능, 호소문제를 줄이거나 멈추게 할 수 있다. 짐작컨대 해결될 것이다. 그러나 다시 재발한다면 밝혀지지 않은 지속적인 부적응적 패턴이 있다고 봐야 한다. 만약 그렇다면 세 번째 지침을 따라야 한다.

3. 만약 지속적인 부적응적 패턴이 작용한다면 상담목표를 반영하는
상담의 표적을 분명히 하고, 상담의 초점을 구체화하라

유발요인과 유지요인이 작용하는 것과 관련된 상담의 목표를 구체화하는 것은 상담에서, 아마 대부분의 상담에서 자극을 없애도 즉시 변화가 일어나지 않거나 반응을 차단해도 유지되지 않을 때 수행하는 일반적인 방법이다. 따라서 지지, 해석, 인지적 재구조화, 노출 같은 상담전략을 선택하는 것은 일반적으로 내담자의 자원, 욕구, 역동, 설명모형, 기대 등의 고려사항과 함께 상담개입에 대해 반응하는 내담자의 수용력과 능력에 따라 결정된다.

상담의 초점은 상담자가 상담목표를 달성할 수 있도록 하는 안내지침 또는 실행계획의 역할을 한다. 일반적으로 상담의 초점은 상담자의 이론적 배경에 의해 만들어진 개념도에 기초한다. 예를 들어, 대인관계 중심 역동상담에서의 초점은 보통 내담자의 부적응적 대인관계 스타일이나 패턴이고, 인지행동상담에서의 초점은 보통 부적응적 사고와 행동이다.

4. 상담개입을 어떻게 맞추고 배열할 것인지 검토하라

맞춤과 배열에 대한 결정은 중요하며 소홀히 해서는 안 된다. 따라서 심각도, 기능 수준, 문화적응 수준, 일련의 기술, 성격 역동과 같은 요인들이 어떻게 특정한 상담개입을 촉진하거나 방해하는지 검토해야 한다. 또한 내담자의 기대를 고려해야 한다. 상담개입의 배열은 상담 자원을 구체화하는 방법, 특정 상담목표 성취도, 특정 상황의 고려사항 등 여러 요인에 따라 결정된다. 예를 들어, 패턴이 특정한 상황과 관련이 있으면 그 촉발요인을 다루는 데서 시작해야 하며, 만약 그 반응이 미미하거나 없다면 또 다른 요인들을 검토해야 한다.

5. 상담의 잠재적인 장애와 도전을 예상하라

내담자의 발달사와 사회적 배경을 포함한 내담자의 스토리를 검토하여, 치료적 동맹, 성격역동, 상담의 단계 그리고 전반적으로 상담 진행과 관련된 잠재적인 상담의 장애를 구체적으로 찾아야 한다. 이런 상담의 장애에는 대표적으로 저항, 양가감정, 전이 재연, 동맹의 결렬이 포함되며, 특정 상담모형이나 심지어 종결에서의 어려움을 예상하는 것도 포함된다. 상담자는 이런 잠재적 장애들을 예상함으로써 이런 도전과제를 만나거나 그것이 나타났을 때 어떻게 대처할 것인지 계획을 세울 수 있다.

6. 통합적인 상담개입 공식화 진술문을 작성하라

이 진술문에는 심리적 · 사회적 상담목표와 상담개입을 구체적으로 쓰고, 해당 사항이 있으면 생물학적 상담목표와 상담개입도 구체적으로 기술한다.

문화적으로 민감한 상담

이 절에서는 세 가지 유형의 문화적으로 민감한 상담을 설명할 것이다. 그 다음 문화적으로 민감한 상담을 언제, 어떤 경우에 해야 하는지 결정하는 데 필요한 지침을 제시할 것이다.

1. 문화적 상담개입

상담개입이나 치유 방법 또는 상담활동은 치유에 관한 내담자의 신념체계와 일치해야 하며, 잠재적으로 특정한 변화를 일으키는 데도 유용해야 한다. 몇 가지 예로는 치유모임, 기도 또는 구마의식, 내담자의 문화에 맞는 전통적인 치유자의 개입이 있다. 때로 문화적 상담개입을 활용하려면 그런 치유자 또는 다른 전문가와 협업을 하거나 의뢰를 할 필요가 있다(Paniagua, 2005). 상담자는 휴식 및 개인주의와 같은 핵심 문화적 가치관에 초점을 두고 상담과정을 시작할 수 있는데, 이것은 '확보된 상담자의 신용', 즉 상담자가 신뢰할 수 있고 효과적일 것이라는 내담자의 지각을 높이려는 노력의 일환이다.

2. 문화적으로 민감한 상담

문화적으로 민감한 상담은 다양한 내담자의 문화적 특성, 즉 신념, 관습, 태도, 사회경제적 배경, 역사적 배경을 직접적으로 다루는 심리치료적 개입이다(La Roche & Christopher, 2008). 이런 접근들은 전통적 치유 방법과 경로를 활용하기 때문에 특정한 내담자들에게 매력적이다. 예를 들어, Cuento 치료는 옛날이야기를 통해 가족주의와 개인주의 같은 문화적으로 관련된 변인들을 다루는데, 이것은 푸에르토리코 아동들에게 활용된다(Costantino, Malgady, & Rogler, 1986). 마찬가지로 일본에서 유래된 Morita 치료도 지금은 수줍음에서 정신분열증에 이르기까지의 광범위한 문제에 세계적으로 널리 이용되고 있다(Li & He, 2008). 이런 종류의 치료는 특히 낮은 문화적응 수준을 보이는 내담자들에게 효과적인 것으로 보인다.

3. 문화적으로 민감한 상담개입

서구의 심리치료적 개입은 특정 내담자의 문화적 특성에 맞게끔 수정되거나 변화되었다. 인지행동치료는 구조화되어 있고 교육에 초점을 두기 때문에 많은 문화에서 받아들여지고 있고, 가장 많이 문화적으로 민감하게 수정되었다(Hays & Iwanasa, 2006). 예를 들어, 특히 문화적응 수준이 낮고 문화적으로 다양한 내담자에게 부적응적 신념에 대한 논박과 인지적 재구조화는 인지행동치료의 개입으로 거의 선택되지 않지만, 반면에 문제해결, 기술 훈련, 또는 인지적 대체의 개입(Sperry, 2010)은 더 적합할 수 있다.

문화적으로 민감한 상담을 선택하기 위한 지침

아래의 네 가지 지침은 문화적으로 민감한 상담이 필요한지 결정하는 데 도움이 된다. 이 지침들은 내담자의 문화적 정체성, 문화적응 수준, 설명모형, 상담 기대를 확인하고 문화적 공식화가 전개되었음을 전제로 한다.

1. 만약 내담자의 정체성(문화적 정체성)이 주류 문화와 주로 일치하고, 문화적응 수준이 높으며 선입관, 인종주의 또는 관련 편견의 징후가 뚜렷이 나타나지 않으면, 주요 상담 방법으로 전통적인 상담개입을 고려한다. 그러나 상담자는 상담의 과정이 진행되면서 문화적으로 민감한 상담이 필요할 수도 있음을 인식하고 있어야 한다.

2. 만약 내담자가 주로 주류 문화와 동일시하고, 문화적응 수준은 높으나 선입관, 인종주의 또는 관련 편견의 징후가 있으면, 내담자 문제의 문화적 측면을 위해 문화적으로 민감한 상담개입 또는 문화적 상담개입을 고려해야 한다. 또한 문화적 문제와 관련이 없는 성격 역동의 경우, 전통적인 상담개입을 활용하는 것이 더 유용할 수 있다.

3. 만약 내담자가 민족적 배경과 주로 동일시하고 문화적응 수준이 낮다면, 문화적 상담개입 또는 문화적으로 민감한 상담을 고려해야 한다. 이런 경우에는 핵심 문화적 가치관에 대해 처음에 논의를 하거나 해당 전문가와 협업 또는 의뢰할 필요가 있다.

4. 만약 내담자의 문화적 정체성이 주류와 같고 문화적응 수준이 높으나, 그 가족의 문화적응 수준이 낮아서 호소문제가 주로 문화적 차이에 관한 것이면, 내담자와 가족에게 문화적 상담개입을 고려해야 한다. 그러나 긴급 위기 상황이 있다면 위기를 줄이기 위해 전통적인 상담개입을 검토한다. 위기가 감소되거나 없어진 후에 문화적 상담개입 또는 문화적으로 민감한 상담을 시작하는 것을 고려해야 한다.

상담개입 공식화의 예

Geri의 사례에 대한 상담개입 공식화의 요소들이 〈표 4-4〉에 요약되어 있다. 적응적 패턴 요소는 상담개입 공식화를 구성할 때 핵심이 되므로, 이 또한 포함된다는 것을 기억해야 할 것이다.

표 4-4 Geri의 사례에서 상담개입 공식화의 요소

적응적 패턴	안전함을 느끼며 관계를 맺는다.	
상담목표	**목표**	**상담개입**
상담목표	a. 증상을 감소시킨다. b. 회피적 패턴을 감소시킨다. c. 직장 내외의 사회적 관계를 향상한다. d. 대인관계 기술 및 신뢰감을 증진한다.	a. 약물치료 모니터링(내과 의사), 개인상담 b. 개인상담(대체전략) c. 직장 상사와 협력, 기술 훈련 집단상담 d. 기술 훈련 집단상담, 자기주장과 친구관계 기술
상담의 초점	소속감을 증진하고, 회피적 패턴을 감소시킨다.	
상담전략 및 상담개입	지지, 대체, 기술 훈련(앞서 제시한 상담개입)	

상담의 장애	• 양가감정: 예상
	  – 꾸물거림, 감정 회피, 상담자의 신뢰성 '시험하기'
	  – 신뢰감 형성 후 상담자에게 매달림
	  – 회피성 스타일로 집단개입에 저항할 가능성
	  – 종결의 어려움
	• 전이-역전이 재연: '조바심'과 '비판' → 전이 역동	

문화적 상담	성(gender)이 문제가 될 수 있으므로 지지적인 여성 상담자 배정, 원가족의 성역할이 탐색되어야 함	
상담의 예후	관계 기술과 사회적 접촉을 늘리고 업무에 복귀한다면 좋음	

결론

대부분의 정신건강 전문가는 사례개념화의 상담개입 공식화를 가장 중요한 요소로 생각한다. 어쨌든 사례개념화의 실제 임상적 가치는 상담계획이 기대하는 변화를 달성하고 긍정적인 상담 성과를 이룰 수 있도록 충분히 관리되고 초점을 맞추는지 여부에 달려 있다. 이 장으로 사례개념화와 그 구성 요소들에 대한 이론적이고 연구 중심적인 논의를 마쳤다. 나머지 장(6장부터 10장까지)에서는 이론을 실제에 적용하는 것과 사례개념화 능력을 학습하는 것에 역점을 둘 것이다.

상담개입 공식화 연습
약 5분 동안 상담비디오를 시청한다. 비디오를 잠시 멈추고 다음의 질문에 답을 해본다.

1. 상담자가 어떤 기법과 상담기술을 활용하고 있었나?
2. 상담자는 왜 그와 같은 특정 기법/기술을 선택했을까? 의도는 무엇이었을까?
3. 만약 여러분이 상담자의 이론적 성향을 알고 있다면, 상담자는 그들이 공표한 이론적 성향에서 벗어난 기술을 사용했는가?

참고: 활용된 모든 질문과 기법은 대단히 중요한 상담의 초점에서 비롯된다. 예를 들어, Aaron Beck(인지치료)은 사고 그리고 내담자의 정서에 미치는 사고의 영향에 관한 질문을 하고, Carl Rogers(인본주의 상담)는 반영, 공감, 그리고 치료적 현존의 활용을 통해 내담자를 이끌어 간다. 앞의 연습은 특정한 상담의 초점으로 특정한 상담개입의 의도성을 강조하기 위해 구안된 것이다.

질문 ⋯⋯⋯⋯⋯⋯⋯⋯⋯⋯⋯⋯⋯⋯•

1. 종합적인 상담개입 공식화를 전개할 때, 〈표 4-1〉에 그 해당 요소들을 강조하였다. 전체적인 상담의 초점에서 그 요소들의 중요성을 설명하라.

2. 〈표 4-3〉에 있는 상담에서의 변화의 네 가지 순서를 이해하는 것의 중요성을 설명하고, 종합적인 상담개입을 계획할 때 이것이 패턴 변화의 세 단계와 어떻게 연관되는지 논의하라.

3. 이 장에서 제시한 지침대로 상담개입 공식화와 진술문을 어떻게 보완할 것인지 설명하라. 어떤 것들이 공통적으로 수정을 요하는 사항인가?

4. 문화적으로 민감한 상담의 세 유형을 설명하라. 특정 문화에 어느 정도 적합한지, 어떤 것이 보다 널리 활용되고 그 이유는 무엇인지 설명하라.

5. 언제 문화적으로 민감한 상담을 구체화하는 것이 적절한가? 구체적인 사례를 제시하라.

참고문헌 ⋯⋯⋯⋯⋯⋯⋯⋯⋯⋯⋯•

Alberti, R. (1977). *Assertiveness: Innovations, applications, and issues*. San Luis Obispo, CA: Impact Publications.

Alexander, F., & French, T. (1946). *Psychoanalytic therapy: Principles and applications*. New York, NY: Ronald Press.

Arnow, B., & Constantino, M. (2003). Effectiveness of psychotherapy and combination treatment for chronic depression. *Journal of Clinical Psychology, 59*(8), 893-905.

Beitman, B., & Yue, D. (1999). *Learning psychotherapy*. New York, NY: Norton.

Binder, J. L. (2004). *Key competencies in brief dynamic psychotherapy: Clinical practice beyond the manual*. New York, NY: Guilford Press.

Costantino, G., Malgady, R., & Rogler, L. (1986). Cuento therapy: A culturally sensitive modality for Puerto Rican children. *Journal of Consulting and Clinical Psychology, 54*(5), 639-645.

Fraser, S., & Solovey, A. (2007). *Second order change in psychotherapy.* Washington, DC: American Psychological Association.

Goldfried, M., & Davison, G. (1994). *Clinical behavior therapy* (expanded edition). New York, NY: Wiley.

Greenson, R. (1967). *The technique and practice of psychoanalysis* (Vol. 1). New York, NY: International Universities Press.

Hays, P., & Iwanasa, G. (Eds.). (2006). Culturally responsive cognitive-behavioral therapy: *Assessment, practice, and supervision.* Washington, DC: American Psychological Association.

La Roche, M., & Christopher, M. (2008). Culture and empirically supported treatments: On the road to a collision? *Culture and Psychology, 14*(3), 333-356.

Levenson, H. (1995). *Time-limited dynamic psychotherapy: A guide to clinical practice.* New York, NY: Basic Books.

Li, C., & He, Y. (2008). Morita therapy for schizophrenia. *Schizophrenia Bulletin, 34*(6), 1021-1023.

McCullough, J. (2000). *Treatment for chronic depression: Cognitive behavioral analysis system of psychotherapy.* New York, NY: Guilford.

McCullough, J., Schramm, E., & Penberthy, K. (2014). *CBASP as a distinctive treatment for persistent depressive disorder: Distinctive features.* New York, NY: Routledge.

Meichenbaum, D. (1977). *Cognitive behavior modification: An integrative approach.* New York, NY: Plenum.

Mosak, H. (2005). Adlerian psychotherapy. In R. Corsini & D. Edding (Eds.), *Current psychotherapies* (7th ed., pp. 52-95). Belmont, CA: Brooks/Cole-Thomson.

Paniagua, F. (2005). *Assessing and treating culturally diverse clients: A* practical guide. Thousand Oaks, CA: Sage.

Perry, S., Cooper, A., & Michels, R. (1987). The psychodynamic formulation: Its purpose, structure, and clinical application. *The American Journal of Psychiatry, 144*(5), 543-551.

Prochaska, J. O., DiClemente, C. C., & Norcross, J. C. (1992). In search of how people change: Applications to the addictive behaviors. *American Psychologist, 47*, 1102-1114. PMID: 1329589.

Sperry, L. (2010). *Core competencies in counseling and psychotherapy: Becoming a highly competent and effective therapist.* New York, NY: Routledge.

Winston, A., Rosenthal, R., & Pinsker, H. (2004). *Introduction to supportive psychotherapy.* Washington, DC: American Psychiatric Press.

Wright, J., Basco, M., & Thase, M. (2006). *Learning cognitive-behavior therapy: An illustrated guide.* Washington, DC: American Psychiatric Press.

5장

사례개념화:
개인, 부부
그리고 가족

　　대부분의 상담자에게 사례개념화는 특정한 내담자에 대한 사례를 공식화하는 것, 즉 개인상담 사례개념화를 의미한다. 개인상담 사례개념화는 유용하지만, 상담자가 부부 또는 가족을 상담할 때나 개인 내담자의 문제가 관계역동을 반영할 때는 부분적인 공식화만 제공한다. 그러므로 사례개념화에서 부부와 가족역동을 확인하고 구체화하는 능력은 매우 중요하다. 만약 개별 파트너 또는 부모 중 어느 한쪽이 개인상담에 참여하고 그 사람의 부적응적 패턴에 초점을 맞추더라도, 상담자가 관계의 상호작용과 가족의 상호작용 패턴을 파악할 수 있어야 그 내담자와 최선의 상담 성과를 달성할 가능성이 커진다.

　　따라서 이 장에서는 부부상담 사례개념화와 가족상담 사례개념화의 두 가지 추가적인 사례개념화 양식을 간략히 설명하고자 한다. 패턴은 사례개념화의 기본이므로 세 가지 유형의 사례개념화 모두 근본적인 패턴의 관점에서 기술하였다. 하나의 임상사례가 이 세 가지 사례개념화의 예시로 제시될 것이다.

개인, 부부 그리고 가족에서의 패턴

사례개념화가 증거 기반 상담의 핵심으로 여겨지는 것처럼, 이 책의 기본 전제는 내담자가 개인이든 부부 또는 가족이든 상관없이 패턴이 사례개념화의 기본이라는 것이다. 부적응적 패턴이 개인 내담자를 이해하고 상담계획을 세우고 실행하는 데 필수적인 것처럼, 부부상담에서도 각 파트너의 행동은 개인적 부적응 패턴과 관계적 상호작용 패턴을 모두 반영한다. 마찬가지로 각 가족 구성원의 행동은 그들의 개인적 패턴과 가족 상호작용 패턴을 모두 반영한다.

개인적 패턴

개인은 자신의 부적응 패턴과 문제를 그들의 일상생활, 특히 부부와 가족 관계로 가져올 위험이 있다. 당연히 한 파트너 또는 부모의 부적응 패턴은 상대 파트너와 다른 가족 구성원들에게 영향을 미칠 수 있고 자주 영향을 준다. 일반적으로 각 파트너의 패턴은 상호보완적이고 서로에게 처음의 매력을 느끼는 이유가 되며, 이러한 개인의 패턴은 상호관계의 패턴과 가족 상호작용의 패턴 둘 다에 영향을 미친다. 이 장의 시작에서 언급했듯이, 개인상담을 하는 상담자는 상담의 성과를 극대화하기 위해 개인의 패턴뿐만 아니라 이들의 상호관계 패턴과 가족 패턴의 영향을 잘 파악해야 한다.

우리에게 교육과 수퍼비전을 받은 학생들과 상담자들은 성격양식의 관점에서, 즉 행동과 의도의 관점에서 개인의 패턴을 구상해 보는 것이 편리하고 임상적으로 가치 있다는 것을 알고 있다. 다음의 열한 개 성격양식은 DSM-5의 열 개의 성격장애와 관련이 있다. 수동공격 성격장애는 최근의 DSM에서 더 이상 사용하지 않지만, 임상장면에서는 여전히 통용되고 있음을 알아야 한다. 이 열한 개의 유형/장애는 대부분의 개인적(파트너) 패턴을 포괄하고 있다.

> • **연극성**: 관심을 얻기 위해 타인에게 적극적으로 다가가지만 큰 대가를 치르거나 양보를 하는 부적응적 패턴
>
> • **의존성**: 타인의 욕구를 충족시키고 기쁘게 해서 도움을 요청하고자 타인에게 수동적으로 다가가지만, 자신의 욕구는 충분히 만족시키지 못하는 부적응적 패턴
>
> • **자기애성**: 타인을 이용하거나 얕보는 반면 자신은 높임으로써 특별한 대우를 받으려고 타인에게 맞서는 부적응적 패턴
>
> • **편집성**: 위해와 보복을 예상하고 타인에게 피해를 당할 것이라고 믿고 적극적으로 타인에게 맞서는 부적응적 패턴
>
> • **반사회성**: 스스로를 보호하고 자신에게 해를 가하려는 타인에게 적극적으로 맞서는 부적응적 패턴. 이들은 법을 준수하지 않으며 자기 자신의 내부 규정에 따라 살아간다.
>
> • **회피성**: 위해를 피하고 안전함을 느끼려고 타인에게서 수동적으로 철수하며, 타인에게서 고립되고 타인을 회피하는 부적응적 패턴
>
> • **조현성**: 타인과 연루되지 않으려고 적극적으로 철수하는 부적응적 패턴. 이들은 제한된 교제의 욕구가 있다.
>
> • **조현형**: 특이하게 행동하고, 사회적 관습에 냉담하고 낯선 사람을 경계하며, 타인에게서 적극적으로 철수하는 부적응적 패턴
>
> • **강박성**: 적극적으로 행동하지만 자신과 타인에게 양가감정이 있으며, 지나치게 소심하고, 완벽주의적이나 정서적으로는 거리를 두는 부적응적 패턴
>
> • **수동성**: 수동적으로 행동을 하나 공격적인 타인에게는 양가감정이 있으며 그들의 요구사항을 거부하는 부적응적 패턴. 이들은 무언가를 할 것이라고 말하고는 그것을 하지 않을 것이다.
>
> • **경계성**: 의존적·수동공격적 스타일이 혼재된 형태거나 스트레스를 받으면 강렬하고 불안정한 개인적/관계적 행동을 하는 연극성 스타일의 부적응적 패턴

관계적 상호작용 패턴

각 파트너가 관계 안에서 하나의 역할을 맡고 있다고 가정하면, 각 파트너는 일반적으로 한두 개의 반복적인 패턴을 습관적으로 보인다. 이러한 패턴은 오랜 시간에 걸쳐 대응하기 위해 학습된 것이다. 이런 패턴은 부부상담 관련 문헌에서 상호작용이나 관계 패턴으로 언급된다. 다음에 설명하는 부정적 패턴 중에서 파트너 둘 다를 성장시키고 발달시키는 것은 없다. 이런 패턴에서 가능한 최선의 성과는 관계를 유지하는 것이다. 부부상담은 이런 패턴을 끊고 보다 적응적인 패턴으로 바꾸는 것을 전제로 한다. 다음에서 다섯 가지의 가장 일반적인 부정적 관계 패턴에 대해 간단히 설명할 것이다. 추가적으로 한 가지의 긍정적인 패턴도 설명할 것이다.

요구/철회

이 패턴에는 나무라고, 책망하고, 비판하거나 또는 상대 파트너의 변화를 요구하는(요구) 행동이 포함된다. 상대 파트너는 결국 포기하고, 따르고, 항복하거나 순응하는(항복) 특징을 보인다(Christensen & Shenk, 1991). 이 패턴을 묘사하는 다른 용어로 추격자-도망자, 사로잡음-포기함, 다가감-거리둠 또는 소속-독립이 있다(Christensen & Shenk, 1991). 이 유형의 패턴이 가장 일반적이며, 가장 많이 연구된 부부간 패턴이다. 이 패턴의 지표는 파트너의 공격성과 적대감, 부정적 정서, 관계에서의 불만족 그리고 이혼이다. 요구/철회 패턴은 최근에 우울증의 예측변수로 연구되고 있다(Knobloch-Fedders et al., 2014; Holley, Haase, Chui, & Bloch, 2018). 다음의 부정적 관계패턴들은 이 패턴의 변형들이다.

요구/항복

이 패턴의 유형은 한 파트너가 상대 파트너를 비판하고, 나무라고, 또는 변화를 요구할 때(요구) 드러난다. 상대 파트너의 반응은 회피하고, 방어적인 태도를 보이며, 대응하지 않고, 그 이슈에 대한 논의를 거부한다(항복). 요구/철회 패턴만큼 많은 연구가 이루어지지 않았지만, 이것은 일반적인 상호작용 패턴이다.

철회/철회

이 패턴은 요구/철회 패턴으로 야기된 소진의 전형적인 결과이다. 양쪽 파트너가 정서적으로 관여하는 것을 주저하기 때문에 갈등에 직면해서 철회하기 시작한다. 절망감이 들 때, 그들은 포기하기 시작한다. 게다가 이 경우의 추격자는 '부드러운' 추격자가 되어, 불안한 기운이 강력함에도 불구하고 과부하된 수준을 보이지 않는다. 그래서 추격자임에도 이들은 쉽게 포기한다. 한편 '소진된' 추격자는 일반적으로 상대 파트너에게 다가가려는 노력을 포기한 파트너의 결과이다. 그다음 철회는 관계에서 아파하고 거리를 두는 과정의 시작을 나타낸다.

공격/공격

이 패턴은 공격에 공격으로 맞설 때 발생한다. 그러므로 이 패턴에서 관계에서의 불화가 증가하는 것은 놀라운 일이 아니다. 이 패턴 또한 요구/철회 패턴의 변형인데, 철회자는 불화가 증가한 후 바로 철회할 가능성이 있다. 즉, 파트너가 충분히 격앙될 때까지 한 번 더 하는 것이다. 이 패턴을 가진 부부의 다른 일반적 명칭은 '고도의 갈등 부부'이다(Fruzzetti, 2006).

반응적 요구/철회

보통 이 패턴은 이전의 오래된 패턴의 반전으로 생긴다. 이것은 파트너 중 한 사람의 역할이 변화될 때 발생한다. 예를 들어, 요구하던(요구) 남편이 포기하고 관계에 대한 투자를 제한하기 시작한다. 남편은 거리를 두기 시작하고 스스로 물러난다(철회). 상대 파트너는 처음에는 그 변화를 알아채지 못하고 철회한 파트너에게 전형적으로 관계 중단을 촉구하거나 별거 또는 이혼을 조장할 것이다. 결과적으로 맨 처음에 철회한 파트너가 추격자의 역할을 맡아 해결책을 요구하기 시작한다. 이것은 철회하는 파트너를 더 밀어붙일 수 있다. 본질적으로 이 패턴은 오래된 패턴에 대한 수정된 반응이다.

건설적 관여

이 패턴은 양쪽 파트너가 "주된 정서표현을 포함하여 그들이 느끼고, 생각하고, 또 원하는 것을 정확히 반영하는 공격하지 않는 방식으로 문제를 표현하는 능력이 있다는 것이 특징이다. 상대 파트너는 비록 그/그녀에게 동의하지 않더라도 호기심을 갖고 경청하고, 이해하려고 노력하며, 이해심을 갖고 소통한다"(Fruzzetti & Payne, 2015, p. 609). 이 패턴의 성과는 파트너 모두 문제를 해결하고, 상호 인정을 촉진하는 능력이 있는 것이다. 그러나 이 패턴은 파트너 모두에게 정서에 대한 인식과 의사소통과 정서조절 능력을 요구한다.

부부 상호작용의 특징을 나타내는 다른 방식들

Susan Johnson(2008)은 폭넓은 부부상담의 경험을 토대로 부부를 꼼짝 못하게 하는 세 가지의 부정적인 의사소통을 설명하였다. 이 세 가지 의사소통 유형은 '악마의 대화'라고도 언급되는데, 책에서는 부부상담을 받는 부부를 위한 도구로 소개되었다. '악마의 대화'는 서로 건강하게 관계를 맺는 데 방해가 되는 의사소통 패턴을 뜻한다. Johnson은 부부가 서로 교감할 수 없을 때 이것이 표면으로 드러난다고 하였다. 이 대화의 형태는 철회-철회, 요구-철회 그리고 공격-공격의 패턴으로 묶인다(Johnson, 2008).

한편 John Gottman(2014)은 부부에 대한 광범위한 연구에 근거하여 관계를 분류하는 다른 방법을 제시하였다. Gottman은 반복적인 관계 패턴을 구체화하기 보다는 관계 행동을 토대로 유형을 개발하였다. 구체화한 다섯 개 유형은 갈등회피 부부, 불안정한 부부, 적대적인 부부, 적대적인 고립 부부, 인정 부부이다(Gottman, 2014). 네 개의 유형은 부정적이고, 인정 유형은 긍정적이고 관계에서의 만족과 성장을 이끌어 낸다.

적응적이든 부적응적이든 관계 패턴은 일반적으로 각 파트너들이 만나기 전부터 모델링을 통해 학습된다. 이런 패턴은 일반적으로 각 파트너의 부모를 반영하고 있으며, 그것들은 커플이 매력을 느끼는 과정의 한 요소가 될 수 있다. 이런 패턴은 각 파트너의 성격 패턴에서 생긴다. 부부의 관계와 이러한 요인들이 어떻게 작용하는지 설명하는 것은 효과적인 사례개념화의 기능이다. 개인들이 보이는 부적응적 패턴은 의사소통 유형, 친밀감과 성, 문제해결과 갈등해결 등 관계의 모든 측면에 반영될 수 있다. 논리적으로 관계 패턴은 관계의 결과를 예상할 수 있다.

유감스럽게도 부부에게는 비록 그들의 차이가 미미할지라도 이런 패턴들이 그들이 처한 상황을 절망적으로 보이도록 만들 수 있다. 이는 부적응적 패턴의 특성이 극명할수록 더 심해진다. 이것은 한 파트너가 상대 파트너를 연속선상에서 반대편에 서 있다고 여기게 만든다. 다른 한편 부적응적 패턴은 파트너들이 서로 가까워지거나 친밀해지는 것을 가로막는 안전장치와 절연체 역할을 할 수도 있다.

가족 상호작용 패턴

개인상담의 사례개념화와 비슷하게 가족상담의 사례개념화는 "개별 가족 구성원과 전체로서의 시스템의 독특한 맥락, 욕구, 자원"에 초점을 둔다(Bitter, 2009, p. 374). 따라서 가족의 관계 상호작용이 기술되어야만 한다. 가족 안에서의 관계 패턴을 개념화하는 것의 가치는 지난 40년에 걸쳐 Beavers 가족기능체계모델로 행한 연구와 임상 경험으로 입증되었다(Beavers, 1981; Hampson & Beavers, 2012).

두 가지 주요 차원—가족의 유능성과 행동양식—이 Beavers 가족기능체계모델에서 가족을 개념화하는 데 사용되었다. 유능성 차원은 최상부터 심각한 역기능까지(최상, 적절, 중간, 경계, 심각)의 범위를 이루고 있다. 한편 낮은 수준의 기능 상태에 있는 가족은 행동양식의 차원이 구심성(내부지향적임, 지나치게 의존함)에서 원심성(요구함, 공격함, 외부지향적임)까지의 범위를 이루고 있다. 이 두 차원이 조합되면 아홉 가지의 가족 유형이 생긴다. 물론 이 중에서 뒤쪽의 여섯 가지 유형은 문제가 많아 임상적 개입이 필요하다.

1. 최적의 가족

이 가족은 매우 효과적인 관계 기능이 특징이다. 예를 들어, 가족의 구성원들은 다른 구성원에게 주는 그들의 영향과 효과를 알고 있다. 이들은 여러 접근을 이용하여 자신들의 문제를 쉽게 해결할 수 있다. 이들은 또한 친밀감을 추구하고 잘 해낸다. 가족 구성원 간의 경계는 존중되고, 부모는 유연하게 권력을 함께 공유한다. 갈등이 표면으로 드러날 때, 즉시 다루고 빨리 해결하는 경향이 있다.

2. 적절한 가족

이 가족은 적절하게 효과적인 관계 기능이 특징이다. 부모는 종종 권력을 잡기 위해 싸울 수 있다. 또한 이들은 친밀성과 신뢰성을 달성하는 데 다소 부족한 능력을 보인다. 또한 이들은 덜 행복해하고 덜 자발적이다. 가족 구성원들은 약간의 곤경, 고통, 외로움을 경험할 수 있다. 그러나 이들은 일반적으로 충분히 대처할 능력이 있다.

3. 중간구심성 가족

이 가족은 약간 손상된 관계 기능이 특징이다. 직접적인 통제와 적대감을 보이나, 이들은 배려를 표현할 수 있다. 자발성은 부족한 반면 권위와 규율이 강조된다. 이들은 열심히 일하고 공과금을 내며, 승진을 하고, 이웃들에게 자신들의 싸움을 숨긴다.

4. 중간원심성 가족

이 가족은 약간 손상된 관계 기능이 특징이다. 간접적인 통제, 조종, 비난, 위협이 종종 있는 반면 온화함이나 관심은 거의 표현되지 않는다. 가족 구성원들은 가족 통제의 안팎에서 권위를 무시한다. 일반적으로 부모는 집에서 거의 시간을 보내지 않고, 규준보다 더 빨리 자녀를 거리로, 지역사회로 내몬다.

5. 중간혼합 가족

이 가족은 약간 손상된 관계 기능이 특징이다. 이들은 구심성 행동과 원심성 행동의 패턴을 번갈아 가며 보인다. 면담에서 이 가족이 보이는 행동적 변형은 지배적이거나 순종적인 것부터 사소한 말다툼과 비난에 이르기까지 다양하다.

한편 자녀들은 부모의 통제에 저항하는 것과 수용하는 것을 번갈아 한다.

6. 경계선 구심성 가족

이 가족은 중간 정도로 손상된 관계 기능이 특징이고, 행동적 혼돈보다는 언어적 혼돈을 보인다. 통제권을 위한 다툼은 강렬하나 겉으로 드러나지 않는다. 가족 규칙은 공개적인 반항 또는 은밀히 표현되는 분노를 허용하지 않는다. 그래서 이런 가족의 내담자는 심한 강박과 식욕부진의 증상을 나타낼 수 있다.

7. 경계선 원심성 가족

이 가족은 중간 정도로 손상된 관계 기능이 특징이고, 공개적으로 분노를 표현할 가능성이 있다. 부모의 관계는 다툼과 갈등으로 다루기 어렵게 될 수 있고, 일반적으로 비지지적이다. 이 가족의 자녀들은 조종을 학습하고 이를 부모에게 활용한다. 이것은 가끔 경계성 성격장애 진단으로 이어지기도 한다.

8. 심각하게 역기능적인 구심성 가족

이 가족은 심각하게 손상된 관계 기능이 특징이고, 타인에게 이상하게 보인다. 부모는 일반적으로 불명확한 규칙과 기대가 있는 반면에 양가감정을 인정하지 않는다. 자녀는 그들의 개성과 기능을 독립적으로 찾을 기회를 얻지 못한다. 한 명 이상의 가족 구성원에게서 분열성 성격장애 또는 조현병이 흔히 나타난다.

9. 심각하게 역기능적인 원심성 가족

이 가족은 심각하게 손상된 관계 기능이 특징이고, 공개적으로 적대감과 경멸을 드러낸다. 부모는 양육하는 것과 애정을 거의 제공하지 않는다. 한편 양가감정은 부인되고, 부정적인 감정에 대한 기대가 있다. 자녀의 관계 계발과 정서 계발이 방해받게 되고, 반사회성 성격장애로 발전될 수 있다. 이런 가족에게는 공통적으로 약물남용, 아동학대, 성적 일탈이 나타난다.

개인상담, 부부상담, 가족상담의 사례개념화

개인상담 사례개념화

부부상담을 할 때 세 개의 사례개념화를 준비할 것을 권한다. 그것은 각각의 파트너를 위한 개인(파트너)상담 사례개념화와 관계에 대한 세 번째 사례개념화다. 각각의 파트너를 위한 개별 사례개념화에는 최소한 성격 유형/장애 그리고 부적응 패턴이 포함되어야 한다. 예를 들어, 관심을 끄는 행동을 하는 사람은 일반적으로 연극성 성격장애 또는 연극성 성격 유형을 반영할 것이다. 한편 지나치게 소심한 특성과 완벽주의적 행동 패턴을 보이는 파트너는 강박성 성격장애 또는 강박성 성격 유형을 반영할 수 있다.

부부상담 사례개념화

개인 내담자를 위한 가장 치료적인 접근 방법들은 그 접근들만의 독특한 방법이 사례개념화에 포함되어 있다. 그러나 부부상담을 할 때, 부부상담의 사례개념화는 관계 상호작용 패턴에 의해 크게 영향을 받는다. "특별히 상담자는 호소문제와 관련해서 문제가 되는 상호작용 사이클을 밝히는 데 초점을 둔다. 일반적으로 부부는…… 호소문제를 특징짓는 한두 가지 기본적인 상호작용 패턴을 가지고 있다"(Gehart, 2017, p. 256). 그래서 부부의 관계 패턴이나 패턴들이 관계의 맥락에서 호소문제를 설명하기 위해 부부상담 사례개념화에서 강조되는데, 이때 앞에서 기술한 다섯 가지 관계 패턴 중 하나로 구체화하는 것이 유용하다.

가족상담 사례개념화

가족상담 사례개념화는 가족 역동 또는 체계 역동을 포함하는 사례개념화이다. 놀랍게도 가족상담 사례개념화는 가족상담 관련 문헌에 최근에서야 소개되고 있다(Sperry, 2004; 2005; Carlson, Sperry, & Lewis, 2006). 비슷하게 가족상담 교재에도 이제서야 가족상담 사례개념화의 개념을 논의하기 시작했다(Bitter, 2009; Gehart, 2010; Reiter, 2013). Gehart는 가족상담 사례개념화는 만족스러운 가족상담을 제공하기 위한 첫걸음이며, 상담자는 "이론의 도움을 받아 상황을 개념화한다"고 주장하였다(2010, p.1).

개인상담 사례개념화에서처럼 가장 유용한 가족상담 사례개념화는 "개개의 가족 구성원과 전체로서의 가족체계의 독특한 맥락들, 욕구들 그리고 자원들에 초점을 둔다"(Bitter, 2009, p.374). 그러한 사례개념화가 가족체계 역동의 섬세한 평가를 기반으로 한다는 것은 놀라운 일이 아니다. 여기에는 부부, 부모 그리고 형제자매의 하위체계 역동이 포함된다. 좀 더 구체적으로 여기에는 협상, 권력 분배, 친밀함에 대한 능력뿐만 아니라 가족 자원, 강점, 그리고 가족의 서사가 포함된다(Sperry, 2016).

Jessie와 Jeffrey의 사례

Jessie와 Jeffrey는 갈등과 관계 불만이 많아져서 최근에 관계상담을 시작했다. Jessie는 29세이고, 양극성 장애 병력이 있는 2세대 라틴계 여성이다. 그녀는 6년 동안 Jeffrey와 결혼생활을 해 오고 있는데, 자녀는 없다. Jessie는 관계 불만과 반복되는 분노로 부부상담을 찾았다. 그녀는 그녀가 교태를 부리고 남편과 헤어지겠다고 협박하는데도 남편이 그녀에게 무관심해 보일 때 특히 이혼을 생각한다고 토로했다. 그럼에도 불구하고 그녀의 바람은 결혼생활을 개선하는 것이다. Jeffrey는 34세의 백인 엔지니어다. Jeffrey는 아주 성공한 사람이다. 그러나 그는 예의 바르고 정서적으로 냉담하며, 경직되어 있고, 타협을 잘 하지 못한다. 상담에 오기 5년 전에 Jessie는 양극성 장애와 연극성 성격장애 진단을 받았다. 그녀는 개인상담이 조울 증상을 다루는 데 도움이 되었지만, 약물치료의 반응은 좋지 않다고 보고하였다. Jessie는 남편 Jeffrey가 결혼생활 내내 그녀와 그녀의 증상에 대해 '분명히 걱정스러워' 하면서도 '그가 실제로 그것을 드러내지는 않는다'고 말했다. Jessie는 그녀의 정신건강 상태로는 온종일 하는 일을 찾거나 유지하는 것이 불가능하기 때문에 경제적으로 Jeffrey에게 의존하고 있다.

그녀의 주된 불평 중 하나는 Jeffrey가 퇴근하고 와서 그녀에게 전혀 관심을 보이지 않는다는 것이다. 그녀는 "포옹도, 키스도, 인사도 안 해요. 심지어 그는 내가 어떻게 지냈는지도 물어보지 않고, 그의 하루가 어떠했는지도 말하지 않아요."라고 하였다. 그는 대부분의 시간을 TV를 보거나, 신문을 읽거나, '그만의 공간'에서 게임을 하면서 보낸다고 하였다. 관심을 끌고 좀 더 접촉해보려고 Jessie는 Jeffrey가 집에 도착하기 전에 '한껏 모양'을 낸다. 그녀는 포옹과 키스를 기대하고 저녁식사를 하는 동안과 그 이후에도 대화를 하고 싶어 한다. Jessie가 Jeffrey의 관심을 끄는 전략은 남편이 집에 오면 바로 남편의 주위를 맴돌며 관심을 끌려고 시도한다. 대신에 Jeffrey는 우선 화를 내고, 침묵과 물러서기로 이어지는 반응을 한다. 저녁식사를 거르고 대신 그만의 공간에서 더 많은 시간을 보내기도 한다. 이런 상황의 결과는 Jessie 안의 분노와 거부당했다는 감정을 더 가중시킨다. 그녀는 자기 자신을 사랑받지 못하고, 주목받지 못하며, 거부당하는 사람으로 지각하고 있고, 이는 그녀의 외로움을 더 강화한다.

진단적 평가는 다음과 같다. Jessie는 제II형 양극성 장애에 대한 DSM-5 진단 기준(296.89), 중등도의 심각도 진단을 충족하고 연극성 성격장애 특성을 보인다. Jeffrey는 강박성 성격장애 진단 기준(301.4)을 충족한다. 부부의 관계문제는 DSM-5(V61.0) 관계문제로 분류될 수 있다.

개인상담 사례개념화

Jessie에 대한 개인(파트너)상담 사례개념화의 핵심은 타인에게서 관심을 받으려고 하는 그녀의 부적응적 연극성 패턴이다. 그녀의 패턴은 그녀가 부족하고 사랑받지 못한다고 느낄 때 예상대로 작동한다. 이는 계속해서 관심을 받으려는 욕구와 요구를 강화한다. 그녀는 중산층 가정교육을 받은 쿠바계 미국인이라는 정체성을 가지고 있고, 문화적응이 잘 되어 있다. 그녀의 문화적 설명은 '나와 남편의 성격 차이'가 엄청나다는 것이다. 따라서 이 경우에는 문화적으로 민감한 상담은 검토할 필요가 없다.

Jeffrey에 대한 사례개념화의 핵심은 과도하게 일하고, 감정을 피하고 타인과 거리를 두는 강박성 패턴이다. 그의 패턴은 특히 Jessie가 친밀함과 정서적 표현에 대한 요구를 할 때 작동한다. 그럴 때 그는 오히려 더 신중해지고 완벽주의가 된다. 그는 3세대 '특권을 가진 중상류층 백인 남성'이라는 정체성을 가지고 있다.

부부상담 사례개념화

이 부부는 요구-철회 패턴을 보인다. 이 패턴은 각 파트너의 개인상담 사례개념화를 검토해 보면 이해할 수 있다. 관심과 사랑의 욕구를 이루려는 Jessie의 전략은 과도한 업무와 정서적 거리두기를 통해 예측할 수 있는 Jeffrey의 철회를 더 심하게 만들었다. 결과적으로 이 거리두기는 Jessie가 외로움과 거부의 감정으로 되돌아가는 순환을 만들어 냈다. 이것은 Jessie에게 관심과 친밀한 접촉에 대한 요구를 증가시키는 결과를 가져온다.

가족상담 사례개념화

비록 Jessie Lehman과 Jeffrey Lehman은 자녀가 없지만, 그들은 원가족으로부터 내려오는 가족체계 역동의 영향을 받았기 때문에 가족 단위이다. 추가적인 탐색을 통해 부부의 관계 상호작용 패턴이 원가족의 역동에 의해 어떻게 영향을 받고 있는지 밝혀질 것이다. 가족 상호작용 패턴의 맥락에서 Lehman 가족은 중간혼합 가족 패턴(Beavers & Hampson, 1990, 2019)을 나타낸다. 자녀가 없더라도 부부의 가족상담 사례개념화의 가치는 부부의 관계 상호작용뿐만 아니라 원가족의 이전 세대에 근거를 둔 부부가 경험하거나 직면할 가능성이 높은 특정 문제까지 설명해 낼 수 있다는 것이다. 중간혼합 가족의 특징은 요구하는 것, 비난하는 것, 또는 분노를 직간접적으로 표현하는 것, 무엇이든 간에 권위로 통제하려고 시도한다는 것이다. 불행하게도 그러한 통제는 일관된 결과를 만들 때 특별히 효과적이지 않다. Jessie뿐만 아니라 Jeffrey도 그들의 관계를 만족스럽게 느끼지 못하고 또한 각자 너무 통제당한다고 느끼고 있다. 두 사람 모두 힘과 통제의 싸움에서 첨예하게 맞서고 있음을 느낀다. 최근에 이 부부는 함께 의미 있는 시간을 거의 보내지 않으며, 가족 밖에서 만족을 찾고 있다. 더 나아가 만약 한 사람이 정신과적 질병으로 진단을 받는다면 질환이나 통증을 드러낼 가능성이 아주 높다. 따라서 Jessie가 양극성 장애와 연극성 성격 유형을 모두 외재화하는 것은 놀라운 일이 아니다.

상담계획

이 부부의 상담계획에는 Jessie의 개인상담을 계속하는 것과 부부를 내담자로 한 부부상담을 시작하는 것이 포함된다. 부부상담의 초점은 상호관계 패턴을 교육하고 다시 조정하는 데 있다. Jeffrey의 회피와 정서적 거리두기라는 굳어진 패턴을 고려하여, 이 과정에 그 패턴을 조정하고 바꾸어 줄 Jeffrey의 개인상담이 필요할 수도 있다.

중간혼합 가족과 효과적으로 상담하는 상담전략은 Beavers와 Hampson (1990, 2019)에 잘 설명되어 있다.

결론

이 장에서는 사례개념화의 세 가지 다른 형태, 즉 개인상담 사례개념화, 부부상담 사례개념화 및 가족상담 사례개념화가 설명되었다. 대부분의 상담자가 개인상담 실행과 관련해 훈련을 받았기 때문에 개인상담 사례개념화를 구상하고 시행할 것으로 기대하는 것이 맞다. 이것이 치료에 대한 현행 관례다. 바라건대, 이 장을 통해 부부상담 사례개념화와 가족상담 사례개념화, 이 둘의 임상적 가치에 대한 독자들의 인식이 높아졌으면 한다. 이러한 형태의 사례개념화에 관계 상호작용이나 가족 상호작용 패턴 중 하나 또는 둘 다에 대한 정보를 추가하면 상담의 성과를 크게 높일 수 있을 것이다.

질문

1. 개인상담 사례개념화에서 패턴을 확인할 때 부부와 가족의 접근을 포함하는 것에 대한 이점을 논의하라.
2. 제시한 열한 개의 성격 유형을 비교하고, 사례개념화 구조에서 개개인의 다양한 패턴과 양태를 논의하라.
3. 이 장에서 논의한 다섯 가지 관계 패턴을 확인하는 것이 어떻게 사례개념화를 견고하게 하고, 이것이 어떻게 상담목표, 상담 성과와 관련이 있는지 설명하라.

4. 밝혀진 아홉 가지 가족 유형 중에서 개입이 필요한 여섯 가지 가족 유형과 각 사례
   개념화의 상담계획에 어떤 접근법을 포함해야 하는지 논의하라.

5. 이 장에서 제시한 세 가지 사례개념화, 즉 개인상담 사례개념화, 부부상담 사례개념
   화 그리고 가족상담 사례개념화를 포함하는 것이 가장 유용한 때는 언제인지 몇 가
   지 예를 들어 논의하라.

참고문헌

Beavers, W. R. (1981), A systems model of family for family therapists. *Journal of Marital and Family Therapy, 7*(4), 299–307.

Beavers, W. R., & Hampson, R. B. (1990). *Successful families: Assessment and intervention.* New York, NY: Norton.

Carlson, J., Sperry, L., & Lewis, J. A. (2005). *Family therapy techniques: Integrating and tailoring treatment.* New York, NY: Routledge.

Christensen, A., & Shenk, J. (1991). Communication, conflict, and psychological distance in nondistressed, clinic, and divorcing couples. *Journal of Consulting and Clinical Psychology, 59*(3), 458–463.

Froude, C., & Tambling, R. (2014). Couples' conceptualizations of problems in couple therapy. *The Qualitative Report, 19*(13), 1–19.

Fruzzetti, A. (2006). *The high-conflict couple: A dialectical behavior therapy guide to finding peace, intimacy, and validation.* Oakland, CA: New Harbinger Publications.

Fruzzetti, A., & Payne, L. (2015). Couple therapy and borderline personality disorder. In A. Gurman, J. Lebow & D. Snyder (Eds.), *Clinical handbook of couple therapy* (5th ed., pp. 606–434). New York, NY: Guilford.

Gehart, D. (2010). *Mastering competencies in family therapy.* Belmont, CA: Brooks/Cole.

Gehart, D. (2017). Clinical case conceptualization with couples and families. In J. Carlson & S. Dermer (Eds.), *The SAGE encyclopedia of marriage, family, and couples counseling* (pp. 256–260). Thousand Oaks, CA: Sage Publications.

Gottman, J. (2014). *Principia amoris: The new science of love*. New York, NY: Routledge.

Hampson, R. B., & Beavers, W. R. (2012). Observational assessment. In L. Sperry (Ed.), *Family assessment: Contemporary and cutting-edge strategies* (pp. 83–114). New York, NY: Routledge.

Hampson, R. B., & Beavers, W. R. (2019). Observational assessment. In L. Sperry (Ed.), *Family assessment: Contemporary and cutting-edge strategies, Second edition.* 99–132. New York, NY: Routledge.

Holley, S. R., Haase, C. M., Chui, I., & Bloch, L. (2018). Depression, emotion regulation, and the demand/withdraw pattern during intimate relationship conflict. *Journal of Social and Personal Relationships, 35*(1), 1–23.

Johnson, S. (2008). *Hold me tight: Seven conversations for a lifetime of love.* New York, NY: Little, Brown.

Knobloch-Fedders, L. M., Critchfield, K. L., Boisson, T., Woods, N., Bitman, R., & Durbin, C. E. (2014). Depression, relationship quality, and couples' demand/withdraw and demand/submit sequential interactions. *Journal of Counseling Psychology, 61*(2), 264–279.

Reiter, M. D. (2013). *Case conceptualization in family therapy.* Upper Saddle River, NJ: Pearson.

Sperry, L. (2004). Family therapy with a historic-obsessive couple. In M. Macfarlane (Ed.), *Family treatment of personality disorders: Advances in clinical practice* (pp. 149–172). Binghamton, NY: Haworth.

Sperry, L. (2005). Case conceptualizations: The missing link between theory and practice. *The Family Journal, 13*(1), 71–76.

Sperry, L. (2016). Teaching the competency of family case conceptualizations. *The Family Journal, 24*(3), 279–282.

2부

　6장에서 10장까지는 이론을 실제에 적용하고, 사례개념화 능력을 학습하는 것에 역점을 둘 것이다. 이 장들에서 여러분은 다섯 가지 사례개념화 방법을 소개받을 것이다. 각 장에서는 해당 설명모형을 반영한 종합형 사례개념화의 다섯 사례를 제시할 것이다. 그리고 각 장마다 동일한 사례를 분석하고, 사례개념화 진술문을 제시할 것이다. 6장은 생리심리사회적 사례개념화에 초점을 둘 것이고, 7장에서는 인지행동적 사례개념화를 설명하며, 8장은 단기역동 사례개념화에 초점을 둘 것이다. 9장은 Adler 사례개념화를 다루고, 10장은 수용전념치료 사례개념화에 초점을 둘 것이다. 부록에는 추가적으로 표, 그림 그리고 양식을 첨부하였다.

　각 장에는 사례개념화를 하기 위해 특정한 치료적 접근들을 결합하기에 충분할 만큼 범위가 넓은 통합형 모형을 제시하였다.

　여러분은 각 장에 있는 다섯 사례에 대한 종합형 사례개념화에 주목해야 할 것이다. 각 장에는 열여덟 개 요소에 대한 정보를 요약한 표와 거기서 제시된 정보를 서술한 사례개념화 진술문이 포함되어 있다. 각 장에서는 '유발요인' '상담전략' 그리고 '상담개입'에 역점을 두었는데, 이는 이 요소들이 다섯 가지 구조화된 사례개념화 방법의 특징적인 부분이기 때문이다.

　사례개념화 표와 진술문에 나오는 요소들은 대부분 모든 사례에서 동일하거나 유사한데, 이는 사례개념화의 공통적인 구조 때문에 그렇다. 가르치고 배우는 입장에서 우리는 사례개념화에서 변하지 않는 요소들에 대한 이러한 반복이 이 만만찮은 능력을 학습하고 연마하는 과정에 유용하고 필요하다는 것을 알게 되었다. 이것은 우리가 강의와 워크숍에서 활용하고 있는 학습전략의 중요한 부분이다. 각 장의 마지막에 있는 질문은 집단토론 또는 자율학습의 심화를 도와 줄 것이다.

여기서 다음과 같은 질문이 제기될 수 있다. 모든 사례개념화에 열여덟 개의 요소 모두가 반드시 포함되어야만 할까? 그 대답은 '아니다'이다. 어떤 상담자는 특정 사례개념화의 경우 그들이 작성한 사례개념화의 상담개입 공식화 부분에 더 적은 요소로도 충분하다고 생각할 것이다. 문화적으로 다양한 배경이 없는 내담자들을 주로 상담하는 상담자는 문화적 공식화가 필요 없다고 생각할 수도 있고, 이를 제외하기도 할 것이다. 요점은 여러분이 열여덟 개의 요소 모두를 포함시킬 필요는 없다는 것이다. 아마도 호소문제, 촉발요인, 부적응적 패턴, 적응적 패턴, 상담목표, 상담개입을 포함한 열두 개 내지 열세 개의 요소로 충분하다는 것을 알게 될 것이다. 다만 요소들을 더 많이 제외할수록 사례개념화의 설명력과 예측력이 더 낮아진다는 것은 알고 있어야 한다.

여러분은 왜 단기역동심리치료 접근이 역동적 심리치료의 장에서 선택되었는지 궁금할 것이다. 거기에는 몇 가지 이유가 있다. 그 이유 중 가장 중요한 이유는 단기역동심리치료 접근이 오늘날 정신역동치료 중에서 가장 보편적으로 교육되고 실행되는 것이기 때문이다. 또한 그것이 연구와 증거 기반의 접근이자 능력 기반의 접근이기 때문이다 (Binder, 2004; Binder & Betan, 2013). 여러 정신역동 접근 중에서 학습하고 활용하기가 가장 쉽다. 무엇보다도 이 단기역동심리치료는 사례개념화를 할 때 분명하게 규정된 간단한 규약을 가지고 있다.

마지막으로, 2부의 각 장들은 사례개념화를 작성할 때 여러분의 사례개념화 능력을 향상할 수 있도록 연습 기회를 제공할 것이다. 각 장의 마지막 부분에는 설명을 제시하고, 각 장의 부록에는 연습문제에 대한 답을 제시하였다.

🖥️ 참고문헌

Binder, J. L. (2004). *Key competencies in brief dynamic psychotherapy: Clinical practice beyond the manual.* New York, NY: Guilford.

Binder, J. L., & Betan, E. J. (2013). *Core competencies in brief dynamic psychotheray: Becoming a highly effective and competent brief dynamic psychotherapist.* New York, NY: Guilford.

6장

생리심리사회적 사례개념화

　이 장에서는 비이론적이며 광범위한 영역을 다루는 사례개념화 방법을 기술하고 설명할 것이다. 정신역동 이론들 중 한 이론, 인지행동 이론 또는 대인관계 이론에 기반을 둔 대부분의 사례개념화 방법과 달리, 생리심리사회적 방법은 대부분 비이론적이다. 모두 그렇지는 않지만 보다 좁은 영역에 초점을 두는 대부분의 이론 기반 방식과 달리, 생리심리사회적 방법은 보다 광범위한 영역에 초점을 두며, 인간 경험의 세 영역, 즉 생리적·심리적·사회문화적 영역의 상호작용을 포괄한다. 생리심리사회적 방법은 생리적 영역에 대한 인식 때문에 심리치료 방법의 접근들 중 색다르다.

　생리적인 토대 때문에 이 방법은 처방의 권한이 있는 정신과 의사, 심리치료 전문가, 간호사와 처방의 권한은 없지만 인간의 기능과 안녕에 대한 생리적 영역의 영향에 민감한 여러 상담자에게 상당한 매력이 있다. 이 방법은 심리적 영역을 강조하는 접근들보다 두 개의 영역이 더 포함되기 때문에, 절충적 상담을 하는 상담자들에게도 매력적이다. 이는 이 방법의 지지자들이 모두 절충주의자라는 말이 아니라, 이 방법 자체가 모든 치료적 접근에서 상담개입을 구체화할 수 있도록 도와준다는 말이다. 어떤 사람은 이 방법으로 진단, 증상 감소, 약물치료를 강조한 좁게 초점을 맞춘 사례개념화를 전개할 수도 있고, 다른 사람들은 자신의 훈련, 경험, 성향 때문에 보다 포괄적인 진단적 공식화와 임상적 공식화를 기반으로 한 광범위한 상담개입을 구체화할 수도 있다. 특정 내담자의 욕구와 기호에 '맞는' 상담을 탐색해 보려는 상담자는 다른 사례개념화 방법의 독특한 요소들이 자신이 상담하는 내담자의 상황을 '알맞게' 개선할 수 있는지 검토하고, 결국 인지행동적 사례개념화(또는 역동적 사례개념화, Adler 사례개념화 등)와 비슷한 사례개념화를 할 수도 있다.

　이 장은 생리심리사회적 관점에 대한 기술과 기본 전제로 시작할 것이다. 그다음 생리심리사회적 평가와 관련된 요인들을 설명하고, 이런 형태의 평가를 요약할 수 있는 몇 가지 지침을 제시할 것이다. 그러고 나서 생리심리사회적 사례개념화를 실행하고 진술문을 작성하는 과정을 설명할 것이다. 이 과정은 1장에서 소개한 다섯 상담사례에 적용될 것이다.

생리심리사회적 관점

　생리심리사회적 관점은 의학적 문제와 심리적 문제에 대해 생각하고 상담하는 보다 통합적이고 종합적인 방식으로, 1977년에 George Engel이 제안한 것이다(Engel, 1977). 그 이후 생리심리사회적 관점은 정신의학, 심리학, 사회복지학, 최근에는 상담학 분야에까지 점차 그 영향력을 넓혀 가고 있다. 어떤 사람은 이 관점이 체계이론의 관점에서 가장 잘 이해된다고 주장하지만, 대부분의 사람은 그렇게 생각하지 않는다. 실제 상담 현장에서 생리심리사회적 사례개념화 방법은 비이론적 방법처럼 활용된다. 여러분은 이 사례개념화 방법이 때로는 임상적 방법으로 언급된다는 것을 알고 있어야 한다(Sperry, Gudeman, Blackwell, & Faulkner, 1992).

　이 관점은 세 영역, 즉 생리적 · 심리적 · 사회문화적 영역의 취약점과 자원을 강조한다. 취약점이란 문제, 증상 또는 손상을 일으키는 감수성을 의미한다. 이 관점에서의 핵심 요인들은 스트레스 요인, 내담자의 취약점과 자원, 기능 또는 손상의 수준이다. 이 관점의 기초가 되는 네 가지 기본 전제는 다음과 같다(Sperry et al., 1992).

1. 내담자의 문제는 단일 원인보다는 생리적 · 심리적 · 사회적 요인을 포함한 여러 원인의 관점에서 봐야 가장 잘 이해된다.
2. 내담자의 문제는 내담자의 생리적 · 심리적 · 사회적 취약점의 관점에서 봐야 가장 잘 이해된다.
3. 내담자의 문제는 내담자의 취약점과 자원에서 생긴 스트레스 요인들(생리적 · 심리 내적 · 대인관계적 · 환경적 요인)을 극복하려는 내담자의 노력의 결과로 봐야 가장 잘 이해된다.
4. 내담자의 문제는 단일 상담 방법보다는 내담자의 욕구와 기대에 맞춰서

만든 다양한 상담 방법으로 해야 가장 잘 치료된다.

요약하자면, 스트레스 요인들은 내담자의 취약점과 자원을 활성화하고, 증상은 내담자의 취약점과 자원에서 생긴 스트레스 요인들을 극복하려는 내담자의 노력의 결과로 해석한다. 따라서 상담은 증상의 개선과 다양한 맞춤형 접근을 통해 내담자의 생활 기능 수준이 향상되도록 하는 것이다.

생리심리사회적 평가

생리심리사회적 관점에서의 평가에는 관련 생리적 · 심리적 · 사회적 요인들, 즉 취약점과 자원 또는 보호요인에 대한 확인이 포함한다. 하나의 요인은 내담자의 행동, 증상 그리고 손상된 기능에 대한 설명을 제공하는 범위와 관련되어 있다. 생리적 요인에 대한 기술에는 내담자의 건강 상태와 가족의 건강 상태에 중점을 두고, 건강력, 약물치료, 병원치료, 환경독소에의 노출, 물질 사용(알코올, 불법 약물, 니코틴, 카페인)이 포함된다. 심리적 요인에 대한 기술에는 성격 스타일과 대처 능력에 중점을 두고, 적응적/부적응적 신념, 정서와 정서 조절, 행동 과다와 행동 결핍, 기술 결핍, 회복탄력성과 대처 능력이 포함된다. 사회적 요인에 대한 기술에는 가족 역동과 사회적 지지에 중점을 두고, 친구와 동료의 영향, 학교 또는 업무의 요구사항, 환경과 지역사회의 위험요소가 포함된다.

특정한 내담자에게 영향을 미치는, 관련 생리심리사회적 요인들을 평가하기 위한 네 가지 지침은 다음과 같다.

1. 관련 생리적 요인들, 특히 내담자와 가족의 건강 상태를 확인하고 평가한다. 내담자의 건강력과 건강 행동, 호소문제, 다시 말해서 증상의 심각

도와 정신상태 평가, 가족의 정신병력을 유념하면서, 유전, 의학적 상태, 의사의 처방 약물 또는 처방전 없이 구입할 수 있는 일반 의약품과 비타민, 알코올·약물·카페인·니코틴 등의 물질 사용과 같은 생리적 요인이 내담자의 증상을 유발하거나 악화시킬 수 있는 가능성을 검토한다. 그리고 이런 생리적 요인들을 요약한 진술문을 작성한다.

2. 관련 심리적 요인들, 특히 성격 스타일과 대처 능력을 확인하고 평가한다. 내담자의 호소문제, 과거 정신병력 또는 알코올·약물 남용(AODA) 내력, 발달사, 성격 평가나 Beck 우울검사 같은 다른 심리 평가의 결과를 유념하면서, 내담자의 성격, 대처양식, 내적-외적 스트레스 요인을 검토하고, 심리내적 갈등, 왜곡된 대상관계, 부적응적 행동, 부적응적 신념과 스키마 등 여러 심리요인이 내담자의 증상과 기능 손상에 어떤 식으로 어떻게 영향을 미치는지 가설을 세워 본다. 그리고 이런 심리적 요인들을 요약하는 진술문을 작성한다.

3. 관련 사회문화적 요인들, 특히 가족 역동과 사회적 지지를 확인하고 평가한다. 내담자의 사회적 배경을 유념하면서, 내담자의 사회적 맥락과 외적 스트레스 요인을 검토하고, 가족 역동, 사회적 지지망, 민족성, 소외, 단절, 빈곤, 편견, 규율 위반, 힘과 주도권, 친밀한 관계의 갈등, 친구관계 및 관계 기술 결핍 등의 여러 사회적 요인이 내담자의 증상과 기능 손상에 어떻게 영향을 미치는지 가설을 세워 본다. 그리고 이런 사회, 가족, 문화적 요인들을 요약한 진술문을 작성한다.

4. 이상의 생리적·심리적·사회문화적 요인들을 생리심리사회적 평가 진술문에 통합한다. 내담자의 증상, 기능적 손상 또는 갈등에 나타나는 다양한 생리적·심리적·사회문화적 취약점을 상세히 기술한다. 이런 요인들 간의 상호작용을 검토한다. 그리고 이런 취약점들을 통합한 종합 평가 진술문을 작성한다. 이 진술문은 임상적 공식화의 '유발요인'과 상담개입 공식화의 여러 요소에 대해 알려 줄 것이다.

생리심리사회적 사례개념화 방법

여기에 제시하는 생리심리사회적 사례개념화 방법은 이 책에서 기술하는 다른 네 가지의 이론적 방법과 몇 가지 공통 요소를 공유한다는 점에서 비슷하다. 그러나 이 방법은 또한 그것의 특징적인 요소들 때문에 다른 네 가지의 방법과는 다르다. 이런 특징적인 요소에는 유발요인, 상담목표, 상담의 초점, 상담전략 그리고 상담개입이 있다.

〈표 6-1〉에 이러한 다섯 개의 특징적인 요소를 설명하였다.

표 6-1 생리심사회적 사례개념화의 주요 요소

유발요인	생리적 취약점(예: 내담자의 건강과 가족의 건강)	
	심리적 취약점(예: 성격 스타일과 대처 능력)	
	사회문화적 취약점(예: 가족내력, 사회적 관계 내력, 지지망)	
상담목표	증상 감소, 정상치로 환원 또는 기능의 증진	
상담의 초점	생리적 · 심리적 · 사회문화적 취약점에 의해 촉발되거나 악화된 문제적 상황	
상담전략	기본 상담전략	필요시 생리적 · 심리적 · 사회문화적 영역 모두를 다룸
	공통 상담전략	지지, 대체, 심리교육, 약물치료
상담개입	약물 평가 및 모니터링, 준비도와 상담 순응의 문제에 유의하기, 지지치료(예: 격려), 인지행동적 개입(예: 부적응적 사고와 행동을 보다 적응적인 것으로 대체), 이완, 역할연기, 주요 타자 · 가족 · 직장상사 등을 포함하는 행동 활성화 지지 집단 및 심리교육 집단	

생리심리사회적 사례개념화: 다섯 사례

생리심리사회적 사례개념화를 실행하는 과정이 다섯 개의 다른 사례를 통해 설명될 것이다. 각 사례에 대한 배경 정보에 이어서, 이 사례개념화 방법과 밀접하게 관련된 주요 정보를 찾아내는 평가 단락이 나올 것이다. 각 사례에 대한 (2장과 3장에서 설명한) 진단적 공식화, 임상적 공식화, 문화적 공식화의 열 개 요소와 (4장에서 설명한) 상담개입 공식화의 여덟 개 요소는 표로 요약하였다. 마지막으로 이런 정보들을 통합한 설명이 사례개념화 진술문으로 제시될 것이다. 첫 번째 단락에 진단적 공식화와 임상적 공식화, 두 번째 단락에 문화적 공식화, 세 번째 단락에 상담개입 공식화를 기술하였다.

Geri의 사례

Geri는 업무 비서로 일하는 35세의 아프리카계 미국 여성이다. 그녀는 미혼이고, 혼자 살고 있으며, 3주 동안 우울증과 사회적 고립이 지속되어 평가와 상담이 필요하다고 본 그녀 회사의 인력자원부 책임자에 의해 의뢰되었다. 그녀의 결근으로 상담의뢰가 빨라졌다. Geri의 증상은 상사가 그녀에게 승진 대상이라고 말한 직후 시작되었다. 어린 시절, 그녀는 가족과 또래들에게 비난받고 괴롭힘을 당하면 다른 사람들을 피해 고립되어 있었다고 보고했다.

생리심리사회적 평가   그녀의 가족력에서 우울증에 대한 생리학적 취약점이 드러났다. Geri는 부모님이 항우울제 처방을 받은 이모에 대해 이야기했던 것을 떠올렸다. 그녀는 약간의 비만 외에는 건강이 좋다고 하였다. 그녀는 약물, 알코올 또는 마약은 사용하지 않는다고 했다. 그녀의 발달사와 사회적 배경을 통해서 부모님이 그녀에게는 정서적 지지를 거의 해 주지 않고 남동생을 편애했으며, 그녀에게 지나친 요구를 하고, 비판적이며, 정서적으로 거리를 둔 것으로 드러났다. 게다가 그녀는 동네와 학교의 또래들에게 주기적으로 괴롭힘과 놀림을 당했다. 다른 사람의 비판과 괴롭힘에 맞서 싸우거나 상쇄시키기보다는 사회적 고립, 거절에 대한 민감함, 타인 회피에 대한 내력이 있다. 어린 시절의 절친한 친구는 없고, 주변에 그녀가 편안하게 느끼는 직장 동료가 단 한 명 있다고 보고하였다. 그녀는 고모 외에는 가족과 거의 연락을 하지 않고 있다. 대학생활과 몇 년간의 직장생활 경험에도 불구하고, 그녀에게 자기표현, 친구관계 기술, 문제해결 기술에서의 중대한 결함이 계속되고 있다는 점은 주목할 만하다. 게다가 그녀는 그녀가 전적으로 신뢰하지 않는 주위 사람들과 함께 지내는 것에 대한 자신감이 부족하다. 그녀는 단일 삽화 주요우울장애와 회피성 성격장애 진단 기준에 충족된다. 〈표 6-2〉에 종합형 사례개념화의 주요 요소에 따라 진단적 평가와 생리심리사회적 평가의 결과를 요약하였다.

사례개념화 진술문   Geri의 사회적 고립감 증가와 우울 증상(호소문제)은 그녀가 승진 대상이며 새로운 상사가 고려되고 있다는 소식(현재의 촉발요인)과 친밀한 관계로부터의 요구 그리고 그녀가 비난받고, 거부당하고, 위험을 겪을 것이라는 예상(지속적인 촉발요인)에 대한 반응으로 보인다. 그녀는 살아오는 내내 가능한 한 타인을 회피하고, 평소에 타인과 조건적으로 관계를 맺는 것이 더 안전하다는 것을 알았다. 그 결과, 그녀는 주요 사회적 기술이 부족하고, 제한된 사회적 관계를 맺어 왔다(부적응적 패턴). 그녀의 반응과 패턴은 거절에 대한 민감함, 자기표현 못함, 비판적인 부모, 타인에게 개인과 가족에 대한 노출 금지명령 그리고 또래들의 괴롭힘과 비난을 고려해 보면 이해할 수 있다. 우울증에 대한 그녀의 가족력은 생물학적으로 슬픔과 사회적 고립에 취약하게 만들었고, 관계 기술 개발을 부족하게 하였다

표 6-2 생리심리사회적 사례개념화의 요소

호소문제			사회적 고립감 증가, 우울 증상
촉발요인			그녀가 승진 대상이며 새로운 상사가 고려되고 있다는 소식(현재의 촉발요인), 친밀한 관계에 대한 요구와 그녀가 비판받으며 거부당하고 위험을 겪을 것이라는 예상(지속적인 촉발요인)
부적응적 패턴			안전하지 않다고 느낄 때 타인을 회피하고 관계를 끊음
유발요인	생리적 요인		우울증에 대한 가족력
	심리적 요인		수줍음, 회피적임, 자기표현 못함, 거절에 민감함
	사회적 요인	현재	비판적이고 요구하는 것이 많은 사람을 회피함
		과거	요구하는 것이 많고 비판적이며 정서적으로 도움이 되지 않는 부모, 괴롭히고 조롱하며 비난하는 또래들
유지요인			수줍음, 혼자 살고 있음, 일반화된 사회적 고립에 의해 유지됨
보호요인/강점			친하고, 믿음이 가는 친구와 지인, 안정되고 의미 있는 직장, 직무조정을 요청할 수 있는 자격
문화적 정체성			한정된 민족적 유대가 있는 중산층 아프리카계 미국인
문화적 스트레스/문화적응			높은 수준의 문화적응, 뚜렷한 문화적응 스트레스는 없으나 가족 성역할이 그녀가 무능하다는 생각을 강화함
문화적 설명			슬픔은 업무 스트레스와 뇌의 화학적 불균형에서 온 것임
문화 그리고(또는) 성격			성격 역동이 의미 있게 작용함
적응적 패턴			보다 안전함을 느끼며 타인과 관계 맺기
상담목표			(1°) 우울 증상의 감소, 사회적인 어울림 증가, 업무 복귀 (2°) 타인과 관계를 맺는 능력을 증가시키고 타인과 효과적으로 일하기
상담의 초점			BPS(생리심리사회적) 취약점에 의해 촉발되거나 악화된 문제적 상황
상담전략			약물 치료, 지지, 대체, 기술 훈련
상담개입			약물 평가 및 모니터링, 지지치료, 부적응적 사고와 행동 대체, 심리교육 집단, 직장 상사와의 협력
상담의 장애			상담자를 '시험'함, 집단상담에 저항할 가능성, 상담자에 대한 지나친 의존, 종결의 어려움
문화적 상담			성(gender)이 문제가 될 수 있으므로 지지적인 여성 상담자 배정
상담의 예후			사회적 관계와 기술이 증가하고 업무에 복귀한다면 좋음

(유발요인). 이런 패턴은 그녀의 수줍음, 혼자 산다는 사실, 제한된 사회적 기술, 사회적으로 고립되는 것이 더 안전하다는 깨달음에 의해 유지되고 있다 (유지요인). Geri는 친한 직장 동료와 안정된 애착이 형성되어 있고, 또한 여러 해의 고용기간 내내 직장에서 열심히 일하고 있다. 그녀는 또한 「미국장애인복지법」과 같은 법률에 의거하여 직무조정을 요청할 수 있다(보호요인/강점).

그녀는 스스로 중산층 아프리카계 미국인으로서의 정체감을 갖고 있으나 아프리카계 미국인 공동체에는 참여하지 않고 있다(문화적 정체성). 그녀는 부모처럼 높은 수준의 문화적응을 보이지만, 그녀의 가족체제는 남성에게 더 높은 가치를 두고 있다. 남성에 대한 이런 편애는 그녀가 쓸모없고 무능하다는 생각을 강화한 것으로 보인다(문화적 스트레스/문화적응). 그녀는 자신의 우울증이 업무 스트레스와 뇌의 '화학적 불균형'의 결과라고 생각한다(문화적 설명). 의미 있게 작용하는 문화적 요인은 없다. Geri의 성격적 역동이 최근의 임상적 호소문제에 중요하게 작용하고 있으나, 성역할은 검토해 봐야 한다[문화 그리고(또는) 성격].

Geri의 도전과제는 보다 효과적으로 기능하고, 타인과 관계를 맺을 때 더 안전함을 느끼는 것이다(적응적 패턴). 1차 목표(1°)는 우울 증상을 줄이고, 그녀의 대인 간 친교 기술을 향상시키며, 업무 복귀를 돕고, 사회적 관계망을 넓히는 것이다. 2차 목표(2°)는 타인과 관계를 맺는 능력을 증가시키고 다른 사람들과 효과적으로 일하도록 하는 것이다(상담목표). BPS(생리심리사회적) 취약점에 의해 촉발되거나 악화된 문제적 상황에 초점을 맞춘 상담이 상담의 중심이 되어 상담목표를 유지할 것이다(상담의 초점). 상담의 기본 전략은 보다 적응적인 패턴을 촉진하고 기능을 향상시키면서 그녀의 취약점을 집중적으로 다루는 것이다. 구체적인 상담전략에는 약물치료, 지지, 대체 그리고 기술훈련이 포함된다(상담전략). 처음에 약물치료, 지지 그리고 일상생활과 책임을 완수할 수 있도록 그녀를 충분히 활기차게 만들기 위한 방법인 행동 활성화를 통해 그녀의 우울 증세를 감소시킬 것이다. 다음으로 인지행동 대체를 통해 타인의 거절에 대한 민감함과 고립을 집중적으로 다룰 것이다. 그다음 집단상담 장면에서의 사회적 기술 훈련은 자기표현, 신뢰 그리고 친구관계 기술에 역점을 둘 것이다. 마지막으로, Geri의 직장 상사 및 인력자원 책임자와 협력하여 그녀가 보다 나은 업무 환경으로 복귀하여 적응할 수 있도록 노력할 것이다. 상담은 (정신과 의사의 자문을 받아) 내과 의사가 관리하는 약물치료와 병행될 것이고, 인지행동 대체는 개인상담 형태로 즉시 시작하고 집단상담의 형태로 전환시킬 준비를 할 것이다(상담개입). 상담에서는 몇 가지 장애와 도전을 예상할 수 있다. 그녀의 회피적 성격구조를 고려해 보면 모호한 저항을 할 가능성이 있다. 그녀는 상담자와 개인적인 문제를 이야기하는 것을 어려워할 것이고, 막판에 상담 약속을 바꾸거나 취소하고, 지각을 하여 상담자가 그녀를 비난하도록 '시험'하고 자극할 수도 있고, 꾸물거리고 감정을 회피하기도 하고, 그 외에 상담자의 신뢰성을 '시험'할 수도 있다. 일단 상담자와의 신뢰가 형성되고 나면, 상담자와 상담에 의존할 가능성이 있으며, 상담실 밖의 사회적 지지체계가 증가하지 않는 한 종결이 어려울 수도 있다. 게다가 그녀의 회피 패턴은 집단상담에 참여하고 지속하는 것을 어렵게 할 가능성이 있다. 수용적이고 비판단적인 집단상담자와 여러 번 만나도록 하여 개인상담에서 집단상담으로 전환할 수 있도록 도와야 한다. 이것은 Geri의 안전감을 높여서 집단 장면에서 어려움 없이 자기노출을 하도록 할 것이다. 전이 재연도 고려해야 한다. 부모와 또래들의 비판과 놀림의 정도를 감안해 볼 때, 상담자가 조급해하고 언어적 · 비언어적 비난의 징후를 보이면 이러한 전이가 활성화될 것으로 예상된다. 마지막으로, Geri는 그녀가 믿는 사람들에게 집착하는 경향이 있으므로 종결을 앞둔 마지막 4~5회기 정도는 독립적으로 기능하는 데 자신감을 갖도록 해야 종결에 대한 그녀의 양가감정을 줄일 수 있을 것이다(상담의 장애).

　Geri의 성격 역동을 고려해 보면, 상담 진행에서 문화적 스트레스가 크게 영향을 미치지는 않을 것이다. 그러나 가족 안에서의 성역할, 긴장이 고조된 아버지와의 관계와 그 후 남성들과의 제한된 관계를 고려해 보면 성 역동이 치료적 관계에 영향을 줄 수 있다. 따라서 상담의 초기단계에는 개인상담과 집단상담 둘 다 여성 상담자가 하는 것이 바람직해 보인다(문화적 상담). Geri가 상담실 안과 밖에서 자신감을 키우고, 관계 기술과 사회적 접촉을 늘리고, 업무에 복귀한다면 예후는 좋을 것으로 판단된다. 만약 그렇지 않다면 예후는 조심이다(상담의 예후).

Antwone의 사례

Antwone은 20대 중반의 아프리카계 미국인 해군수병으로, 별것 아닌 도발에 다른 해군 요원들을 때렸다. 최근 그의 부대 사령관은 그에게 강제적으로 상담을 받도록 명령하였다. 그는 어릴 때부터 해군에 입대할 때까지 위탁 보호되어 살았는데, 주로 학대적인 아프리카계 미국인 입양가족과 함께 살았다.

생리심리사회적 Antwone은 아프리카계 미국인 입양가족에게, 특히 그
평가 를 협박하기 위해 인종차별적인 욕을 했던 양어머니에게 무시와 정서적·언어적·신체적 학대를 당했고, 그가 소년일 때 양어머니의 성인 딸이 반복적으로 성적 희롱을 했다고 말했다. 15세 때 그는 학대에 굴복하지 않고, 양어머니에 맞서서 학대를 효과적으로 멈추게 했다고 보고하였다. 이로 인해 그는 집에서 쫓겨났다. 그 이후 그는 선택적으로 보복하고, 공격적이며 방어적이 되었고, 거절에 더욱 민감해졌다. 해군에 입대하면서 안정감을 찾았고, 성장하고 학습할 수 있는 기회가 되었다. 그는 좋은 수병이 되려고 노력했지만, 그의 동료들은 주기적으로 그를 비웃었고, 백인 동료들과 장교들은 그를 부당하게 대했다고 보고했다. 입양가족의 무시와 학대 이외에 그에게는 정서적으로 그를 지지해 주는 절친한 동성

친구가 있었다고 한다. 그러나 그 친구는 Antwone이 해군에 입대하기 직전에 갑작스럽게 사망했다. 한 여성과 가깝고 친밀한 관계를 맺고 싶었지만, Antwone은 미숙했고 쉽게 친밀해지지도 못했다. 명백하게 드러난 생리적인 유발요인은 없었다. 〈표 6-3〉에 종합형 사례개념화의 주요 요소에 따라 진단적 평가와 생리심리사회적 평가의 결과를 요약하였다.

사례개념화 진술문　　타인을 향한 Antwone의 언어적 · 신체적 공격과 타인의 의도에 대한 혼란(호소문제)은 폭력적인 싸움을 일으킨 동료들의 놀림과 도발(현재의 촉발요인)뿐만 아니라 동료와 권위 있는 대상에 대한 지각된 부당함(지속적인 촉발요인)에 대한 반응으로 보인다. 살아오는 동안 내내 Antwone은 인정받으려고 애썼고, 무시당하고 학대받고 버림받았던 것을 이해하려고 했으며, 위협적이거나 부당하게 지각되는 상황에 직면하면 공격적으로 맞서고, 타인과 조건적으로 관계를 맺음으로써 스스로를 보호하였다(부적응적 패턴).

(유발요인). 갈등해결 기술의 결핍과 함께 그의 제한된 정서조절 능력이 이러한 패턴을 유지시키고 있다(유지요인). Antwone은 여러 가지 상담의 보호요인과 강점이 있는데, 여기에는 그의 유일한 애착 대상이었던 어린 시절의 가장 친했던 친구가 포함된다. 그는 똑똑하고, 다방면에 흥미가 있는 독서가이며, 적어도 최근까지는 정상적으로 진급을 하였다. 또한 그는 시를 쓰고, 두 가지

표 6-3 생리심리사회적 사례개념화의 요소

호소문제	언어적 · 신체적 보복, 혼란		
촉발요인	다른 수병들과 폭력적인 싸움을 일으키는 갈등(현재의 촉발요인), 동료와 권위 있는 대상에 대한 지각된 부당함(지속적인 촉발요인)		
부적응적 패턴	맞서고 타인과 조건적으로 관계 맺음		
유발요인	생리적 요인	특기할 만한 사항 없음	
	심리적 요인	공격적임, 충동적임, 의심이 많음, 방어적임, 거절에 민감함	
	사회적 요인	현재	동료들의 괴롭힘과 학대, 권위 있는 대상의 독단적인 행동
		과거	입양가족의 무시와 학대, 지지적이고 절친했던 친구의 죽음
유지요인	의심 많음, 정서 조절과 갈등해결의 부족		
보호요인/강점	가장 친한 친구가 안정된 애착의 대상이었음, 똑똑하고 다방면에 관심이 있는 열정적인 독서가, 창의적임, 군복무에 충실함		
문화적 정체성	아프리카계 미국인, 양가감정의 민족적 유대		
문화적 스트레스/ 문화적응	높은 수준의 문화적응이 되어 있지만, 상당한 문화적 스트레스가 있음		
문화적 설명	인종적 비하, 백인 동료와 상관의 인종적 도발		
문화 그리고(또는) 성격	성격과 문화적 요인들이 함께 작용함		
적응적 패턴	신중하게 타인과 접촉하며 관계 맺기		
상담목표	(1°) 분노와 충동조절, 긍정적인 대처 기술 향상시키기, 원가족 찾기 (2°) 타인과 안전하게 관계 맺는 능력 향상시키기		
상담의 초점	생리심리사회적 취약점으로 인해 촉발되거나 악화된 문제적 상황		
상담전략	심리적 · 사회적 취약점을 집중적으로 다룸, 적응적 기능 촉진, 지지, 대체, 기술 훈련과 심리교육, 인지적 재구조화		
상담개입	부적응적 사고와 행동 대체, 충동 · 정서 조절 기술 훈련 집단, 인정해 주기, 생물학적 가족 찾기 격려		
상담의 장애	남성 상담자와 전이-역전이 재연, 공격적인 행동 나타냄, 상담자에게 의존하고 그를 이상화함		
문화적 상담	입양가정의 편견과 학대를 치료적으로 구조화하여 다룸		
상담의 예후	좋음에서 매우 좋음		

외국어도 배우고 있다. 게다가 그는 지난 공격적인 행동에 대해 처벌조치를 대신하여 상담과 치료를 받도록 권장하는 군복지제도의 혜택을 받고 있다(보호요인/강점).

Antwone은 아프리카계 미국인으로서의 정체성을 갖고 있으며, 약간의 민족적 유대를 유지하고 있다(문화적 정체성). 그는 높은 수준의 문화적응을 보이지만, 그의 문화적 신념에 의해 악화된 것으로 보이는 인종차별을 계속 많이 경험하고 있다(문화적 스트레스/문화적응). 그는 자신의 문제가 아프리카계 미국인 입양가족의 인종적 비하와 학대 그리고 백인 동료와 해군 상관들의 인종적 도발의 결과라고 생각한다(문화적 설명). 성격과 문화적 요인들이 모두 작용하는 것으로 보인다[문화 그리고(또는) 성격].

Antwone이 더 효과적으로 기능하기 위해 도전해야 할 과제는 신중하게 타인을 알아 가고 믿어 가면서 그들과 관계를 맺는 것이다(적응적 패턴).

(상담목표). 생리심리사회적 취약점으로 인해 촉발되거나 악화된 문제적 상황에 초점을 두는 상담이 상담의 중심이 되어 상담목표를 유지할 것이다(상담의 초점). 병행되는 상담전략에는 치료적 지지, 대체, 심리교육이 포함된다(상담전략).

(상담개입). 특정한 상담의 장애와 도전을 예상할 수 있다. Antwone은 친절한 상담자를 그가 전혀 경험해 보지 못한 긍정적인 아버지상과 역할 모델로 빠르게 동일시할 가능성이 있다. 또한 이것이 전이-역전이 재연을 일으켜서 그가 공격적으로 행동하도록 할 가능성도 있다(상담의 장애). 성격과 대인관계 상담에 초점을 두는 것과 더불어 효과적인 상담 결과를 얻으려면 편견의 문화적 차원, 즉 백인 동료와 상관들의 편견뿐만 아니라 그의 흑인에 대한 흑인의 편견 경험을 다룰 필요가 있다. 그에 대한 입양가족의 편견과 학대는 그들의 조상들로부터 그에게 전해진 자기혐오라는 관점에서 치료적으로 구조화하는 것이 유용할 것이다. 그다음 이를 치료적으로 다룰 수 있을 것이다. 그는 독서광이므로, 이러한 형태의 편견을 분석하고 설명하는 책과 기사를 활용한 독서치료가 유용한 치료적 매체가 될 수 있다(문화적 상담). Antwone은 상담에 도움이 되는 여러 강점과 자원이 있는데, 여기에는 지적 능력, 다양한 관심사에 대한 독서, 최근까지의 정상적인 진급, 시 쓰기와 두 가지 외국어 학습이 포함된다. 이런 자원들에 변화하고자 하는 그의 동기를 더하면 예후는 좋음에서 매우 좋음으로 보인다(상담의 예후).

Maria의 사례

Maria는 17세의 1세대 멕시코계 미국 여성으로 기분 변화 때문에 상담에 의뢰되었다. 그녀는 집에 남아서 말기의 병을 앓고 있는 어머니를 간호하지 않고 대학으로 공부하러 떠나야 하는지에 대한 결정을 두고 갈등하고 있다. 가족은 그녀가 집에 남기를 바라고 있다. 그녀는 언니에게 화가 났는데, 언니는 부모님이 그들의 문화에서는 부모가 나이 들거나 병에 걸리면 부모를 보살필 것을 '요구한다'고 주장하자 17세에 집을 나갔다. 그녀의 백인 친구들은 그녀에게 대학에 가서 꿈을 펼치라고 권하고 있다.

생리심리사회적
평가　　Maria는 단 한 번 시험 삼아 술을 마신 것 때문에 부모님의 강요로 상담을 받으러 왔다. 약물 남용이나 다른 정신장애에 대한 가족력은 없으며, Maria는 "술에 관심 없어요." "술은 나를 아프게 할 뿐 나를 위해 해 줄 수 있는 게 없더라고요."라고 말했다. 그녀는 건강에는 문제가 없다고 보고하였고, 약물은 사용하지 않으며, 단 한 번 술을 마신 것 외에는 기분 전환용 약을 사용한 적도 없다고 했다. 심리적 문제나 약물 사용 문제에 대한 가족력도 없고, 이런 문제로 상담한 적도 없다. 성격 스타일로 보면, Maria는 다른 사람의 호감을 사려 하고, 타인에게 의존하며, 그녀의 다른 의견을 표현하기 어려워 하고, 자기표현을 잘 못한다. 그녀의 부모님은 상당히 엄격하고 요구가 많으며, 성인이 된 딸은 나이가 들거나 아픈 부모를 보살피기 위해 자신의 삶을 포기해야 한다는 '옛날 방식'을 고수하고 있다. 백인계 친구들은 그녀에게 가족에게서 벗어나라고 권하고 있는 반면에, 그녀의 부모님은 그녀가 언니처럼 반항하는 거라고 주장하고 있다. 가족은 Maria가 4세 때 멕시코에서 미국으로 이민 왔다. 주목할 점은 부모님이 Maria를 그들의 통역자로 의지하고 있다는 것이다. 〈표 6-4〉에 종합형 사례개념화의 주요 요소에 따라 진단적 평가와 생리심리사회적 평가의 결과를 요약하였다.

사례개념화
진술문　　Maria의 우울 증상, 혼란, 최근의 실험적인 알코올 사용(호소문제)은 대학으로 떠날 것인지 아니면 남아서 부모님을 보살필 것인지에 대한 압박과 갈등(현재의 촉발요인) 그리고 자립과 홀로서기의 기대 또는 자기희생으로 타인의 욕구를 충족시키려는 바람(지속적인 촉발요인)에 대한 반응으로 보인다. Maria는 지금까지 살아오면서 착한 딸과 좋

표 6-4 생리심리사회적 사례개념화의 요소

호소문제			우울, 혼란, 실험적인 알코올 사용
촉발요인			대학으로 떠날 것인지 아니면 남아서 부모님을 보살필 것인지에 대한 압박과 갈등(현재의 촉발요인), 자립과 홀로서기의 기대 또는 자기희생으로 타인의 욕구를 충족시키려는 바람(지속적인 촉발요인)
부적응적 패턴			타인의 욕구는 충족시키지만, 자신의 욕구는 충족하지 못함
유발요인	생리적 요인		단 한번 알코올을 사용한 것 외에는 없음
	심리적 요인		타인의 호감을 사려 함, 타인에게 그들과 다른 의견을 표현하기 어려움, 의존적임, 자기표현 기술의 부족
	사회적 요인	현재	엄격하고 요구가 많은 부모, 친구들은 그녀가 부모에게서 벗어나기를 바람, 부모는 그녀가 반항적이라고 함
		과거	어릴 때 이민 옴, 부모의 통역자
유지요인			의존적이며 호감을 사려는 스타일, 부족한 자기표현, 문화적 기대
보호요인/강점			건실한 가족, 사회적·종교적 가치관, 성공적인 학생, 유대가 긴밀하고 안전한 문화공동체
문화적 정체성			노동자 계층의 멕시코계 미국인
문화적 스트레스/ 문화적응			낮거나 보통 수준의 문화적응, 부모와 문화의 기대에 대한 양가감정에서 오는 스트레스
문화적 설명			'믿음의 부족'으로 문제가 발생함
문화 그리고(또는) 성격			성격과 문화적 요인들이 함께 작용함
적응적 패턴			자신과 타인의 욕구 충족하기
상담목표			(1°) 자기효능감·자기표현·의사결정 향상시키기, 우울 감소시키기 (2°) 자신의 욕구와 가족의 욕구 충족 사이의 균형 찾도록 돕기
상담의 초점			생리심리사회적 취약점으로 인해 촉발되거나 악화된 문제적 상황
상담전략			가족·대인관계의 취약점을 다룸, 적응적 기능 촉진, 지지, 대체, 기술 훈련
상담개입			지지 기법, 인지행동 대체, 동기부여와 자기표현 기술 향상을 위한 역할연기

상담의 장애	부모와 문화적 기대에 굴복할 수 있음, 상담자의 호감을 사려고 함, 상담자는 무의식적으로 자율성을 옹호할 수 있음
문화적 상담	돌보는 역할에 대한 문화적 기대와 호감을 사려는 욕구를 다룸, 부모의 문화적 기대를 다루는 가족상담
상담의 예후	보통에서 좋음

은 친구가 되려고 애썼고, 점차 자신의 욕구를 충족하기보다는 타인의 욕구를 충족시키는 데 '열중'하였다(부적응적 패턴).

＿＿＿＿＿＿＿＿＿＿＿＿＿＿＿＿＿＿＿＿＿＿＿＿＿＿＿＿＿＿＿＿＿＿

＿＿＿＿＿＿＿＿＿＿＿＿＿＿＿＿＿＿＿＿＿＿＿＿＿＿＿＿＿＿＿＿＿＿

＿＿＿＿＿＿＿＿＿＿＿＿＿＿＿＿＿＿＿＿＿＿＿＿＿＿＿＿＿＿＿＿＿＿

＿＿＿＿＿＿＿＿＿＿＿＿＿＿＿＿＿＿＿＿＿＿＿＿＿＿＿＿＿＿＿＿＿＿

(유발요인). 그녀의 낮은 수준의 자기표현과 부모님을 실망시키고 싶지 않은 마음이 이런 패턴을 유지하도록 하였다(유지요인). Maria가 가지고 있는 몇 가지 상담의 보호요인은 견실한 가족과 사회적·종교적 가치관으로, 이것은 그녀가 활기찬 삶의 목표를 설정하도록 동기를 부여하는 것이다. 그녀의 강점은 지적 능력과 과거 성공적인 학교생활이다. 그녀는 또한 안전함과 지지받음을 느낄 수 있는 유대가 긴밀한 가족과 문화공동체로부터 혜택을 받고 있다(보호요인/강점).

Maria는 자신을 전통 문화에 보통 수준으로 참여하고 있는 노동자 계층의 멕시코계 미국인이라고 하였다(문화적 정체성). 그녀의 문화적응 수준은 낮음에서 보통 수준인 반면에, 부모님의 문화적응 수준은 낮은 편이다. 그녀의 언니가 다 큰 딸은 자기 자신보다 부모의 요구에 맞춰야 한다는 문화적 명령에 따르기를 거부했기 때문에, 지금은 그 책임이 Maria에게 있다. 문화적 규범과 기대를 따를 것인지 아니면 자기 자신의 목표를 따를 것인지에 대한 양가감정이 Maria를 매우 괴롭히고 있다(문화적 스트레스/문화적응). 그녀는 자신의 문제를 낮은 수준의 문화적응과 일치하는 신념인 '믿음의 부족' 때문이라고 설명하고 있다. 그녀와 가족이 미국에 도착했을 때는 약간의 차별을 겪었지만, '보다 안전한' 멕시코계 미국인 이웃들이 있는 곳으로 이사하면서 그 일은 해결되었다(문화적 설명). 성격과 문화적 요인이 모두 작용하는 것으로 보인다. 구체적으로 의존성을 조장하는 문화적 역동, 즉 착한 딸은 잠자코 부모님을 보살펴야 한다는 것이 그녀의 의존적 성격 역동을 강화하고 있다[문화 그리고(또는) 성격].

보다 효과적으로 기능하기 위해 Maria가 도전해야 할 과제는 타인의 욕구와 자기 자신의 욕구를 함께 충족하는 것이다(적응적 패턴).

(상담목표). 생리심리사회적 취약점으로 인해 촉발되거나 악화된 문제적 상황에 초점을 맞춘 상담이 상담의 중심이 되어 상담목표를 유지할 것이다(상담의 초점). 상담목표와 상담의 초점을 양립시키는 상담전략에는 치료적 지지, 기술 훈련, 대체 그리고 심리교육이 포함된다(상담전략).

(상담개입). 예상할 수 있는 상담의 장애와 도전은 Maria가 상담자의 제안과 회기의 과제에 선뜻 동의함으로써 상담자의 호감을 사려 할 가능성과 곧이어 갈등하고 그것을 실행하지 못할 가능성이다. 또한 내담자는 부모님의 기대에 굴복할 가능성이 있다. 따라서 상담자는 상담 초기에 예측적인 판단을 하고, 이런 일이 일어나면 그것을 실패로 간주하지 말고 치료적으로 다루어야 한다. 마지막으로, 의존적인 내담자와 상담을 하는 상담자는 상담자 자신의 욕구와 가치관이 상담의 장애가 될 수 있음을 예상해야 한다. 이런 현상은 상담자가 무의식적으로 내담자를 옹호하면서, 내담자가 충분히 준비도 되기 전에 내담자에게 독립적이고 자율적이 되기를 기대할 때 일어날 수 있다(상담의 장애). 또한 효과적인 상담 결과를 얻으려면 관련 문화적 역동을 다루어야 할 것이다. 구체적으로, 믿음의 부족이 Maria 문제의 근원이라는 설명모형을 치료적으로 다루는 것이 포함된다. 이런 신념의 특징과 강도에 따라 교육과 인지적 논박이 필요할 수 있다. 또한 부모님을 보살피는 것에 대한 문화적 기대는 호감을 사려는 그녀의 욕구의 관점에서 다룰 것이다. 이 밖에 부모님이 그녀에게 하고 있는 그들의 문화적 기대를 재검토해 보고 조정할 수 있는 가족상담이 필요할 수 있다(문화적 상담). 성격과 문화의 영향 이외에, Maria를 상담으로 이끈 자원들이 예후에 영향을 주고 있다. 그녀는 영리하고 대학에 합격했으며, 이미 그녀의 욕구와 진로목표를 구체화하였다. 그러나 현재 그녀의 낮은 문화적응 수준과 의존적 성격 역동을 감안하면 상담의 예후는 보통에서 좋음 범위에 있다(상담의 예후).

Richard의 사례

Richard는 41세의 백인 남자로 최근의 이혼 이후 불안, 슬픔, 분노가 있는 것으로 평가되었다. 그는 현재 혼자 살고 있으며, 기계설비 기사로 일하고 있고, '완벽한 여자를 찾을 수 있는' 야간 업소에 자주 가고 있다. 그는 지난 6년 동안 네 개의 일자리를 가졌고, 마지막 직장에서는 여자 동료가 대든다고 주먹으로 벽을 쳐서 해고당했다. 그는 알코올중독인 부모의 외아들로, 부모는 '항상 싸웠다'고 했다.

생리심리사회적 평가 우울, 충동성 그리고 분노는 Richard와 그의 아버지의 공통된 특성이다. 아버지가 알코올을 남용한 것과 달리, Richard는 "내가 아버지처럼 된다는 생각이 너무 싫어요." 라고 말하며 어떤 알코올이나 약물도 사용하지 않고 있다. 성격 스타일로 보면 Richard는 특권의식, 공감의 부족, 거만, 건방진 태도, 피상적임 등을 포함한 여러 가지 자기애적인 특징을 보인다. 또한 그는 분노와 충동을 통제하는 데 현저한 어려움을 보인다. 그는 협력적이고 우호적인 방식으로 관계를 맺는 것이 매우 어렵다고 했다. 그는 타인의 대인관계적 요구사항을 마지못해 들어주고, 여자는 이용해야 할 대상으로 보며, 의사소통 기술이 제한되어 있다. 그의 발달사는 화내고 학대하는 알코올중독 아버지와 알코올중독이면서 정서적으로 분리된 어머니 간의 싸움에 의해 두려움으로 점철되었다. 그는 성장기의 유일한 친구가 외할머니였다고 했다. 그는 외할머니에게서만 유일하게 안전함을 느끼고 받아들여졌다. 외할머니는 약 3년 전에 돌아가셨는데, 그때 그의 문제들이 심해졌던 것으로 보인다. <표 6-5>에 종합형 사례개념화의 주요 요소에 따라 진단적 평가와 생리심리사회적 평가의 결과를 요약하였다.

**사례개념화
진술문** 　Richard의 분노 폭발, 슬픔, 불안(호소문제)은 최근의 이혼과 벽을 친 것으로 마지막 직장에서 해고당한 것(현재의 촉발요인) 그리고 자기에 대한 평가, 혼자 있음, 또는 특별한 존재로 여기지 않는 타인의 지각(지속적인 촉발요인)에 대한 반응으로 보인다. 청소년기부터 그는 자신을 높이고 공격적인 방식으로 타인을 무시하고 학대하여, 안전하고 만족스러운 관계를 유지하는 데 어려움이 있었다(부적응적 패턴).

(유발요인). 이 패턴은 공감 능력 부족, 충동성 그리고 관계 기술 부족으로 유지되고 있다(유지요인). 할머니와의 안정된 애착은 Richard의 보호요인으로 작용하고 있으며, 그가 타인을 보살피는 능력이 있다는 증거가 된다. 상담에서 보이는 Richard의 가장 두드러진 강점은 회복탄력성이다. 그는 또한 지도력이 있고 매력이 있다(보호요인/강점).

　Richard는 중산층 백인 남자로서의 정체성을 가지고 있다(문화적 정체성). 그의 문화적응 수준은 높은 편이며, 분명하게 드러난 문화적응 스트레스 징후는 없다(문화적 스트레스/문화적응). 그는 분노, 슬픔, 불안이라는 최근의 문제가 술만 먹으면 항상 싸우기만 했던, 학대적이고 사랑이 없었던 부모에게서 물려받은 나쁜 본보기의 결과라고 생각한다(문화적 설명). 마지막으로, 성격 역동이 우세하게 작용하고 그의 호소문제와 패턴을 적절히 설명하고 있으나, 상담에서 그의 권리의식과 특권에 대한 경험을 탐색해 보는 것이 유용할 것이다[문화 그리고(또는) 성격].

표 6-5 **생리심리사회적 사례개념화의 요소**

호소문제				분노 폭발, 슬픔, 불안
촉발요인				최근의 이혼과 벽을 친 것으로 마지막 직장에서 해고당함(현재의 촉발요인), 자기에 대한 평가, 혼자 있음, 또는 특별한 존재로 여기지 않는 타인의 지각(지속적인 촉발요인)
부적응적 패턴				타인을 무시하고 이용하면서 자신을 높임
유발요인	생리적 요인			특기할 만한 사항 없음
	심리적 요인			특권의식, 피상적임, 충동 통제의 부족, 공감의 부족, 거만함, 건방진 태도
	사회적 요인	현재		대인관계의 요구사항을 충족시키는 것과 화를 조절하는 것을 어려워함, 여자를 대상으로 봄, 제한된 의사소통 기술
		과거		학대하는 알코올중독 아버지와 어머니 간의 싸움으로 두려워함, 외할머니에게서 안전함을 느끼고 받아들여짐
유지요인				충동성, 제한된 관계 기술, 공감 능력 부족
보호요인/강점				할머니와의 안정된 애착, 회복탄력성과 지도력이 있고 매력이 있음
문화적 정체성				중산층 백인남자
문화적 스트레스/ 문화적응				높은 문화적응 수준, 분명한 문화적 스트레스는 없으나 상담과정에서 특권의식은 탐색되어야 함
문화적 설명				학대하고, 사랑을 주지 않은 부모에 의해 초래된 불안, 분노, 슬픔
문화 그리고(또는) 성격				성격 역동이 작용함, 그러나 특권의식은 탐색되어야 함
적응적 패턴				자신감 갖기와 타인 존중하기
상담목표				(1°) 분노 및 충동 조절, 슬픔과 불안 감소 (2°) 타인과 관계를 맺는 능력의 향상, 자기애적인 스타일의 감소
상담의 초점				생리적 · 심리적 · 사회문화적 취약점으로 인해 촉발되거나 악화된 문제적 상황
상담전략				심리적 취약점을 다루고 적응적 기능을 촉진시킴, 지지, 기술 훈련, 대체

상담개입	지지 기법, 인지행동 대체, 분노와 충동 조절 기술 향상하기, 절제와 존중을 촉진하기 위한 역할연기
상담의 장애	자신의 문제적 행동들을 최소화하기, 상담자의 이상화 또는 폄하, 거만한 태도
문화적 상담	문화적 초점의 상담은 필요하지 않으나 특권의식 역동은 다룰 필요가 있음
상담의 예후	보통

보다 효과적으로 기능하기 위해 Richard가 도전해야 할 과제는 타인을 더 존중하려고 노력하면서 자신감을 갖는 것이다(적응적 패턴).

(상담목표). 생리적 · 심리적 · 사회문화적 취약점으로 인해 촉발되거나 악화된 문제적 상황에 초점을 두는 상담이 강조될 것이다(상담의 초점). 이런 상담목표와 초점에 맞는 상담전략으로는 치료적 지지, 기술 훈련, 대체가 있다(상담전략).

(상담개입). 예상할 수 있는 상담의 장애와 도전은 Richard가 환경이나 다른 사람들을 비난함으로써 자신의 문제적 행동을 최소화시킬 가능성이다. 상담의 시작단계에서는 그가 상담자에 대한 이상화 또는 폄하를 번갈아 보일 것으로 예상된다. 그의 특권의식과 거만한 태도는 상담자의 역전이를 활성화시킬 수 있다. 게다가 자기애적 특징이 있는 내담자들은 대부분 증상, 시급한 갈등 또는 스트레스 요인이 충분히 줄어들면 상담을 중단하는 일이 흔하기 때문에 내담자가 지속적인 상담을 해야 도움이 된다고 생각하는 상담자는 상담의 시작 시점과 그 이후에 내담자의 근원적인 부적응적 패턴이 충분히 변화되지 않으면 비슷한 이슈와 문제가 앞으로도 반드시 일어날 것이라고 알려 줄 필요가 있다(상담의 장애). 주요하게 영향을 미치는 것이 성격 역동이기 때문에 문화적 초점의 상담은 필요 없지만, 그의 권리와 특권에 대한 의식은 탐색해야 할 것이다(문화적 상담). 마지막으로, 조건적으로 관계를 맺는 내담자의 태도, 여러 번의 해고와 충동성 때문에 현재 상황에서의 예후는 보통으로 평가된다(상담의 예후).

Katrina의 사례

Katrina는 13세의 혼혈 여성이다. 그녀는 최근 우울 증상, 학업성적의 부진, 반항적인 행동, 학교에서 다른 학생들과의 싸움 때문에 생활지도 상담사에 의해 상담이 의뢰되었다. 그녀의 공격적인 행동과 학업문제는 아버지가 8년 동안 바람을 피웠다는 어머니와 이모의 대화를 우연히 들은 이후 지난 6

개월에 걸쳐 증가되었다. 그녀는 그 결과 아이가 두 명 있다는 사실을 알고서 충격에 빠졌다. 그 외 다른 문제는 교실에서 다른 친구들과의 몇 번의 싸움, 어머니와의 잦은 갈등, 지난 6개월간 15일 결석, 학업에 대한 흥미 감소이다. 이전에 그녀는 뛰어나게 공부를 잘했는데, 지금은 그림 그리기, 독서와 같은 그녀가 좋아했던 활동에서도 뚜렷하게 흥미를 잃고 있다. Katrina의 아버지는 현재 푸에르토리코에 살고 있으며, 가족과는 접촉이 없다. Katrina는 학교 근방 작은 아파트에서 어머니와 남동생과 살고 있다. 그녀는 1년 전 아버지가 가족을 떠나기 전에 살았던 주택에서 집을 줄인 이후로 공간의 부족으로 힘들다고 토로했다.

Katrina는 미성년자이기 때문에 학교상담사는 첫 면접에서 Katrina와 그녀의 어머니와 함께 이야기할 필요가 있었다. Katrina의 어머니인 Julia는 Katrina가 누구도 믿지 않기 때문에 많은 사람에게 자신의 문제를 이야기 하지 않을 것이라고 생각한다고 말했다. 첫 면접에서 Katrina는 누구도 믿지 않으며 상담자가 뭐를 하라고 해도 상담하는 것에 관심이 없다고 이야기했다. 첫 면접에서 자기노출은 Katrina에게 매우 어려운 일이었고, Julia가 대부분의 질문에 답을 하였으며 어떤 경우에는 Katrina가 대답하려는 때에도 Katrina 대신 말하였다.

생리심리사회적 평가 Katrina의 어머니는 Katrina의 아버지 쪽으로 우울증과 분노문제의 가족력이 있다고 밝혔다. Katrina는 복용하고 있는 약이 없고, 알코올과 약물 사용은 하지 않는다고 하였으며, 또한 "나는 진짜로 아빠가 없어요. 진짜 아빠는 자신의 가족을 돌보고 보살피니까요."라고 하였다. 그녀는 선생님들과 어머니가 항상 그녀에게 자기가 하고 싶지 않은 일들을 하라고 강요해서 피곤하다고 말하였다. 그녀는 그녀를 통제만 하고 지원은 하지 않는 타인에 대한 반응으로, 타인에 대해 약간 피해망상적이고 불신하는 관점을 형성하였다. 그녀의 대인관계 스타일은 처음 또래 친구들을 만날 때 종종 피해망상적이고 공격적이다. 발달력과 사회력 평가에서 Katrina는 도움이 되지 않고 통제적이고 비판적인 아버지, 소수의 친구, 그리고 7세 이후 학교에서 또래들과 자주 폭력적인 말싸움을 했던 것으로 드러났다. 〈표 6-6〉에 종합형 사례개념화의 주요 요소에 따라 진단적 평가와 생리심리사회적 평가 결과를 요약하였다.

**사례개념화
진술문**   Katrina의 사회적 고립, 공격적이고 반항적인 행동 그리고 우울 증상(호소문제)은 그녀 아버지의 불륜과 그 결과 생긴 아이들에 대한 최근의 소식(현재의 촉발요인)에 대한 반응으로 보인다. Katrina는 폭력을 당하거나 타인에게 통제받고 있다고 여겨지면 보복하는 경향이 있다(지속적인 촉발요인). Katrina의 아버지와의 관계 결핍과 부모에 대한 신뢰 부족을 고려해 보면, 그녀는 앞으로 있을 수 있는 위해와 거절로부터 자신을 보호하기 위해 권위 있는 대상과 또래에게 맞서는 대응을 한다(부적응적 패턴). 요약하면, 그녀의 패턴은 불륜으로 인한 아버지에 대한 신뢰 부족의 관점에서 이해할 수 있다. 게다가 아버지에게 거부당하고 있다는 그녀의 지각이 불신을 포함한 핵심 신념과 타인의 의도에 대한 피해망상에 영향을 준 것으로 보인다.

(유발요인). 이 패턴은 도움을 요청하는 것에 대한 Katrina의 비자발성, 상담 참여에 대한 낮은 동기 수준, 사회적 고립과 부족한 지지체계, 순종을 엄하게 강요하는 어머니와 선생님들, 그녀의 낮은 좌절 인내력 그리고 부족한 자기

표 6-6　생리심리사회적 사례개념화의 요소

호소문제	우울 증상, 공격적 행동 그리고 사회적 고립	
촉발요인	그녀 아버지의 불륜과 그 결과 생긴 아이들에 대한 인식(현재의 촉발요인), 타인에게 폭력을 당하거나 통제를 받고 있다고 여겨지면 보복함(지속적인 촉발요인)	
부적응적 패턴	잠재적 위해와 거절로부터 자신을 보호하기 위해 권위 있는 대상과 또래들에게 맞섬	
유발요인	생리적 요인	우울증과 분노문제의 가족력
	심리적 요인	피해망상적임, 불신, 통제당하는 것을 피함
	사회적 요인	비판적인 아버지와 통제하는 어머니, 소수의 친구 그리고 학교에서의 잦은 갈등과 싸움
유지요인	사회적 고립과 부족한 지지체계, 순종을 엄하게 강요하는 어머니와 선생님들, 낮은 좌절 인내력, 부족한 자기주장 기술	
보호요인/강점	이모와 어린 남동생과 친하게 지냄, 총명함, 창의적임, 회복력 있음	
문화적 정체성	히스패닉계-아프리카계 미국인, 저소득층	
문화적 스트레스/문화적응	낮음에서 보통 수준의 문화적응과 문화적 스트레스	
문화적 설명	우울증을 부인함, 선생님들과 어머니가 덜 통제적이면 기분이 나아질 거라고 생각함	
문화 그리고(또는) 성격	성격 역동과 문화적 역동이 작용함	
적응적 패턴	타인과의 관계에서 안전감 및 관계 맺는 능력 향상하기	
상담목표	(1°) 우울 증상과 공격적 행동의 감소 (2°) 안전감 증진과 피해망상적 스타일 감소	
상담의 초점	생리적·심리적·사회문화적 취약점으로 인해 촉발되거나 악화된 문제적 상황	
상담전략	기술 훈련, 동기강화면접, 분노관리, 지지, 가족상담	
상담개입	균형 있는 의사결정, 변화 척도질문 활용, 점진적 근육이완, 강점 평가, 비유 사용, 부적응적 사고와 행동 대체	
상담의 장애	개인상담과 집단상담에 저항할 가능성 있음, 가족상담에서 어머니에게 감정 폭발이 예상됨, 자기노출의 어려움	
문화적 상담	여성 상담자 배정, 문화적으로 민감한 상담과 가족상담	
상담의 예후	보호요인들이 상담에 포함된다면 보통에서 좋음	

주장 기술로 유지되고 있다(유지요인). 현재의 여러 가지 문제에도 불구하고, Katrina는 이모와 어린 남동생과 매우 친하게 지낸다고 보고하였다. 가족과의 친밀한 관계 외에 Katrina는 남동생에 대해 책임감을 느끼며, 위험으로부터 남동생을 보호하기 위해 그녀가 할 수 있는 모든 것을 하고 있다고 이야기했다. 마지막으로, 그녀의 강점으로는 훌륭한 예술가가 되고자 함, 확고한 의지, 총명함, 공감적임, 창의적임이 있다(보호요인/강점).

Katrina는 이성애자이고 혼혈이라는 정체성을 가지고 있다. 그녀는 히스패닉계와 아프리카계 미국인으로 정체감을 갖고 있으나, 어느 한쪽의 정체성에 편향된 민족적 전통과 문화적 전통은 거의 없다고 보고하였다. 그녀는 친구들과 더 친했으면 좋겠고, 친구들 앞에서 어머니에게 스페인어로 말하는 것을 특이하거나 이상하게 여기지 않았으면 좋겠다고 하였다(문화적 정체성). 그녀는 보통 수준으로 문화적응이 되어 있고, 비록 어머니가 집에서는 스페인어를 사용하라고 요구하지만, 집 밖에서는 스페인어로 말하는 것을 좋아하지 않는다. Katrina의 어머니는 낮은 수준의 문화적응을 보이는데, 그 증거로는 영어로 말하는 데 어려움이 있고, 영어로 말하는 친구들이 거의 없으며, 푸에르토리코계-아프리카계 1세대 미국인이고, 미국에서 사는 것이 행복하지 않으며, Katrina가 고등학교를 졸업하면 푸에르토리코로 돌아갈 계획이라고 말하는 점을 들 수 있다(문화적 스트레스/문화적응). Katrina는 자신이 우울하다고 생각하지 않지만, 사람들이 덜 통제하고 '덜 권위적'이면 사람들에게 짜증이 덜 날 것 같다고 느낀다(문화적 설명). 중간 수준의 문화요인과 중간 수준의 성격 역동이 호소하는 문제들에 영향을 미치는 것으로 보인다[문화 그리고(또는) 성격].

Katrina가 보다 효과적으로 기능하기 위한 도전과제는 타인을 신뢰하고, 더 안전하다고 느끼며, 타인과 더 잘 관계를 맺는 능력을 키우는 것이다(적응적 패턴).

_____

_____

_____

_____

(상담목표). 생리적 · 심리적 · 사회문화적 취약점으로 인해 촉발되거나 악화된 문제적 상황에 주로 초점을 두는 상담이 강조될 것이다(상담의 초점). 기본적인 상담전략은 지지, 분노관리 기술 훈련, 동기강화면접, 심리교육, 집단상담과 가족상담에의 의뢰가 될 것이다(상담전략).

_____

_____

_____

_____

(상담개입). 예상할 수 있는 상담의 장애와 도전은 상담에 대한 Katrina의 동기가 낮고, 피해망상적인 성향이 반항적인 행동으로 이어질 수 있다는 것이다. 그리고 그녀가 믿지 못하기 때문에 상담자와 개인적인 문제를 논의하는데 어려움이 있을 것이고, 종종 상담자를 떠보는 행동을 할 것으로 예상된다(상담의 장애). 상담은 Katrina의 나이와 어머니의 문화적응 수준을 감안하여 몇 가지 문화적으로 민감한 요소를 다룰 것이다. 문화적으로 민감한 개입과 가족상담이 Katrina의 혼혈과 양쪽 문화에 대한 개인적 경험을 고려하여 드러난 문화적 요인을 다루는 데 활용될 것이다. 추가적으로 성역동이 문제가 될 수 있으

므로 Katrina에게 여성 상담자를 배정하는 것이 유용할 수 있다(문화적 상담). Katrnia가 상담과정에 더 참여할 수 있고 그녀의 강점을 활용하고 이모의 지원을 받을 수 있다면, 예후는 보통에서 좋음으로 평가된다(상담의 예후).

기술향상 연습: 생리심리사회적 사례개념화

우리의 경험에 의하면 수련생과 상담자들이 이러한 또는 이와 비슷한 기술 향상 연습을 활용하여 사례개념화를 구체화하면 능력과 자신감을 키울 수 있다. 연습하는 방법은 이러하다. 이 장에는 Geri의 사례에 대한 완성된 보고서를 제외하고 완성되지 않은 다른 네 개의 사례가 있다. 여러분은 사례개념화 진술문의 특정 요소가 빈칸으로 되어 있다는 것을 알 것이다. 이런 빈칸은 구체적으로 여러분의 사례개념화 기술을 더 발전시킬 수 있는 기회가 될 것이다.

종합형 사례개념화를 구성하는 과정을 따라 해 보려면, 우리는 Antwone의 사례에서 시작해 볼 것을 권한다. 사례의 배경 정보와 생리심리사회적 평가 영역을 읽어 보라. 거기엔 '유발요인' 진술문, 즉 Antwone의 행동 설명을 작성하는 데 충분한 정보가 있다. 만약 약간의 도움이 필요하다면, 〈표 6-2〉의 '유발요인' 영역을 검토해 보라. 그다음 사례개념화 진술문의 '유발요인'을 써야 할 빈칸에 〈표 6-2〉의 주요 요점을 한 문장으로 쓰거나 옮겨 적어 보라. Antwone의 패턴과 호소문제를 설득력 있게 설명하는 방식으로 작성하라.

그리고 나서 사례개념화 진술문의 '상담개입' 빈칸으로 가라. 필요하다면 〈표 6-2〉의 '상담개입'의 주요 요점을 이용하여 진술문 초안을 작성해 보라. 이 장의 부록에 빈칸에 대한 우리의 답이 있다. 우리는 여러분의 답이 정확하게 우리의 답과 같을 거라고 기대하지는 않는다. 그러나 논지는 비슷할 것이다.

여러분이 Antwone의 사례를 마치고 나면 Maria, Richard, Katrina의 순서

로 계속 진행해 보라. 이런 동일한 방법을 따라 하다 보면 여러분은 생리심리사회적 사례개념화를 작성해 보는 추가적인 경험을 하게 될 것이다.

결론

이 장은 사례개념화의 생리심리사회적 방법에 역점을 두었다. 생리심리사회적 관점의 기본 전제를 논의했으며, 생리심리사회적 평가 관련 요인들과 이 방법의 주요 요소들을 설명하였다. 그다음 이 사례개념화 방법을 다섯 사례에 적용하였다. 어떤 사람은 이 방법이 사례개념화에 대한 인지행동, 역동, Adler, 수용전념치료, 그리고 다른 이론의 방식들보다 일반적으로 사용되지 않는다고 생각할 수도 있지만, 우리의 경험으로는 많은 수련생과 상담자가 비교적 쉽게 배우고 활용할 수 있어서 이 방법을 좋아한다. 또 어떤 사람들은 이 방법이 임상실제에서 절충적 접근에 쉽게 적용되기 때문에 선호한다. 7장에서는 인지행동적 사례개념화 방법을 설명하고 예시를 제시할 것이다.

질문

1. 생리심리사회적 사례개념화 방법의 세 가지 주요 영역이 의학계와 상담계에서 관심을 끄는 이유를 설명하라.
2. 생리심리사회적 접근에 포함되는 여러 영역을 논의하라. 이 관점을 취하는 데 따르는 이점은 무엇인가?
3. 생리적 · 사회적 · 심리적 요인들을 비교하고, 생리심리사회적 사례개념화의 부분 각각에서 최소한 세 가지 영역을 설명하라.

4. 생리심리사회적 평가 영역에서 제시하고 있는 생리심리사회적 관련 요인들을 평가하는 네 가지 지침의 요소를 설명하라.

5. 생리심리사회적 평가의 주요 요소들과 이들이 전체 평가와 사례개념화에서 보이는 특징과 중요성을 논의하라.

부록

Antwone의 사례

유발요인

그의 반응은 그를 버렸던 어머니를 시작으로 그를 무시하고 학대했던 입양가족 그리고 유일하게 그를 지지해 주었던 절친한 친구의 죽음 등 유년기부터 경험해 왔던 고통, 독단적인 판단, 거절, 상실에 맞서 자신을 보호하려는 공격적이고 충동적인 수단으로 이해할 수 있다. 그는 아무도 그를 원하지 않는다고 생각하고, 친밀감을 원하면서도 타인과 친하게 지내는 것을 조심스러워한다.

상담목표

이러한 보다 더 적응적인 패턴을 촉진시킬 상담목표에는 정서적 자기조절, 특히 분노와 충동에 대한 통제를 강화하는 것과 자기표현 및 갈등조절 기술을 향상하는 것이 포함된다. 세 번째 목표는 그의 생물학적 가족을 찾아 그가 어릴 때 입양될 수밖에 없었던 이유를 알아보고 이해하려고 노력하는 것이다.

상담개입

지지적 기법들은 그를 인정하고, 타인과 보다 효과적으로 관계 맺을 수 있도록 격려하며, 그의 확대가족을 찾아 연락하도록 하는 데 활용될 것이다. 인지-행동적 개입은 부적응적 사고와 행동을 보다 적응적인 것으로 대체하는 데 활용될 것이다. 그는 또한 충동 통제, 정서 조절과 갈등해결을 향상하기 위해 기술 훈련 집단에 참여할 것이다.

Maria의 사례

유발요인

그녀의 반응은 성격 역동의 관점에서 이해할 수 있는데, 여기에는 타인의 호감을 사려는 그녀의 욕구와 타인에게 다른 의견을 표현하기 어려워하는 것이 포함된다. 이런 의존적 특징과 함께 자기주장도 부족하다. 그녀는 문제와 대안에 대해 분명히 하고자 하지만, 타인을 실망시키고 싶지 않아 하고, 자신의 마음을 표현하는 것을 어려워한다. 문제를 복잡하게 하는 것은 그녀의 부모님이 엄하고 요구가 많으며, 그녀의 또래와는 다른 문화적 기대를 옹호한다는 점이다. Maria는 그녀가 가족을 보살피게 되면 자신의 잠재력을 낭비하게 될 것이고, 자신의 삶은 실패로 끝날 거라는 걱정에 빠져 있다. 또한 단 한 번 시험 삼아 마셔 본 알코올은 그녀가 생각한 만큼 자기치료 효과가 없어서 다시 마시지 않았다. 그러나 그녀의 부모에게는 그녀를 위해 상담을 신청할 만큼 커다란 걱정거리였다.

상담목표

1차 목표(1°)는 자기효능감, 자기표현 및 의사결정을 향상시키고 우울감을 감소시키는 것이다. 2차 목표(2°)는 그녀가 자신의 욕구 충족과 가족의 욕구 충족 사이에서 균형을 찾도록 돕는 작업을 하는 것이다.

상담개입

지지적 기법으로 그녀를 인정해 주고, 타인의 기대와 자신의 목표의 균형을 맞추도록 격려할 것이며, 이런 기대와 연관된 비생산적인 사고와 행동은 인지행동 대체전략으로 다루어질 것이다. 자기효능감, 역량강화, 자기표현 기술을 향상하는 것은 역할연기를 통해 촉진할 것이다. 그런 역할연기를 통해 Maria는 자신의 역할과 아버지의 역할을 바꿔 가면서 둘 다 해 보는 동안 주장적인 의사소통을 연습할 수 있다.

Richard의 사례

유발요인

그의 반응은 특권의식, 피상적인 관계, 거만하고 건방진 태도, 공감의 부족이라는 관점에서 이해할 수 있다. 이런 자기애적인 행동양식과 함께 행동화하는 그의 성향이 충동성과 관계 기술의 결핍을 더욱 강화하였다. 또한 그는 사회적 예의범절을 갖추고 분노를 조절하며 대인관계의 요구사항을 맞추어 가는 데 어려움이 있을 뿐만 아니라 내켜하지도 않는다. 그는 여자를 대상으로 보며, 의사소통 기술이 부족하다. 남성다움과 관계에 대한 그의 역할 모델은 화를 내고 학대하는 알코올중독 아버지였는데, 아버지는 알코올중독이면서 정서적으로 분리된 어머니에게 주기적으로 신체적·언어적 폭행을 가했다. 아버지를 지켜보는 것이 두려웠지만, Richard는 이런 관계적 행동을 내면화해 온 것으로 보인다. 주목할 점은 그가 외할머니에게서만 유일하게 안정감과 안전감을 느끼고, 받아들여지는 경험을 했다는 것이다.

상담목표

1차 목표(1°)는 분노, 슬픔과 불안을 감소시키고 충동을 조절하는 능력을 향상시키는 것이다. 2차 목표(2°)는 타인과 관계를 맺는 능력을 향상하고 또한 자기애적인 스타일을 줄이는 작업을 하는 것이다.

상담개입

지지 기법은 그를 인정해 주고 격려하여 관계 기술을 향상할 수 있도록 하는 데 사용될 것이다. 분노와 충동 조절 같은 기술은 개인상담과 집단상담 회기에서 촉진하고 발전시킬 것이다. 대체개입은 부적응적인 사고와 행동들, 특히 분노, 슬픔과 관련이 있는 것들을 보다 적응적인 것으로 대체하기 위해 사용될 것이다. 역할연기는 타인과 관계 맺을 때 절제와 존중을 갖도록 하는 데 사용될 것이다.

Katrina의 사례

유발요인

생물학적으로, Katrina의 어머니는 Katrina의 아버지 쪽에 우울증과 분노 문제의 가족력이 있다고 하였다. 그녀의 사회적 고립과 공격적 행동은 비난과 버림을 회피함으로써 위험으로부터 자기 자신을 지키려는 노력으로 이해할 수 있다. 그녀의 열악한 지지체계와 또래들과의 잦은 갈등은 비판적이고 잘 믿지 않는 내력을 가진 아버지와 통제적이고 비밀주의적인 어머니를 보면 이해할 수 있다.

상담목표

1차 목표(1°)에는 우울 증상 감소, 분노관리, 자기표현과 친구관계 기술 향상이 포함되고, 2차 목표(2°)에는 반항적 행동 감소, 관계에서 안전감 증진, 그리고 그녀의 피해망상적 스타일 감소가 포함된다.

상담개입

그녀가 라포 형성과 동기강화면접을 통해 치료적 과정에 참여하게 되면, 그녀는 다양한 분노관리 기술을 연습하고, 예술치료를 활용하여 자신의 감정을 이야기하고, 생각기록지를 작성하여 우울 증상과 분노를 관리할 것이다. 학교상담사는 확인된 강점을 더 강화하고 Katrina가 만들어 낸 비유를 사용하여 자신의 분노를 관리하도록 할, 강점 중심의 인지행동적 치료를 통해 Katrina를 지지할 것이다. 가족상담은 Katrina와 어머니 사이의 권력다툼을 다루고, 그들의 욕구와 감정을 더 잘 소통할 수 있도록 돕는 데 활용될 것이다.

참고문헌

Engel, G .L. (1977). The need for a new medical model: A challenge for biomedicine. *Science, 196*(4286), 129–136.

Sperry, L., Gudeman, J., Blackwell, B., & Faulkner, L. (1992). *Psychiatric case formulations.* Washington, DC: American Psychiatric Press.

7장

인지행동적
사례개념화

　　6장에서는 포괄적이고 비이론적인 사례개념화 방법을 소개하였다. 이 장에서는 네 개의 이론기반 사례개념화 방법들 중 첫 번째로 인지행동치료(CBT)에 근거한 방법을 기술하고 설명할 것이다. 인지행동치료는 오늘날 세계적으로 가장 널리 활용되는 심리치료적 접근들 중 하나이다. 최근에는 인지행동적 접근에서 인지적 측면을 강조하거나 행동적 측면을 강조하는 몇 가지 변형된 방법이 나오고 있다. 그렇지만 여기에서 기술하는 인지행동적 사례개념화 방법은 대부분의 인지행동적 상담 접근들에 사용할 수 있는 매우 일반적인 것이다. 두 가지의 인지행동 접근 사례개념화가 이 책에서 소개될 것이다. 이 둘은 모두 3세대 인지행동 접근이다. 그중 하나인 수용전념치료(ACT)는 10장에서 설명할 것이다. 이 장에서는 또 다른 하나인 변증법적 행동치료(DBT) 사례개념화를 설명할 것이다.

인지행동적 관점

 인지행동치료는 인지적 상담의 관점과 행동적 상담의 관점을 통합한 것을 의미한다(Wright, Basco, & Thase, 2006). 다양한 인지행동적 접근이 강조하는 것은 각각 다르지만, 임상가들은 내담자들과 상담할 때 전형적으로 인지적 개입과 행동적 개입을 함께 활용한다. 또한 인지행동치료는 거의 모든 진단적 문제에 적용되어 왔고, 문화적으로 다양한 내담자들에게 가장 일반적으로 활용되는 치료적 접근이다. 인지행동치료는 문제에 초점을 두는 지금-여기의 접근이다. 이 접근은 경직된 생각, 감정, 행동을 변화시키기 위해 다양한 인지적·행동적 방법을 사용하여 부적응적 인지와 행동을 수정하거나 교정하려고 노력한다. 행동은 학습되기 때문에 부정적인 행동을 버리고, 새롭고 보다 효과적인 행동을 학습할 수 있다. 치료적인 관계는 내담자가 상담회기의 내용을 정하고 상담회기의 과제를 수행하는 데 있어 함께 책임을 공유하므로 협력적이다(Sperry & Sperry, 2018).

 인지와 행동은 평가와 개입의 주된 초점이지만, 또한 사례개념화에서도 핵심이다. 인지는 세 가지 수준, 즉 자동적 사고, 중재적 신념 그리고 스키마 중의 하나로 확인된다. 자동적 사고는 특정한 시점에 내담자의 마음속에서 작동하는 즉각적인 생각 또는 해석이다.

 중재적 신념은 내담자가 은연중에 따르는 '만약-그렇다면' 규칙이나 조건적 가정이다. 이 신념의 수준은 내담자의 자동적 사고에 영향을 미친다. 스키마는 내담자가 자기 자신과 세상, 미래에 대해 갖는 핵심 신념이다. 이 신념의 수준은 내담자의 중재적 신념에 영향을 미친다. 예를 들어, '내가 진짜로 관심을 가지고 소중하게 여기는 사람들은 모두 항상 나를 떠난다'와 같은 버림받음의 스키마가 있는 사람은 '만약 내가 다른 사람들에게 정말 중요해지지 않으면 다른 사람들은 나를 떠날 것이다'라는 중재적 신념을 가지고 있을 가능성이 있다.

　문제적 행동 또는 부적응적 행동에는 최소한 세 가지 유형이 있는데, 이는 행동 과다(예: 통제할 수 없는 분노), 행동 결핍(예: 사회적 철회) 그리고 부적절한 행동(예: 다른 사람이 다쳤는데 웃는 것)이다. 잠재적으로 문제가 될 수 있는 행동의 추가적인 유형에는 사회적 기술 결핍(예: 자기표현 부족, 친구관계 기술 부족, 자기조절 기술의 부족)이 있다. 이런 부적응적 행동들은 부적응적 인지와 함께 인지행동적 사례개념화에 포함된다.

　인지행동적 상담의 성공지표는 바라는 성과를 이루기 위해 더 건강하고 더 효과적인 방법으로 생각하고 행동하는 것이다. Newman(2012)은 인지행동적 관점에서 심리적 안녕에 대해 다음과 같이 피력하고 있다.

> 　인지행동치료 관점에서 보면, 심리적 안녕은 한 사람이 갖고 있는 다음의 여러 특성과 능력으로 이루어진다. ① 효과적으로 문제를 해결하고, 타인과 관계를 잘 맺으며, 수많은 다른 상황에 긍정적으로 강화될 수 있는 각각 다른 방식으로 반응하는 데 활용할 수 있는 다양한 행동목록, ② 인지적 유연성, 객관성, 상황판단이 빠른 관찰 기술, 희망참, 자아효능감, 그리고 ③ 적절한 감정과 즐거움을 누릴 줄 아는 우수한 정서적 자기조절.
>
> (p. 31)

다음 절에서는 인지행동적 평가와 인지행동적 사례개념화를 설명할 것이다.

인지행동적 평가

인지행동적 평가는 관련 인지적-행동적 요인들을 통해 진단적 평가에 추가적인 정보를 제공하고, 인지행동적으로 초점을 맞춘 임상적 공식화와 상담 개입 공식화의 전개를 수월하게 해 준다. 인지행동적 평가의 주된 목표는 "내담자와 함께 공식화와 상담계획에 합의하는 것"이다(Kirk, 1989, p. 15).

이런 형태의 평가를 하기 위한 공통된 전략은 행동에서 시작하고, 그다음 인지를 다루는 것이다. 문제 행동과 감정을 확인하고 분석하는 것으로 시작한다. 행동은 행동 과다(예: 통제할 수 없는 분노), 행동 결핍(예: 사회적 철회), 부적절한 행동(예: 다른 사람이 다쳤는데 웃는 것)으로 분류한다. 문제 행동과 감정은 선행사건, 특정한 행동 그리고 결과를 살펴볼 수 있는 특정한 상황과 기능을 손상시키는 지속적인 패턴이 있는지 분석해 보면 확인할 수 있다. 상황적 분석은 내담자의 행동적-인지적 요인이 내담자의 문제에 미치는 영향을 확인할 때 유용하다(McCullough, 2000; McCullough, Schramm, & Penberthy, 2014)). 또한 그것은 내담자의 행동과 인지의 부적응적 패턴이 내담자가 바라는 성과를 이루지 못하도록 하는 정도를 평가할 수 있다. 다음은 인지행동적 평가에 도움이 되는 질문들이다.

- "당신이 가장 스트레스 받았던 상황을 기술하세요."(문제 상황의 시작, 중간, 끝을 알아낸다)
- "그 상황에서 당신은 어떤 행동을 했나요?"(특정한 행동들, 즉 제스처, 눈 맞춤, 목소리 톤, '무엇을 말했는가?' '그 말을 어떻게 했는가?' 등을 알아낸다)
- "당신이 그 상황에서 벗어나려고 원했던 것은 무엇인가요?" "당신이 원했던 것을 얻었나요?"
- "당신의 증상이 시작되기 전에 당신 삶에서 무슨 일이 있었나요?"(선행사건을 알아낸다)
- "이러한 증상의 영향(행동, 기능의 감소 등)은 무엇인가요?"(결과를 알아낸다)
- "이런 문제 때문에 당신이 지금 당장 할 수 없는 것은 무엇인가요?"
- "당신은 당신의 상황을 좀 더 좋게 하기 위해 어떤 노력을 하고 있나

요?"(문제를 '해결'하기 위한 내담자의 노력과 그 강도를 알아낸다)

- "당신은 다른 상황에서도 이런 증상들을 경험하고 있나요?"(갈등, 어려움 등). 이 질문을 통해 현재의 문제적 상황 너머에 있는 내담자의 지속적인 패턴을 확인할 수 있다.

다음으로, 문제 상황에 대한 내담자의 신념과 해석을 알아낸다. 몇 가지 유용한 질문들이 있다. "그 상황에 대해 당신은 어떻게 생각하나요?"와 "그 것이 당신에게 어떤 의미인가요?"라는 질문은 내담자의 자동적 사고, 중재적 신념을 이끌어 내는 데 유용할 수 있다. 이런 질문은 "자동적 사고와 더 깊고 오래 유지되어 온 핵심 신념을 찾아내기" 때문에 중요하다(Ledley, Marx, & Heimberg, 2005, p. 42). 내담자는 이런 과정을 통해 흑백논리적 사고, 파국화, 긍정 격하와 같은 자신의 문제적 인지를 탐색할 수 있다. 또한 내담자의 유년기 경험을 탐색하는 것은 핵심 부적응적 신념과 스키마를 확인하는 데 유용할 수 있다. 평가해서 수정해야 할 내담자 사고의 세 가지 '수준'은 ('내림' 순으로) 자동적 사고, 중재적 신념 그리고 스키마다. 스키마는 내담자가 자기 자신, 타인 그리고 세상에 대해 갖고 있는 핵심 신념이다.

인지행동적 사례개념화

인지행동적 사례개념화는 인지행동적 관점의 독특한 특징들을 담아내는 임상적 공식화, 문화적 공식화, 상담개입 공식화를 포함한다(Sperry & Sperry, 2016). 임상적 공식화는 부적응적 신념과 부적응적 행동의 관점에서 내담자의 호소문제와 지속적인 패턴을 설명한다(Young, Klosko, & Weishaar, 2003). 문화적 공식화는 내담자의 문화정체성, 문화적응 그리고 호소문제의 원인이라고 믿고 있는 이유나 설명을 밝혀낸다. 문화적 역동이 내담자의 호소문제에 영향을 미치는 것으로 추정되면, 문화적 공식화에서 문화적 역동과 성격 역동의 상호작용을 확인한다. 상담개입 공식화는 상담목표를 세우고 그것을 달성하기 위해 상담의 초점과 상담전략, 개입을 구체화하는 인지행동적 구조를 제공한다. 상담개입 공식화에서는 다양한 인지적-행동적 방법을 활용하여 행동 패턴과 인지를 수정하는 데 역점을 둔다. 빗나간 행동 패턴과 인지에 맞서 대응하려는 내담자의 능력을 증진시키기 위해 상담 초기에 종결 준비와 재발 예방 전략이 치료적 과정에 포함되어야 한다. 또한 필요하다면 문화적으로 민감한 상담이 상담과정에 포함될 수 있다. 현재 모든 심리치료 중 인지행동적 접근이 아프리카계와 라틴아메리카계 미국인(Miranda et al., 2003), 아시아계 미국인(Hwang, 2006)을 포함한 여러 민족에 맞도록 수정되었기 때문에 문화적으로 가장 민감하다(Craske, 2010).

인지행동적 사례개념화 방법

인지행동적 사례개념화 방법은 이 책에서 기술하는 다른 네 가지의 이론적 방법과 몇 가지 공통 요소를 공유한다는 점에서 비슷하다. 그러나 이 방법은 또한 이 방법의 특징적인 요소들 때문에 다른 네 가지의 방법과는 다르다. 이런 특징적인 요소에는 유발요인, 상담목표, 상담의 초점, 상담전략 그리고 상담개입이 있다.

〈표 7-1〉에 이러한 다섯 개의 특징적인 요소를 설명하였다.

변증법적 행동치료　　변증법적 행동치료(DBT)는 3세대 인지행동치료 접근 중에서 가장 널리 알려진 것이다. 상담 장면에서는 비교적 새로운 것이지만 여러 발전이 있어 왔다(Manning, 2018). DBT 사례개념화 문헌에 나타난 발전 중에 양식 중심의 쉬운 접근이 있다. 이 양식에는 세 가지 요소에 대한 확인이 들어간다. '취약성' '촉발요인이 있는 문제' 그리고 취약성과 문제, 촉

표 7-1 인지행동적 사례개념화의 주요 요소

유발요인	부적응적 행동, 부적응적 신념	
상담목표	부적응적 신념과 행동을 감소시킴 보다 적응적인 신념과 행동을 개발함	
상담의 초점	부적응적 신념과 행동에 의해 촉발되거나 악화된 문제적 상황	
상담전략	기본 상담전략	특정한 부적응적 신념과 행동을 확인하고 수정함
	공통 상담전략	지지, 인지적 재구조화, 대체, 노출, 기술 훈련/심리교육
상담개입	소크라테스식 대화 기법, 증거 조사, 논박을 포함한 인지적 재구조화, 자기모니터링과 자동적 사고 기록, 인지-행동적 대체, 사고 중지, 행동 활성화, 노출, 안구운동 둔감화와 재처리법(EMDR), 기술 훈련(자기표현, 문제해결 등), 행동연습과 시연, 스트레스 감소와 이완	

발요인을 함께 묶은 짧은 '가설' 진술문. 상담은 확인된 각 문제의 촉발요인을 중심으로 계획된다. 이 양식은 '치료자 지원(Therapist Aid)'(https://www.therapistaid.com/therapy-worksheets/case-formulation.pdf)에서 무료로 다운 받을 수 있다.

우리의 통합적 모형의 관점에서 보면, '취약성'과 '촉발요인이 있는 문제'는 촉발요인과 유발요인 영역에, 그리고 상담목표 영역의 구체적인 상담목표에 들어간다. 물론 사례와 관련되는 DBT만의 독특한 상담 방법은 상담개입 영역에 제시된다.

인지행동적 사례개념화: 다섯 사례

인지행동적 사례개념화를 실행하는 과정이 다섯 개의 다른 사례를 통해 설명될 것이다. 각 사례에 대한 배경 정보에 이어서, 이 사례개념화 방법과 밀접하게 관련된 주요 정보를 찾아내는 평가 단락이 나올 것이다. 각 사례에 대한 (2장과 3장에서 설명한) 진단적 공식화, 임상적 공식화, 문화적 공식화의 열개 요소와 (4장에서 설명한) 상담개입 공식화의 여덟 개 요소는 표로 요약하였다. 마지막으로 이런 정보들을 통합한 설명이 사례개념화 진술문으로 제시될 것이다. 첫 번째 단락에 진단적 공식화와 임상적 공식화, 두 번째 단락에 문화적 공식화, 세 번째 단락에 상담개입 공식화를 기술하였다.

Geri의 사례

Geri는 업무 비서로 일하는 35세의 아프리카계 미국 여성이다. 그녀는 미혼이고, 혼자 살고 있으며, 3주 동안 우울증과 사회적 고립이 지속되어 평가와 상담이 필요하다고 본 그녀 회사의 인력자원부 책임자에 의해 의뢰되었다. 그녀의 결근으로 상담 의뢰가 빨라졌다. Geri의 증상은 상사가 그녀에게 승진 대상이라고 말한 직후 시작되었다. 어린 시절, 그녀는 가족과 또래들에게 비난받고 괴롭힘을 당하면 다른 사람들을 피해 고립되어 있었다고 보고했다.

인지행동적 평가　　진단적 평가 정보 외에 인지행동적 평가에는 다음의 내용이 추가된다. Geri는 어릴 때부터 그녀의 가족이 지나친 요구를 하고, 비난하고, 정서적으로 거리를 두었다고 말했다. 그녀는 어릴 때 부모님이 그녀에게 정서적인 지지를 거의 해 주지 않았고, 지금도 부모님과는 거의 말을 하지 않는다고 했다. 그녀의 남동생은 그녀를 뚱보, 못난이라고 부르며 비웃었다. 동네 아이들과 학교 친구들 또한 그녀를 괴롭히고 놀렸으며, 선생님에 대해 그녀가 기억하는 것은 온통 선생님들이 그녀를 비난했던 것뿐이라고 했다. 어린 시절 이후 그녀는 대부분의 대인관계에서 매우 수줍어했으며, 가능하다면 다른 사람들과 이야기하는 것을 피하고 있다. 부적응적 행동과 인지 평가는 행동 결핍 중에서 사회적 철회다. 또한 관계 기술과 친구관계 기술에서의 두드러진 사회적 기술 결핍에 주목해야 한다. 부적응적 인지에 대해서, 그녀는 다음과 같은 진술문을 작성했다. "아무도 믿지 않는 것이 더 안전해." "사람들이 나를 더 잘 알게 되면 나를 좋아하지 않을 거야." "다른 사람들과 친해지려고 위험을 무릅쓸 필요는 없어." 그녀는 또한 '나는 승진과 봉급 인상보다 안전하고 혼자인 것이 더 낫다'고 하였다. 〈표 7-2〉에 종합형 사례개념화의 주요 요소에 따라 진단적 평가와 인지행동적 평가의 결과를 요약하였다.

사례개념화   Geri의 사회적 고립감 증가와 우울 증상(호소문제)은 그녀가
진술문   승진 대상이며 새로운 상사가 고려되고 있다는 소식(현재의 촉
          발요인)과 친밀한 관계로부터의 요구 그리고 그녀가 비난받고, 거부당하고, 위험을 겪을 것이라는 예상(지속적인 촉발요인)에 대한 반응으로 보인다. 그녀는 살아오는 내내 가능한 한 타인을 회피하고, 평소에 타인과 조건적으로 관계를 맺는 것이 더 안전하다는 것을 알았다. 그 결과, 그녀는 주요 사회적 기술이 부족하고, 제한된 사회적 관계를 맺어 왔다(부적응적 패턴). Geri의 드러난 문제들은 핵심 신념의 결과로 생각하면 이해할 수 있다. 그녀의 자기관에는 무능한 것과 타인의 부정적인 평가에 민감해지는 것에 대한 핵심 신념이 있다. 그녀의 세계관에는 부당하고 예측할 수 없는 삶과 비판적이고, 거절하고, 과도한 요구를 하는 타인에 대한 핵심 신념이 있다. 이것은 불완전함과 사회적 고립이라는 부적응적 스키마에 반영되어 있다. 그녀의 부적응적 행동은 그녀가 안전하지 않다고 지각하는 상황과 타인과 관계를 맺기보다는 사회적 회피를 더 선호하는 상황에서 수줍음과 회피로 나타난다. 과거에 Geri는 사회적 상황을 회피하는 것을 선호했는데, 그렇게 하면 실수를 할 가능성과 거절당할 가능성에서 자신을 보호할 수 있었기 때문이다. 그녀의 신

표 7-2 인지행동적 사례개념화의 요소

호소문제	사회적 고립감 증가, 우울 증상	
촉발요인	그녀가 승진 대상이며 새로운 상사가 고려되고 있다는 소식(현재의 촉발요인), 친밀한 관계에 대한 요구와 그녀가 비판받고, 거부당하고, 위험을 겪을 것이라는 예상(지속적인 촉발요인)	
부적응적 패턴	안전하지 않다고 느낄 때 타인을 회피하고 관계를 끊음	
유발요인	부적응적 인지	자신을 무능하고 거절을 두려워 하는 사람으로 생각함, 세상은 거절하고 비판적인 것으로 생각하지만 안전한 관계를 원함
	부적응적 스키마	불완전함, 사회적 고립
	부적응적 행동	괴롭힘, 비난과 거절을 당해 온 내력, 관계 기술과 친구관계 기술의 학습을 제한한 사회적 고립과 회피 행동
유지요인	수줍음, 혼자 살고 있음, 일반화된 사회적 고립에 의해 유지됨	
보호요인/강점	친하고 믿음이 가는 친구와 지인, 안정되고 의미 있는 직장, 직무조정을 요청할 수 있는 자격	
문화적 정체성	한정된 민족적 유대가 있는 중산층 아프리카계 미국인	
문화적 스트레스/문화적응	높은 수준의 문화적응, 뚜렷한 문화적응 스트레스는 없으나 가족 성역할이 그녀가 무능하다는 생각을 강화함	
문화적 설명	슬픔은 업무 스트레스와 뇌의 화학적 불균형에서 온 것임	
문화 그리고(또는) 성격	성격 역동이 의미 있게 작용함	
적응적 패턴	보다 안전함을 느끼며 타인과 관계 맺기	
상담목표	부적응적 신념과 행동의 감소, 보다 적응적인 신념과 행동의 개발	
상담의 초점	부적응적 신념과 행동에 의해 촉발되거나 악화된 문제적 상황	
상담전략	특정한 부적응적 신념과 행동 확인 및 교정, 인지적 재구조화, 대체, 노출, 기술 훈련/심리교육, 약물치료	
상담개입	소크라테스식 질문, 증거 조사, 논박을 포함한 인지적 재구조화, 자기 모니터링과 자동적 사고 기록, 인지-행동적 대체, 사고 중지, 행동 활성화, 노출, 기술 훈련	
상담의 장애	상담자를 '시험'함, 집단상담에 저항할 가능성, 상담자에 대한 지나친 의존, 종결의 어려움	
문화적 상담	성(gender)이 문제가 될 수 있으므로 지지적인 여성 상담자 배정	
상담의 예후	사회적 관계와 기술이 증가하고 업무에 복귀한다면 좋음	

넘은 상황을 위협적이고 안전하지 않다고 지각하고 그 후 안전함을 느끼기 위해 타인으로부터 철회하는 경향이 있는 회피성 성격 패턴과 일치한다. 행동적으로 이러한 회피 패턴은 수줍음, 불신, 사회적 고립으로 나타났고, 유년기부터 자기표현, 타협, 갈등해결, 친구관계 기술 등의 기술 결핍을 초래하였다. 요약하면, 그녀의 패턴은 지나친 요구를 하고, 비판적이고 정서적으로 허용적이지 않은 부모, 또래들의 괴롭힘과 비난, 적응적 관계 기술을 학습할 기회를 제한한 철회와 회피 행동의 반응이라는 관점에서 이해할 수 있다(유발요인). 이런 패턴은 그녀의 수줍음, 혼자 산다는 사실, 제한된 사회적 기술, 사회적으로 고립되는 것이 더 안전하다는 깨달음에 의해 유지되고 있다(유지요인). Geri는 상담에서 여러 해의 고용기간 내내 직장에서 열심히 일하고 있는 강점이 드러났다. 또한 그녀는 믿을 수 있는 친구가 있으며, 「미국장애인복지법」과 같은 법률에 의거하여 직무조정을 요청할 수 있다(보호요인/강점).

그녀는 스스로 중산층 아프리카계 미국인으로서의 정체감을 갖고 있으나 아프리카계 미국인 공동체에는 관심도 없고 참여도 하지 않고 있다(문화적 정체성). 그녀는 부모처럼 높은 수준의 문화적응을 보이지만, 그녀의 가족체제는 남성에게 더 높은 가치를 두고 있다. 남성에 대한 이런 긍정적인 편애는 그녀가 쓸모없고 무능하다는 생각을 강화한 것으로 보인다(문화적 스트레스/문화적응). 그녀는 자신의 우울증이 업무 스트레스와 뇌의 '화학적 불균형'의 결과라고 생각한다(문화적 설명). 작용하고 있는 의미 있는 문화적 요인은 없다. Geri의 성격적 역동이 최근의 임상적 호소문제에 중요하게 작용하고 있으나, 성역할은 검토해 봐야 한다[문화 그리고(또는) 성격].

Geri의 도전과제는 보다 효과적으로 기능하고, 타인과 관계를 맺을 때 더 안전함을 느끼는 것이다(적응적 패턴). 상담목표에는 우울 증세를 줄이고, 대인관계와 친구관계 기술을 증진시키며, 업무에 복귀하고 그곳에서 지지적인 사회관계망을 형성하는 것이 포함된다(상담목표). 상담의 초점은 Geri의 부적응적 신념과 행동에 의해 촉발되거나 악화된 문제적 상황을 분석하는 데 둔다

(상담의 초점). 기본적인 상담전략은 특정한 부적응적 신념과 행동을 확인하고 교정하는 것이며, 주된 전략으로는 지지, 인지적 재구조화, 대체, 노출 그리고 기술 훈련을 활용할 것이다(상담전략). 처음에는 그녀의 임상적 우울을 줄이고, 상담에 참여하고, 업무 복귀 준비가 가능할 만큼 그녀를 충분히 활기차게 만들기 위해 약물치료와 함께 행동 활성화가 사용될 것이고, 필요하다면 약물 모니터링과 함께 약물 평가를 의뢰할 것이다. 관계 기술과 친구관계 기술은 심리교육 집단에서 가장 잘 달성될 수 있는데, 그녀를 그런 집단으로 전환할 때에는 개인상담이 필요할 것이다. 그녀의 부적응적 신념은 발견유도 질문으로 다루어질 것이며, 그녀는 사고, 행동, 감정을 스스로 모니터링하고, 자동적 사고 기록으로 그것들에 도전하는 것을 배우게 될 것이다(상담개입). 상담에서 몇 가지 장애와 도전을 예상할 수 있다. 그녀의 회피적 성격구조를 고려해 보면 모호한 저항을 할 가능성이 있다. 그녀는 상담자와 개인적인 문제를 이야기하는 것을 어려워할 것이고, 막판에 상담 약속을 바꾸거나 취소하고, 지각을 하여 상담자가 그녀를 비난하도록 '시험'하고 자극할 수도 있고, 꾸물거리고, 감정을 회피하기도 하고, 그 외에 상담자의 신뢰성을 '시험'할 수도 있다. 일단 상담자와의 신뢰가 형성되고 나면, 상담자와 상담에 의존할 가능성이 있으며, 상담실 밖의 사회적 지지체계가 증가하지 않는 한 종결이 어려울 수도 있다. 게다가 그녀의 회피 패턴은 집단상담에 참여하고 지속하는 것을 어렵게 할 가능성이 있다. 수용적이고 비판단적인 집단상담 실무자와 여러 번 만나도록 하여 개인상담에서 집단상담으로 전환할 수 있도록 도와야 한다. 이것은 Geri의 안전감을 높여서 집단 장면에서 어려움 없이 자기노출을 하도록 할 것이다. 전이 재연도 고려해야 한다. 부모와 또래들의 비판과 놀림의 정도를 감안해 볼 때, 상담자가 조급해하고 언어적·비언어적 비난의 징후를 보이면 이러한 전이가 활성화될 것으로 예상된다. 마지막으로, Geri는 그녀가 믿는 사람들에게 집착하는 경향이 있으므로, 종결을 앞둔 마지막 4~5회기 정도는 독립적으로 기능하는 데 자신감을 갖도록 해야 종결에 대한 그녀의

양가감정을 줄일 수 있을 것이다(상담의 장애). Geri의 성격역동을 고려해 보면, 상담 진행에서 문화적 스트레스가 크게 영향을 미치지는 않을 것이다. 그러나 가족 안에서의 성역할, 긴장이 고조된 아버지와의 관계와 그 후 남성들과의 제한된 관계를 고려해 보면 성 역동이 치료적 관계에 영향을 줄 수 있다. 따라서 상담의 초기단계에는 개인상담과 집단상담 둘 다 여성 상담자가 하는 것이 바람직해 보인다(문화적 상담). Geri가 상담실 안과 밖에서 자신감을 키우고, 관계 기술과 사회적 접촉을 늘리고, 업무에 복귀한다면 예후는 좋을 것으로 판단된다. 만약 그렇지 않다면 예후는 조심이다(상담의 예후).

Antwone의 사례

Antwone은 20대 중반의 아프리카계 미국인 해군수병으로, 별것 아닌 도발에 다른 해군 요원들을 때렸다. 최근 그의 부대 사령관은 그에게 강제적으로 상담을 받도록 명령하였다. 그는 어릴 때부터 해군에 입대할 때까지 위탁 보호되어 살았는데, 주로 학대적인 아프리카계 미국인 입양가족과 함께 살았다.

인지행동적 평가　　진단적 평가 정보 외에 인지행동적 평가에는 다음의 내용이 추가된다. 그는 상처, 독단적인 판단, 거절 그리고 어릴 때부터 경험해 온 상실로부터 스스로를 보호하기 위해 다른 사람들에게 공격적으로 대한다고 했다. 이 모든 것은 그를 버린 어머니와 그를 무시하고 학대한 입양가족에게서 시작되었다. 그는 지지적인 관계를 원하지만, 주위의 타인을 경계하고 방어적이다. 부적응적 행동과 인지 평가는 다음과 같다. 그는 자기표현, 타협, 갈등해결에 대한 문제를 호소했고, 친구관계 기술은 거의 없었다. 그는 거의 매주 폭력적인 다툼이 있었고 항상 화가 나고 혼란스러웠다고 했다. 그의 자동적 사고 중 하나는 '다른 사람들이 항상 나를 해

치거나 떠나기 때문에 나는 그들과 가까이 지내지 않는다'이다. 〈표 7-3〉에 종합형 사례개념화의 주요 요소에 따라 진단적 평가와 인지행동적 평가의 결과를 요약하였다.

사례개념화   타인을 향한 Antwone의 언어적 · 신체적 공격과 타인의 의
진술문   도에 대한 혼란(호소문제)은 폭력적인 싸움을 일으킨 동료들의
      놀림과 도발(현재의 촉발요인) 그리고 동료와 권위 있는 대상에
대한 지각된 부당함(지속적인 촉발요인)에 대한 반응으로 보인다. 살아오는 동안
내내 Antwone은 인정받으려고 애썼고, 무시당하고 학대받고 버림받았던 것
을 이해하려고 했으며, 위협적이거나 부당하게 지각되는 상황에 직면하면 공
격적으로 맞서고, 타인과 조건적으로 관계를 맺음으로써 스스로를 보호하였
다(부적응적 패턴).

_____

_____

_____

_____

(유발요인). 갈등해결 기술의 결핍과 함께 그의 제한된 정서조절 능력이 이러한
패턴을 유지시키고 있다(유지요인). Antwone은 여러 가지 상담의 보호요인과 강
점이 있는데, 여기에는 그의 유일한 애착 대상이었던 어린 시절의 가장 친했던
친구가 포함된다. 그는 똑똑하고, 다방면에 흥미가 있는 독서가이고, 적어도 최
근까지는 정상적으로 진급을 하였다. 또한 그는 시를 쓰고, 두 가지 외국어도
배우고 있다. 게다가 그는 지난 공격적인 행동에 대해 처벌조치를 대신하여 상
담과 치료를 받도록 권장하는 군복지제도의 혜택을 받고 있다(보호요인/강점).

표 7-3	인지행동적 사례개념화의 요소		
호소문제	언어적 · 신체적 보복, 혼란		
촉발요인	다른 수병들과 폭력적인 싸움을 일으키는 갈등(현재의 촉발요인), 동료와 권위 있는 대상에 대한 지각된 부당함(지속적인 촉발요인)		
부적응적 패턴	맞서고 타인과 조건적으로 관계 맺음		
유발요인	부적응적 인지	자신을 결함이 있고 부지런하고 자기보호적이라고 생각함, 세상은 위험하고 불공평하고 요구가 많다고 생각함, 타인은 상처를 주고 거절하는 것으로 생각함	
	부적응적 스키마	결함이 있음, 학대/불신, 처벌	
	부적응적 행동	거절이 예상되고 부당해 보이면 덤벼들고 방어적이 됨, 주위의 타인을 경계하고 방어적임, 자기표현/타협/갈등해결에 문제가 있고 친구관계 기술은 거의 없음	
유지요인	제한된 정서조절 능력, 갈등해결 기술의 부족		
보호요인/강점	가장 친한 친구가 안정된 애착의 대상이었음, 똑똑하고 다방면에 관심이 있는 열정적인 독서가, 창의적임, 군복무에 충실함		
문화적 정체성	민족적 유대에 관해 약간의 갈등이 있는 아프리카게 미국인		
문화적 스트레스/문화적응	높은 수준의 문화적응이 되어 있지만, 상당한 문화적 스트레스가 있음		
문화적 설명	인종적 비하, 백인 동료와 상관의 인종적 도발		
문화 그리고(또는) 성격	성격과 문화적 요인들이 함께 작용함		
적응적 패턴	신중하게 타인과 접촉하며 관계 맺기		
상담목표	부적응적 신념과 행동의 감소, 보다 적응적인 신념과 행동의 개발, 정서적 자기조절 향상, 특히 분노와 충동에 대한 통제 강화, 자기표현 및 갈등조절 기술 향상		
상담의 초점	부적응적 신념과 행동으로 촉발되거나 악화된 문제적 상황		
상담전략	특정한 부적응적 신념과 행동의 확인 및 교정, 인지적 재구조화, 대체, 노출, 기술 훈련/심리교육		
상담개입	소크라테스식 질문, 증거 조사, 논박을 포함한 인지적 재구조화, 자기모니터링과 자동적 사고 기록, 인지 · 행동적 대체, 행동 활성화, 노출, 기술 훈련		

상담의 장애	상담자를 '시험'함, 공격적 태도, 상담자에 대한 지나친 의존, 종결의 어려움
문화적 상담	그들의 조상들로부터 전해 내려온 자기혐오라는 관점에서 입양가족의 편견과 학대를 치료적으로 구조화하여 다룸, 독서치료
상담의 예후	좋음에서 매우 좋음

　Antwone은 아프리카계 미국인으로서의 정체성을 갖고 있으며, 약간의 민족적 유대를 유지하고 있다(문화적 정체성). 그는 높은 수준의 문화적응을 보이지만, 그의 문화적 신념에 의해 악화된 것으로 보이는 인종차별을 계속 많이 경험하고 있다(문화적 스트레스/문화적응). 그는 자신의 문제가 아프리카계 미국인 입양가족의 인종적 비하와 학대 그리고 백인 동료와 해군 상관들의 인종적 도발의 결과라고 생각한다(문화적 설명). 성격과 문화적 요인들이 모두 작용하는 것으로 보인다[문화 그리고(또는) 성격].

　Antwone이 더 효과적으로 기능하기 위해 도전해야 할 과제는 신중하게 타인을 알아가고 믿어 가면서 그들과 관계를 맺는 것이다(적응적 패턴).

(상담목표). 이러한 목표는 그가 타인과 더 완전히 관계를 맺기 전에 관심을 가질 수 있는 보다 적응적인 패턴을 촉진시킬 것이다. 상담의 초점은 부적응적 신념과 행동에 의해 촉발되거나 악화된 문제적 상황을 분석하는 데 둔다(상담의 초점). 상담전략은 인지적 재구조화, 대체, 노출 그리고 기술 훈련과 심리교육을 통해 특정한 부적응적 신념과 행동을 확인하고 교정하는 것이다(상담전략).

_____

_____

_____

_____

_____

(상담개입). 특정한 상담의 장애와 도전을 예상할 수 있다. Antwone은 친절한 상담자를 그가 전혀 경험해 보지 못한 긍정적인 아버지상과 역할 모델로 빠르게 동일시할 가능성이 있다. 또한 이것이 전이-역전이 재연을 일으켜서 그가 공격적으로 행동하도록 할 가능성도 있다(상담의 장애). 성격과 대인관계 상담에 초점을 두는 것과 더불어 효과적인 상담 결과를 얻으려면 편견의 문화적 차원, 즉 백인 동료와 상관들의 편견뿐만 아니라 그의 흑인에 대한 흑인의 편견 경험을 다룰 필요가 있다. 그에 대한 입양가족의 편견과 학대는 그들의 조상들로부터 그에게 전해진 자기혐오라는 관점에서 치료적으로 구조화하는 것이 유용할 것이다. 그다음 이를 치료적으로 다룰 수 있을 것이다. 그는 독서광이므로, 이러한 형태의 편견을 분석하고 설명하는 책과 기사를 활용한 독서치료가 유용한 치료적 매체가 될 수 있다(문화적 상담). Antwone은 상담에 도움이 되는 여러 강점과 자원이 있는데, 여기에는 지적 능력, 다양한 관심사에 대한 독서, 최근까지의 정상적인 진급, 시 쓰기와 두 가지 외국어 학습이 포함된다. 이런 자원들에 변화하고자 하는 그의 동기를 더하면 예후는 좋음에서 매우 좋음으로 보인다(상담의 예후).

Maria의 사례

Maria는 17세의 1세대 멕시코계 미국 여성으로 기분 변화 때문에 상담에 의뢰되었다. 그녀는 집에 남아서 말기의 병을 앓고 있는 어머니를 간호하지 않고 대학으로 공부하러 떠나야 하는지에 대한 결정을 두고 갈등하고 있다. 가족은 그녀가 집에 남기를 바라고 있다. 그녀는 언니에게 화가 났는데, 언니는 부모님이 그들의 문화에서는 부모가 나이 들거나 병에 걸리면 부모를 보살필 것을 '요구한다'고 주장하자 17세에 집을 나갔다. 그녀의 백인 친구들은 그녀에게 대학에 가서 꿈을 펼치라고 권하고 있다.

인지행동적 평가　진단적 평가 정보 외에 인지행동적 평가에는 다음의 내용이 추가된다. 그녀는 부모님과 남자 친구 그리고 친구들이 살면서 무엇을 해야만 하는지 주기적으로 말해 준다고 하였다. 또한 그녀는 모든 사람이 그녀를 오해하고 있으며, '옳은' 결정을 내렸을 때에만 타인들이 그녀를 받아들이고, 결국에는 실패하게 될 것이라고 믿고 있다. 부적응적 행동과 인지 평가는 다음과 같다. 그녀는 자신을 수줍어하고, 수동적이고, '항상 다른 사람을 먼저 배려하는 사람'이라고 하였다. 그녀는 가능한 한 갈등을 피하려고 노력하며, 최근 '난처함'을 느꼈고, 그녀를 괴롭히고 있는 모든 것을 잊고 편안해지려고 술을 마시기 시작했다고 했다. 몇 가지 자동적 사고에는 '만약 내가 대학을 가면 부모님은 나를 더 이상 사랑하지 않을 거야.' '나를 이해해 주는 사람은 아무도 없어.' '나는 무엇을 해야 할지 모르겠어. 나는 이 상황을 헤쳐 나갈 수 없어.'가 있다. 〈표 7-4〉에 종합형 사례개념화의 주요 요소에 따라 진단적 평가와 인지행동적 평가의 결과를 요약하였다.

표 7-4 인지행동적 사례개념화의 요소

호소문제		우울, 혼란, 실험적인 알코올 사용
촉발요인		대학으로 떠날 것인지 아니면 남아서 부모님을 보살필 것인지에 대한 압박과 갈등(현재의 촉발요인), 자립과 홀로서기의 기대 또는 자기희생으로 타인의 욕구를 충족시키려는 바람(지속적인 촉발요인)
부적응적 패턴		타인의 욕구는 충족시키지만, 자신의 욕구는 충족하지 못함
유발요인	부적응적 인지	자신을 다정하지만 무능하며, 타인의 호감을 살 필요가 있다고 생각함, 세상과 타인은 요구가 많지만 그녀의 욕구에는 둔감하다고 생각함
	부적응적 스키마	자기희생, 인정받기를 바람, 결함이 있음
	부적응적 행동	복종, 호감을 사려는 행동, 미숙한 자기표현 기술, 대처하기 위해 알코올 사용
유지요인		의존적이며 호감을 사려는 스타일, 부족한 자기표현, 문화적 기대
보호요인/강점		견실한 가족, 사회적/종교적 가치관, 성공적인 학생, 유대가 긴밀하고 안전한 문화공동체
문화적 정체성		노동자 계층의 멕시코계 미국인
문화적 스트레스/문화적응		낮거나 보통 수준의 문화적응, 부모와 문화의 기대에 대한 양가감정에서 오는 스트레스
문화적 설명		'믿음의 부족'으로 문제가 발생함
문화 그리고(또는) 성격		성격과 문화적 요인들이 함께 작용함
적응적 패턴		자신과 타인의 욕구 충족하기
상담목표		부적응적 신념과 행동의 감소, 보다 적응적 신념과 행동의 개발
상담의 초점		부적응적 신념과 행동으로 인해 촉발되거나 악화된 문제적 상황
상담전략		특정한 부적응적 신념과 행동 확인 및 교정, 인지적 재구조화, 대체, 노출, 기술 훈련/심리교육
상담개입		소크라테스식 질문, 증거 조사, 논박을 포함한 인지적 재구조화, 자기모니터링과 자동적 사고 기록, 인지·행동적 대체, 사고 중지, 노출, 기술 훈련
상담의 장애		부모와 문화적 기대에 굴복할 수 있음, 상담자의 호감을 사려고 함, 상담자는 무의식적으로 자율성을 옹호할 수 있음
문화적 상담		돌보는 역할에 대한 문화적 기대와 호감을 사려는 욕구를 다룸, 부모의 문화적 기대를 다루는 가족상담
상담의 예후		보통에서 좋음

**사례개념화
진술문**
Maria의 우울 증상, 혼란, 최근의 실험적인 알코올 사용(호소 문제)은 대학으로 떠날 것인지 아니면 남아서 부모님을 보살필 것인지에 대한 압박과 갈등(현재의 촉발요인) 그리고 자립과 홀로 서기의 기대 또는 자기희생으로 타인의 욕구를 충족시키려는 바람(지속적인 촉발요인)에 대한 반응으로 보인다. Maria는 지금까지 살아오면서 착한 딸과 좋은 친구가 되려고 애썼고, 점차 자신의 욕구를 충족하기보다는 타인의 욕구를 충족하는 데 '열중'하였다(부적응적 패턴).

_____

_____

_____

_____

_____

(유발요인). 그녀의 낮은 수준의 자기표현과 부모님을 실망시키고 싶지 않은 마음이 이런 패턴을 유지하도록 하였다(유지요인). Maria가 가지고 있는 몇 가지 상담의 강점은 견실한 가족과 사회적/종교적 가치관으로, 이것은 그녀가 활기찬 삶의 목표를 설정하도록 동기를 부여하는 것이다. 또한 그녀는 밝고 성공적인 학교생활을 하였으며, 이것은 미래에 그녀에게 다방면의 가능성을 제공하고 있다. 그녀는 또한 안전함과 지지받음을 느낄 수 있는 유대가 긴밀한 가족과 문화공동체로부터 혜택을 받고 있다(보호요인/강점).

Maria는 자신을 전통 문화에 보통 수준으로 참여하고 있는 노동자 계층의 멕시코계 미국인이라고 하였다(문화적 정체성). 그녀의 문화적응 수준은 낮음에서 보통 수준인 반면에, 부모님의 문화적응 수준은 낮은 편이다. 그녀의 언니가 다 큰 딸은 자기 자신보다 부모의 요구에 맞춰야 한다는 문화적 명령에 따르기를 거부했기 때문에, 지금은 그 책임이 Maria에게 있다. 문화적 규범과 기대를 따를 것인지 아니면 자기 자신의 목표를 따를 것인지에 대한 양가감정이 Maria를 매우 괴롭히고 있다(문화적 스트레스/문화적응). 그녀는 자신의 문제를 낮은 수준의 문화적응과 일치하는 신념인 '믿음의 부족' 때문이라고 설명하고 있다. 그녀와 가족이 미국에 도착했을 때는 약간의 차별을 겪었지만, '보다 안전한' 멕시코계 미국인 이웃들이 있는 곳으로 이사하면서 그 일은 해결되었다(문화적 설명). 성격과 문화적 요인이 모두 작용하는 것으로 보인다. 구체적으로 의존성을 조장하는 문화적 역동, 즉 착한 딸은 잠자코 부모님을 보살펴야 한다는 것이 그녀의 의존적 성격 역동을 강화하고 있다[문화 그리고(또는) 성격].

보다 효과적으로 기능하기 위해 Maria가 도전해야 할 과제는 타인의 욕구와 자기 자신의 욕구를 함께 충족하는 것이다(적응적 패턴).

(상담목표). 상담의 초점은 부적응적 신념과 행동에 의해 촉발되거나 악화된 문제적 상황을 분석하는 데 둔다(상담의 초점). 상담전략은 인지적 재구조화, 대체, 노출 그리고 기술 훈련과 심리교육을 통해 특정한 부적응적 신념과 행동을 확인하고 교정하는 것이다(상담전략).

(상담개입). 예상할 수 있는 상담의 장애와 도전은 Maria가 상담자의 제안과 회기의 과제에 선뜻 동의함으로써 상담자의 호감을 사려 할 가능성과 곧이어 갈등하고 그것을 실행하지 못할 가능성이다. 또한 내담자는 부모님의 기대에 굴복할 가능성이 있다. 따라서 상담자는 상담 초기에 예측적인 판단을 하고, 이런 일이 일어나면 그것을 실패로 간주하지 말고 치료적으로 다루어야 한다. 마지막으로, 의존적인 내담자와 상담을 하는 상담자는 상담자 자신의 욕구와 가치관이 상담의 장애가 될 수 있음을 예상해야 한다. 이런 현상은 상담자가 무의식적으로 내담자를 옹호하면서, 내담자가 충분히 준비도 되기 전에 내담자에게 독립적이고 자율적이 되기를 기대할 때 일어날 수 있다(상담의 장애). 또한 효과적인 상담 결과를 얻으려면 관련 문화적 역동을 다루어야 할 것이다. 구체적으로, 믿음의 부족이 Maria 문제의 근원이라는 설명모형을 치료적으로 다루는 것이 포함된다. 이런 신념의 특징과 강도에 따라 교육과 인지적 논박이 필요할 수 있다. 또한 부모님을 보살피는 것에 대한 문화적 기대는 호감을 사려는 그녀의 욕구의 관점에서 다룰 것이다. 이 밖에 부모님이 그녀에게 하고 있는 그들의 문화적 기대를 재검토해 보고 조정할 수 있는 가족 상담이 필요할 수 있다(문화적 상담). 성격과 문화의 영향 이외에, Maria를 상담으로 이끈 자원들이 예후에 영향을 주고 있다. 그녀는 영리하고 대학에 합격했으며, 이미 그녀의 욕구와 진로목표를 구체화하였다. 그러나 현재 그녀의 낮은 문화적응 수준과 의존적 성격 역동을 감안하면 상담의 예후는 보통에서 좋음 범위에 있다(상담의 예후).

Richard의 사례

Richard는 41세의 백인 남자로 최근의 이혼 이후 불안, 슬픔, 분노가 있는 것으로 평가되었다. 그는 현재 혼자 살고 있으며, 기계설비 기사로 일하고 있고, '완벽한 여자를 찾을 수 있는' 야간 업소에 자주 가고 있다. 그는 지난 6년 동안 네 개의 일자리를 가졌고, 마지막 직장에서는 여자 동료가 대든다고 주먹으로 벽을 쳐서 해고당했다. 그는 알코올중독인 부모의 외아들로, 부모는 '항상 싸웠다'고 했다.

인지행동적 평가 진단적 평가 정보 외에 인지행동적 평가에는 다음의 내용이 추가된다. 어릴 때 그는 어른들이 싸우면서 서로 공격하고, 그들의 자녀들을 무시하고 가혹하게 대하는 것을 보았다. 그는 어릴 때부터 상대방의 입장에서 보기, 친구관계 기술, 정서 조절, 분노관리에 대한 어려움이 있어 왔다. 현재 그는 많은 갈등이 있는 격앙된 관계를 지속하고 있다. 면담하는 동안, Richard는 거만한 태도를 보였고, 심지어 상담자의 자격까지 의심했다. 부적응적 행동과 인지 평가는 다음과 같다. 그는 자신의 분노를 통제하는 데 문제가 있다는 것을 인정했고, 그의 전 부인이 그를 충동적이고 지나친 요구를 하는 사람이라고 했다고 말했다. 그는 사람들을 '완전히 좋은' 혹은 '완전히 나쁜' 사람으로 표현했으며, 그의 삶에서 '이런 독한 사람들을 당해 낼 수 없다.'고 했다. 그의 두 가지 자동적 사고는 '만약 친구들이 나에게 전화하지 않는다면, 그건 그들이 나를 원치 않는다는 의미다'와 '내가 행복하려면 여자가 필요하다'이다. 〈표 7-5〉에 종합형 사례개념화의 주요 요소에 따라 진단적 평가와 인지행동적 평가의 결과를 요약하였다.

표 7-5 인지행동적 사례개념화의 요소

호소문제		분노 폭발, 슬픔, 불안
촉발요인		최근의 이혼과 벽을 친 것으로 마지막 직장에서 해고당함(현재의 촉발요인), 자기에 대한 평가, 혼자 있음, 또는 특별한 존재로 여기지 않는 타인의 지각(지속적인 촉발요인)
부적응적 패턴		타인을 무시하고 이용하면서 자신을 높임
유발요인	부적응적 인지	자신은 특별한 대접을 받을 자격이 있다고 생각함, 세상은 그의 마음대로 할 수 있고, 타인은 이용할 수 있고 자신의 욕구에 응할 것이라고 생각함
	부적응적 스키마	특권의식, 결함이 있음, 정서적 박탈
	부적응적 행동	화내고, 성급하고, 충동적이고, 태만하고, 지나친 요구를 하는 행동
유지요인		충동성, 제한된 관계 기술, 공감 능력 부족
보호요인/강점		회복탄력성과 지도력이 있고 매력이 있음, 타인을 보살피는 능력이 있음(즉, 과거에 할머니와의 관계)
문화적 정체성		중산층 백인 남자
문화적 스트레스/문화적응		높은 문화적응 수준, 분명한 문화적 스트레스는 없으나 상담과정에서 특권의식은 탐색되어야 함
문화적 설명		학대하고, 사랑을 주지 않은 부모에 의해 초래된 불안, 분노, 슬픔
문화 그리고(또는) 성격		성격 역동이 작용함, 그러나 특권의식은 탐색되어야 함
적응적 패턴		자신감 갖기와 타인 존중하기
상담목표		부적응적 신념과 행동의 감소, 보다 적응적인 신념과 행동의 계발, 분노 폭발 및 슬픔과 불안 감소
상담의 초점		부적응적 신념과 행동에 의해 촉발되거나 악화된 문제적 상황
상담전략		특정한 부적응적 신념과 행동의 확인 및 교정, 인지적 재구조화, 대체, 노출, 기술 훈련/심리교육
상담개입		소크라테스식 질문, 증거 조사, 인지적 재구조화
상담의 장애		자신의 문제적 행동 최소화하기, 상담자의 이상화 또는 폄하, 거만한 태도
문화적 상담		문화적 초점의 상담은 필요치 않으나 특권의식 역동은 다룰 필요가 있음
상담의 예후		보통

**사례개념화
진술문**   Richard의 분노 폭발, 슬픔, 불안(호소문제)은 최근의 이혼과
벽을 친 것으로 마지막 직장에서 해고당함(현재의 촉발요인) 그리
고 자기에 대한 평가, 혼자 있음, 또는 특별한 존재로 여기지
않는 타인의 지각(지속적인 촉발요인)에 대한 반응으로 보인다. 청소년기부터 그
는 자신을 높이고, 공격적인 방식으로 타인을 무시하고 학대하여, 안전하고
만족스러운 관계를 유지하는 데 어려움이 있었다(부적응적 패턴).

_____

_____

_____

_____

(유발요인). 이 패턴은 공감 능력 부족, 충동성 그리고 관계 기술 부족으로 유지
되고 있다(유지요인). Richard의 할머니와의 안정된 애착은 보호요인으로 작용
하고 있으며, 그가 타인을 보살피는 능력이 있다는 증거가 된다. 상담에서 보
이는 Richard의 가장 두드러진 강점은 회복탄력성이다. 그는 또한 지도력이
있고 매력이 있다(보호요인/강점).

　　Richard는 중산층 백인 남자로서의 정체성을 가지고 있다(문화적 정체성). 그
의 문화적응 수준은 높은 편이며, 분명하게 드러난 문화적응 스트레스 징후
는 없다(문화적 스트레스/문화적응). 그는 분노, 슬픔, 불안이라는 최근의 문제가
술만 먹으면 항상 싸우기만 했던, 학대적이고 사랑이 없었던 부모에게서 물
려받은 나쁜 본보기의 결과라고 생각한다(문화적 설명). 마지막으로 성격 역동
이 우세하게 작용하고 그의 호소문제와 패턴을 적절히 설명하고 있으나, 상
담에서 그의 권리의식과 특권의 경험을 탐색해 보는 것이 유용할 것이다[문화
그리고(또는) 성격].

보다 효과적으로 기능하기 위해 Richard가 도전해야 할 과제는 타인을 더 존중하려고 노력하면서 자신감을 갖는 것이다(적응적 패턴).

(상담목표). 상담의 초점은 부적응적 신념과 행동에 의해 촉발되거나 악화된 문제적 상황을 분석하는 데 둔다(상담의 초점). 기본적인 상담전략은 Richard의 부적응적 신념과 행동을 확인하고 교정하는 것이 될 것이다. 상담목표와 초점에 맞는 상담전략에는 인지적 재구조화, 대체, 노출, 기술 훈련이 포함된다(상담전략).

(상담개입). 예상할 수 있는 상담의 장애와 도전은 Richard가 환경이나 타인을 비난함으로써 자신의 문제적 행동을 최소화시킬 가능성이다. 상담의 시작 단계에서는 그가 상담자에 대한 이상화 또는 폄하를 번갈아 보일 것으로 예상된다. 그의 특권의식과 거만한 태도는 상담자의 역전이를 활성화시킬 수 있다. 게다가 자기애적 특징이 있는 내담자들은 대부분 증상, 시급한 갈등 또는

스트레스 요인이 충분히 줄어들면 상담을 중단하는 일이 흔하기 때문에, 내담자가 지속적인 상담을 해야 도움이 된다고 생각하는 상담자는 상담의 시작 시점과 그 이후에 내담자의 근원적인 부적응적 패턴이 충분히 변화되지 않으면 비슷한 이슈와 문제가 앞으로도 반드시 일어날 것이라고 알려 줄 필요가 있다(상담의 장애). 주요하게 영향을 미치는 것이 성격 역동이기 때문에 문화적 초점의 상담은 필요 없지만, 그의 혜택과 특권의식은 탐색해야 할 것이다(문화적 상담). 마지막으로, 조건적으로 관계를 맺는 내담자의 태도, 여러 번의 해고와 충동성 때문에 현재 상황에서의 예후는 보통으로 평가된다(상담의 예후).

Katrina의 사례

Katrina는 13세의 혼혈 여성이다. 그녀는 최근 우울 증상, 학업성적의 부진, 반항적인 행동, 학교에서 다른 학생들과의 싸움 때문에 생활지도 상담사에 의해 상담이 의뢰되었다. 그녀의 공격적인 행동과 학업문제는 아버지가 8년 동안 바람을 피웠다는 어머니와 이모의 대화를 우연히 들은 이후 지난 6개월에 걸쳐 증가되었다. 그녀는 그 결과 아이가 두 명 있다는 사실을 알고서 충격에 빠졌다. 그 외 다른 문제는 교실에서 다른 친구들과 몇 번의 싸움, 어머니와의 잦은 갈등, 지난 6개월간 15일 결석, 학업에 대한 흥미 감소다. 이전에 그녀는 뛰어나게 공부를 잘했는데, 지금은 그림 그리기, 독서와 같은 그녀가 좋아했던 활동에서도 뚜렷하게 흥미를 잃고 있다. Katrina의 아버지는 현재 푸에르토리코에 살고 있으며, 가족과는 접촉이 없다. Katrina는 학교 근방 작은 아파트에서 어머니와 남동생과 살고 있다. 그녀는 1년 전 아버지가 가족을 떠나기 전에 살았던 주택에서 집을 줄인 이후로 공간의 부족으로 힘들다고 토로했다.

Katrina는 미성년자이기 때문에 학교상담사는 첫 면접에서 Katrina와 그녀의 어머니와 함께 이야기할 필요가 있었다. Katrina의 어머니인 Julia는 Katrina가 누구도 믿지 않기 때문에 많은 사람에게 자신의 문제를 이야기 하지 않을 것이라고 생각한다고 말했다. 첫 면접에서 Katrina는 누구도 믿지 않으며 상담자가 뭐를 하라고 해도 상담하는 것에 관심이 없다고 이야기했다. 첫 면접에서 자기노출은 Katrina에게 매우 어려운 일이었고, Julia가 대부분의 질문에 답을 하였으며 어떤 경우에는 Katrina가 대답하려는 때에도 Katrina 대신 말하였다. Julia는 Katrina의 아버지가 매우 비판적이고 Katrina의 어린 시절 내내 정서적으로 철회했다고 보고하였다.

인지행동적 평가   Katrina는 "나는 진짜로 아빠가 없어요. 진짜 아빠는 자신의 가족을 돌보고 보살피니까요."라고 하였다. 그녀는 선생님들과 어머니가 항상 그녀에게 자기가 하고 싶지 않은 일들을 하라고 강요해서 피곤하다고 말하였다. 부적응적 행동과 인지의 평가에는 자기표현 기술의 부족, '연약함을 보이는 것은 사람들이 너에게 이득을 취할 것이라는 의미이다.'라는 중간신념, 통제적이면서 믿을 수는 없는 권위 있는 대상에 대한 신념, 그리고 무가치함, 불신, 사랑스럽지 않음을 포함하는 스키마가 포함된다. 〈표 7-6〉에 종합형 사례개념화의 주요 요소에 따라 진단적 평가와 인지행동적 평가 결과를 요약하였다.

사례개념화 진술문   Katrina의 사회적 고립, 공격적이고 반항적인 행동 그리고 우울 증상(호소문제)은 그녀 아버지의 불륜과 그 결과 생긴 아이들에 대한 최근의 소식(현재의 촉발요인)에 대한 반응으로 보인다. Katrina는 폭력을 당하거나 타인에게 통제받고 있다고 여겨지면 보복하는 경향이 있다(지속적인 촉발요인). Katrina의 아버지와의 관계 결핍과 부모에 대한 신뢰 부족을 고려해 보면, 그녀는 앞으로 있을 수 있는 위해와 거절로부터 자신을 보호하기 위해 권위 있는 대상과 또래에게 맞서는 대응을 한다(부적응적

표 7-6 인지행동적 사례개념화의 요소

호소문제	우울 증상, 공격적 행동 그리고 사회적 고립	
촉발요인	그녀 아버지의 불륜과 그 결과 생긴 아이들에 대한 인식(현재의 촉발요인), 타인에게 폭력을 당하거나 통제를 받고 있다고 여겨지면 보복함(지속적인 촉발요인)	
부적응적 패턴	잠재적 위해와 거절로부터 자신을 보호하려고 맞섬	
유발요인	기술 부족	친구관계 기술, 자기표현, 분노관리
	자기-타인 스키마	(자기관) 무가치함, 부족함 (타인관) 믿을 수 없음, 통제적임
유지요인	사회적 고립과 부족한 지지체계, 순종을 엄하게 강요하는 어머니와 선생님들, 낮은 좌절 인내력, 부족한 자기주장 기술	
보호요인/강점	이모와 어린 남동생과 친하게 지냄, 총명함, 창의적임, 회복력 있음	
문화적 정체성	히스패닉계-아프리카계 미국인, 저소득층	
문화적 스트레스/ 문화적응	낮음에서 보통 수준을 보이는 문화적응과 문화적 스트레스	
문화적 설명	우울증을 부인함, 선생님들과 어머니가 덜 통제적이면 기분이 나아질 거라고 생각함	
문화 그리고(또는) 성격	성격 역동과 문화적 역동이 작용함	
적응적 패턴	타인과의 관계에서 안전감 및 관계 맺는 능력 향상하기	
상담목표	부적응적 신념과 행동의 감소, 보다 적응적인 신념과 행동의 계발, 우울 증상과 공격적 행동의 감소	
상담의 초점	부적응적 신념과 행동에 의해 촉발되거나 악화된 문제적 상황	
상담전략	기술 훈련, 동기강화면접, 분노 관리, 인지적 재구조화와 대체, 강점 중심의 CBT	
상담개입	동기강화면접, 가족상담, 사고중지, CBT 예술치료, 마음챙김, 강점 강화, 부적응적 사고와 행동 대체	
상담의 장애	개인상담과 집단상담에 저항할 가능성 있음, 가족면담 중에 어머니에게 감정폭발이 예상됨, 자기노출의 어려움	
문화적 상담	여성상담자 배정, 문화적으로 초점을 맞춘 인지행동 치료와 가족상담	
상담의 예후	보호요인들이 상담에 포함된다면 보통에서 좋음	

패턴). 요약하면, 그녀의 패턴은 불륜으로 인한 아버지에 대한 신뢰 부족의 관점에서 이해할 수 있다. 게다가 아버지에게 거부당하고 있다는 그녀의 지각이 불신에 대한 핵심 신념, 타인의 의도에 대한 피해망상 그리고 타인과의 관계에서 안전함의 부족에 영향을 미치는 것으로 보인다.

(유발요인). 이 패턴은 도움을 요청하는 것에 대한 Katrina의 비자발성, 상담 참여에 대한 낮은 동기 수준, 사회적 고립과 부족한 지지체계, 순종을 엄하게 강요하는 어머니와 선생님들, 그녀의 낮은 좌절 인내력 그리고 부족한 자기주장 기술로 유지되고 있다(유지요인). 현재의 여러 가지 문제에도 불구하고, Katrina는 이모와 어린 남동생과 매우 친하게 지낸다고 보고하였다. 가족과의 친밀한 관계 외에 Katrina는 남동생에 대해 책임감을 느끼며, 위험으로부터 남동생을 보호하기 위해 그녀가 할 수 있는 모든 것을 하고 있다고 이야기했다. 마지막으로, 그녀의 강점으로는 훌륭한 예술가가 되고자 함, 확고한 의지, 총명함, 공감적임, 창의적임이 있다(보호요인/강점).

　Katrina는 이성애자이고 혼혈이라는 정체성을 가지고 있다. 그녀는 히스패닉계와 아프리카계 미국인으로 정체감을 갖고 있으나, 어느 한쪽의 정체성에 편향된 민족적 전통과 문화적 전통은 거의 없다고 보고하였다. 그녀는 친구들과 더 친했으면 좋겠고, 친구들 앞에서 어머니에게 스페인어로 말하는 것을 특이하거나 이상하게 여기지 않았으면 좋겠다고 말하였다(문화적 정체성). 그녀는 보통 수준으로 문화적응이 되어 있고, 비록 어머니가 집에서는 스페인어를 사용하라고 요구하지만, 집 밖에서는 스페인어로 말하는 것을 좋아하지 않는다. Katrina의 어머니는 낮은 수준의 문화적응을 보이는데, 그 증거로는 영어로 말하는 데 어려움이 있고, 영어로 말하는 친구들이 거의 없으며, 푸에르토리코계-아프리카계 1세대 미국인이고, 미국에서 사는 게 행복하지 않으며, Katrina가 고등학교를 졸업하면 푸에르토리코로 돌아갈 계획이라고 말하는 점을 들 수 있다(문화적 스트레스/문화적응). Katrina는 그녀가 우울하다고 생각하지 않지만, 사람들이 덜 통제하고 '덜 권위적'이면 짜증이 덜 날 것 같다고 느낀다(문화적 설명). 중간 수준의 문화요인과 중간 수준의 성격 역동이 호소하는 문제들에 영향을 미치는 것으로 보인다[문화 그리고(또는) 성격].

Katrina가 보다 효과적으로 기능하기 위한 도전과제는 타인을 신뢰하고 더 안전하다고 느끼며, 타인과 더 잘 관계를 맺는 능력을 키우는 것이다(적응적 패턴).

_____

_____

_____

_____

(상담목표). 상담의 초점은 안전하지 않고 통제적인 것으로 보는 타인에 대한 부적응적 신념을 탐색하여 수정하고, 집과 학교 장면에서 문제가 되어 왔던 행동적 문제를 수정할 수 있도록 돕는 데 둔다(상담의 초점). 기본적인 상담전략은 구체적인 부적응적 신념과 행동을 확인하고 수정하는 것이 될 것이고, 이런 부적응적 신념과 행동은 기술 훈련, 동기강화면접, 재구조화, 심리교육, 학교 집단상담에의 의뢰, 가족상담을 통해 다루어질 것이다(상담전략).

_____

_____

_____

_____

(상담개입). 예상할 수 있는 상담의 장애와 도전은 상담에 대한 Katrina의 동기
가 낮고, 피해망상적인 성향이 반항적인 행동으로 이어질 수 있다는 것이다.
그리고 그녀가 믿지 못하기 때문에 상담자와 개인적인 문제를 논의하는 데
어려움이 있을 것이고, 종종 상담자를 떠보는 행동을 할 것으로 예상된다(상
담의 장애). 상담은 Katrina와 어머니의 문화적응 수준을 감안하여 몇 가지 문
화적으로 민감한 요소를 다룰 것이다. 문화적으로 민감한 개입과 가족상담
이 Katrina의 혼혈과 양쪽 문화에 대한 개인적 경험을 고려하여 드러난 문화
적 요인을 다루는 데 활용될 것이다. 추가적으로 성 역동이 문제가 될 수 있
으므로 Katrina에게 여성 상담자를 배정하는 것이 유용할 수 있다(문화적 상담).
Katrnia가 상담과정에 더 참여할 수 있고 그녀의 강점을 활용하고 이모의 지
원을 받을 수 있다면, 예후는 보통 정도에서 좋음으로 평가된다(상담의 예후).

기술향상 연습: 인지행동적 사례개념화

6장의 기술향상 연습에서 언급한 바와 같이, 여러분은 사례개념화 진술문
의 특정 요소가 빈칸으로 되어 있음을 알 것이다. 이런 빈칸은 구체적인 답이
제공되어 여러분의 사례개념화 기술을 더 정교화할 수 있는 기회가 될 것이

다. 각 사례마다 간략하게 유발요인 진술문, 상담목표, 그리고 이론에 상응하는 세부적인 상담개입을 작성하라.

결론

사례개념화의 인지행동적 방법을 기술하고 설명하였다. 인지행동적 관점의 기본 전제를 제시하였으며, 인지행동적 평가와 관련된 요인들을 논의하였다. 그다음 인지행동적 사례개념화 방법을 다섯 사례에 적용하였고, 임상적 공식화, 문화적 공식화, 상담개입 공식화를 제시하였다. 8장에서는 단기역동 사례개념화 방법으로 동일한 다섯 사례를 분석하고 설명할 것이다.

질문

1. 인지행동적 사례개념화의 접근을 활용하며 확인한 내담자의 부적응적 행동의 다양한 측면을 설명하라.
2. 인지행동적 사례개념화의 접근을 활용함에 따른 목표, 합리적 · 이상적 성과를 논하라.
3. 인지행동적 사례개념화에서 가장 공통적인 접근은 왜 행동으로 시작하고 그다음 인지를 다루는지를 설명하라. 장점은 무엇인가?
4. 초기 평가에서 사용할 수 있는 몇몇 촉진 질문을 비교하라. 사례개념화의 어떤 요소들이 이런 질문을 이끌어 내는가?
5. 인지행동적 접근의 임상적 공식화, 문화적 공식화, 상담개입 공식화의 요소를 설명하라.

부록

Antwone의 사례

유발요인

그의 반응은 그의 생모와 입양가족으로부터 경험해 왔던 고통, 독단적인 판단, 거절, 상실에 맞서 자신을 보호하려는 공격적이고 충동적인 수단으로 이해할 수 있다. Antwone은 공격적인 행동이 타인과 소통을 하고, 타인을 무력화시키거나 패배시키는 데 이용된다는 것을 배웠다. Antwone은 어릴 때 정서적 · 언어적 · 신체적 학대를 당한 내력이 있었다. 또한 그는 무시당하고 버림받은 경험이 있었다. 인지적으로, 그의 자기관에는 자신이 결함이 있고 그래서 타인이 늘 그를 해치거나 학대한다는 핵심 신념이 있다. 그의 세계관에는 삶은 위험하고, 불공평하며, 타인은 피해를 주고, 거절한다는 핵심 신념이 있다. 이런 것들은 결함이 있음, 불신/학대 그리고 처벌이라는 부적응적 스키마에 반영되어 있다. 행동적으로, 어릴 때부터 형성된 반격하고 타인과 조건적으로 관계를 맺는 이런 패턴은 자기표현, 타협, 갈등해결 그리고 친구관계 기술을 포함한 기술 결핍을 초래하였다.

상담목표

상담목표에는 정서적 자기조절, 특히 분노와 충동에 대한 통제를 강화하는 것과 자기표현 및 갈등조절 기술을 향상시키는 것이 포함된다.

상담개입

그의 부적응적 신념은 발견유도 질문을 통해 다루어질 것이며, 그는 사고 · 행동 · 감정을 스스로 모니터링하고, 자동적 사고 기록지에 적어 그것들에 도전하는 방법을 배울 것이다. 갈등 조절과 관계 기술을 향상하는 것은 심리교육 집단에서 이뤄질 것이다. 행동적 대체는 그가 화를 내거나 갈등에 빠져 있을 때 대안적인 행동을 탐색할 수 있도록 도와주기 위해 개인상담에서 실행될 것이다. 그 외 소크라테스식 질문, 증거 조사, 논박, 인지·행동적 대체가 사용될 것이다.

Maria의 사례

유발요인

그녀의 반응은 그녀가 가족을 중요시하는, 전통적인 멕시코계 미국인 가족 안에서 자랐다는 점을 고려해 보면 이해할 수 있다. 인지적으로, 그녀의 자기관에는 자신이 결함이 있고 무능하다는 핵심 신념이 있다. 그녀의 세계관에는 세상과 타인들은 지나친 요구를 하지만, 그녀의 욕구에는 둔감하다는 핵심 신념이 있다. 그녀는 자신이 떠나면 나쁜 딸이 되고, 부모님의 기대에 따르면 자신을 실망시키게 될 거라고 생각한다. 그녀의 신념은 상황을 어렵고 불공평한 것으로 지각하고, 그 결과로 타인의 욕구를 우선시하고 자신 자신의 욕구는 무시하는 경향이 있는 의존적 성격 패턴과 일치한다. 그녀의 부적응적 스키마에는 자기희생, 인정받기를 원함, 결함이 있음이 포함된다. 행동적으로, 타인의 호감을 사려는 이런 패턴은 수줍음, 수동적인 의사소통, 자신의 욕구 무시로 나타났으며, 어릴 때부터 자기표현, 타협, 갈등해결 등의 기술 결핍을 초래하였다.

상담목표

상담목표는 자기효능감과 단호하고 명확한 의사결정 능력을 증진시키는 것이다.

상담개입

관계 기술과 자기표현 기술을 향상시키는 것은 심리교육 집단을 통해 이뤄질 것이며, 그녀를 그런 집단으로 전환하는 데 개인상담이 활용될 것이다. 그녀의 부적응적 신념은 발견유도 질문을 통해 다루어질 것이고, 그녀는 사고, 행동, 감정을 스스로 모니터링하고, 자동적 사고 기록지에 기록함으로서 그것들에 도전하는 방법을 배울 것이다. Maria의 자기표현 기술을 향상시키기 위해 역할연기를 시도할 것이고, 상담자는 특정한 상황에서의 그녀의 불합리한 신념을 논박하기 위해 그녀와 함께 작업할 것이다. 그 외의 개입으로는 소크라테스식 질문, 증거 조사, 인지·행동적 대체, 사고 중지 그리고 노출이 포함될 것이다.

Richard의 사례

유발요인

Richard의 드러난 문제들은 핵심 신념의 결과라고 보면 이해할 수 있다. Richard는 자신이 특별한 대접을 받을 자격이 있다고 생각한다. 그는 세상은 그의 마음대로 할 수 있으며, 타인은 이용할 수 있고 그의 욕구에 응할 것이라고 생각한다. 부적응적 스키마는 특권의식, 결함이 있음, 정서적 박탈이다. 이런 신념은 상황을 자신의 욕구에 따라야 하는 것으로 지각하는 경향이 있는 자기애적 성격 패턴과 일치한다. 부적응적 행동에는 분노, 정서조절장애, 충동성, 과도한 요구가 있다. 행동 결핍에는 공감 반응 능력이 포함된 관계 기술의 부족이 있다.

상담목표

상담목표는 분노와 충동 조절에 대한 통제를 향상시키고, 슬픔과 불안을 줄이는 것이다. 추가적으로 상담은 부적응적 신념과 행동을 줄이고, 보다 적응적인 신념과 행동을 개발시킬 것이다.

상담개입

관계 기술과 공감 기술, 분노관리를 향상하는 것은 심리교육 집단에서 가장 잘 이뤄질 수 있는데, 그를 그런 집단으로 전환할 때에는 개인상담이 유용할 것이다. 그의 부적응적 신념은 발견유도 질문을 통해 다루어질 것이고, 그는 사고, 행동, 감정을 스스로 모니터링하고, 자동적 사고 기록지에 기록함으로써 그것들에 도전하는 방법을 배울 것이다. 인지 · 행동적 대체는 그의 기분을 향상시키고, 주말에는 집을 떠나 친구들과 골프를 치며 시간을 보내도록 하는 데 활용될 것이다. 그 외 상담개입에는 소크라테스식 질문, 증거 조사, 논박, 사고 중지, 행동 활성화, 노출 그리고 행동시연과 재연이 포함될 것이다.

Katrina의 사례

유발요인

Katrina는 자기 자신을 결함이 있고 무능하다고 보며, 타인은 통제적이고 믿을 수 없다고 생각한다. 그녀의 부적응적 스키마에는 무가치함, 불신, 사랑스럽지 않음이 포함된다. 그녀의 부적응적 행동은 자기표현, 친구관계 기술, 분노관리에 대한 기술 부족으로 이루어져 있다. 이런 스키마와 행동적 결핍은 Katrina가 아버지를 비판적이고 믿을 수 없는 사람으로 생각하고, 어머니는 통제적이고 비밀스러운 사람으로 생각한다는 것에 영향을 받은 것으로 보인다.

상담목표

상담목표에는 우울 증상 감소, 분노관리, 자기표현과 친구관계 기술 향상,

그리고 반항적 행동 감소가 포함된다. 추가적으로 상담은 부적응적 신념과 행동을 줄이고 보다 적응적인 신념과 행동을 개발할 것이다.

상담개입

그녀가 라포 형성과 동기강화면접을 통해 치료적 과정에 참여하게 되면, 그녀의 부적응적 신념은 발견유도 질문과 인지적 대체를 통해 다루어질 것이다. 그녀는 자신의 사고를 스스로 모니터할 수 있도록 학습하고, 마음챙김을 연습하며, 자신의 감정을 이야기하는 데 CBT 예술치료를 활용하고, 우울 증상과 분노를 관리하는 데 도움을 주기 위해 사고 기록지를 작성할 것이다. 학교상담사는 그녀의 확인된 강점을 강화하고 Katrina가 만들어 낸 비유를 활용하여 자신의 분노를 관리하도록 할, 강점 중심의 CBT를 학교에서 실행해 Katrina를 지지할 것이다. 가족상담은 Katrina와 어머니 사이의 힘겨루기를 다루고, 그들이 자신의 욕구와 감정을 더 잘 소통할 수 있도록 돕는 데 활용될 것이다.

참고문헌

Craske, M. G. (2010). *Cognitive-behavioral therapy*. Washington, DC: American Psychological Association.

Hwang, W. (2006). The psychotherapy adaptation and modification framework: Application to Asian Americans. *The American Psychologist, 61*(7), 702-715.

Kirk, J. (1989). Cognitive-behavioral assessment. In K. Hawton, P. M. Salkovskis, J. Kirk & D. M. Clark (Eds.), *Cognitive behaviour therapy for psychiatric problems: A practical guide* (pp. 13-51). New York, NY: Oxford University Press.

Ledley, D. R., Marx, B.P ., & Heimberg, R.G. (2005). *Making cognitive-behavioral therapy work: Clinical process for new practitioners.* New York, NY: The Guilford Press.

Manning, S. (2018). Case formulation in DBT: Developing a behavioural formulation. In M. Swales (Ed.), *The Oxford handbook of dialectical behaviour therapy* (pp. 237-258). Oxford, UK: Oxford University Press.

McCullough, J. (2000). *Treatment for chronic depression: Cognitive behavioral analysis system of psychotherapy.* New York, NY: Guilford.

McCullough, J., Schramm, E., & Penberthy, K. (2014). *CBASP as a distinctive treatment for persistent depressive disorder: Distinctive features.* New York, NY: Routledge.

Miranda, J., Nakamura, R., & Bernal, G. (2003). Including ethnic minorities in mental health intervention research: A practical approach to a long-standing problem. Culture, *Medicine, and Psychiatry, 27*(4), 467-486.

Newman, C. (2012). *Core competencies in cognitive behavior therapy.* New York, NY: Routledge.

Sperry, L., & Sperry, J. (2016). *Cognitive behavioral therapy of DSM-5 personality disorders: Assessment, case conceptualization, and treatment* (3rd ed.). New York, NY: Routledge.

Sperry, J., & Sperry, L. (2018). *Cognitive behavior therapy in counseling practice.* New York, NY: Routledge.

Wright, J., Basco, M., & Thase, M. (2006). *Learning cognitive-behavior therapy: An illustrated guide.* Washington, DC: American Psychiatric Press.

Young, J. E., Klosko, J. S., & Weishaar, M. E. (2003). *Schema Therapy: A practitioner's guide.* New York, NY: The Guilford Press.

8장

단기역동
사례개념화

여러 정신역동 접근 중에서 대인관계 역동 심리치료가 최근에 인기를 얻고 있다. 이들 중 시간제한 역동 심리치료(Time-Limited Dynamic Psychotherapy: TLDP; Strupp & Binder, 1984; Binder, 2004; Binder & Betan, 2013; Levenson, 1995, 2017)로 알려진 단기역동 심리치료가 가장 널리 활용되는 연구 기반 접근으로, 이 장에서 집중적으로 다룰 것이다. 단기역동 심리치료 상담의 목표는 내담자의 통찰과 교정적 정서체험을 촉진하는 것이다(Levenson, 2017). 이 장은 단기역동 관점과 기본 전제를 기술하는 것으로 시작할 것이다. 다음으로 단기역동 평가와 관련된 요인들을 기술하고, 이 유형의 평가를 요약하기 위한 몇 가지 지침을 제시할 것이다. 그러고 나서 단기역동 사례개념화를 전개하고 작성하는 과정을 기술할 것이다. 이러한 과정을 1장에서 소개한 다섯 사례에 적용해 볼 것이다.

단기역동 관점

　단기역동 관점은 내담자가 유년기에 타인과 관계를 맺는 순환적 부적응 패턴을 만들고, 이런 패턴이 현재 내담자 생활 기능의 모든 측면에 영향을 준다는 관찰에 기반을 두고 있다. Levenson(1995, 2010)은 이 관점의 주요 목표가 내담자가 자기 자신 및 타인과의 관계에서 새로운 경험을 하고, 자기 자신 및 타인과의 관계에 대해 새로운 이해 또는 통찰을 얻을 수 있도록 돕는 것이라고 했다. 이 관점은 내담자의 부적응적 대인관계 패턴이 상담에서 재연되고, 상담자는 내담자의 재연으로 영향을 받을 것이라고 가정한다. Levenson(2017)은 이 관점이 문제가 되는 관계 패턴을 가지고 있는 내담자를 돕기 위해 애착이론, 대인관계 신경생물학, 정서체험학습, 체계이론으로부터 기법들을 활용한다고 밝혔다. 상담자의 역할은 참여자이자 관찰자이며, 보살피고 지지적인 방식으로 내담자와 관계를 맺을 뿐만 아니라 직접적이고 적극적인 방식으로도 관계를 맺는다. 정신병리는 초기 양육자와의 잘못된 관계 패턴에 원인이 있다고 알려져 있으며, 이런 부적응적 패턴들이 내담자가 호소하는 증상과 대인관계 문제에 거의 항상 반영되고 있다.

　이 책에 기술한 모든 관점 중에 이 단기역동 관점은 통찰과 교정적 대인관계 체험을 촉진시키는 회기 내 재연에 역점을 두는 유일한 관점이다. 또한 단기역동 관점은 내담자에 대한 상담자 자신의 객관적 역전이 또는 상호작용적 역전이 반응을 활용하는데, 객관적이라 함은 내담자를 만났던 대부분의 다른 상담자들이 비슷한 반응를 한다는 의미이다. 이는 상담자 자신의 미해결 과제를 반영하는 '주관적 역전이'와는 다르다.

　부적응적 패턴은 사실상 순환적이며, 내담자의 반복적이고 부적응적인 상호작용, 특히 타인과의 역기능적 상호작용을 야기하는 경직되고 지속적인 행동, 자기패배적인 예측 그리고 부정적인 자기 평가를 반영한다(Butler &

Binder, 1987; Butler, Strupp, & Binder, 1993). 순환적 부적응 패턴을 알아내야 상담자가 내담자의 현재와 과거의 관계 패턴을 이해하고, 이 패턴을 단기정신역동의 방법으로 다룰 수 있게 된다. 내담자의 부적응적 패턴의 네 가지 측면은 다음과 같다(Levenson, 2010, 2017).

1. 자기의 행동: (대인관계적으로) 내담자의 생각, 감정, 동기, 지각 그리고 행동을 의미한다.
2. 타인에 대한 기대: 내담자의 행동(자기의 행동)에 대한 반응으로 타인이 어떻게 반응할지 내담자가 예상한 것을 의미한다.
3. 자기를 대하는 타인의 행동: 내담자가 관찰하거나 지각한(또는 추측한) 타인의 실제 행동을 의미한다.
4. 자기를 대하는 자기의 행동(내사): 자기 자신에 대한 내담자의 모든 행동 또는 태도를 의미한다.

요약하면, 단기역동 접근은 "내담자가 무의식적으로 타인과 관계를 맺는 자기지속적이고 부적응적인 패턴을 오랜 시간 형성하고, 이러한 패턴이 내담자 호소문제의 원인이 된다고 가정한다. 상담자의 임무는 임상적 관계를 활용하여 내담자가 관계 맺는 것에 대한 새로운 경험을 하도록 촉진하고, 내담자가 낡은 패턴을 버리고 그로 인해 호소문제를 해결할 수 있도록 하는 것이다"(Levenson & Strupp, 2007, p. 76).

다음 두 절에서는 단기역동 평가와 단기역동 사례개념화 방법을 기술할 것이다.

단기역동 평가

단기역동 평가는 진단적 평가에 추가적인 정보를 제공하는 요인들을 강조하며, 단기역동 이론을 기반으로 한 임상적 공식화와 상담개입 공식화의 전개를 수월하게 해 준다. 평가는 현재의 상황과 유발요인, 즉 순환적 부적응 패턴 양쪽에 초점을 둔다. Levenson(2010)이 제안한 분석의 단계는 다음과 같다.

1. 내담자가 자신의 이야기를 하도록 한다.
2. '관련 과거사'를 탐색하여, 무엇이 특정한 행동, 감정, 귀인을 촉발했는지를 확인한다. 그것들은 내담자가 어디에 있는지와 내담자의 역동을 더 깊이 이해하도록 해 준다.
3. 내담자의 이야기에서 정서적 취향에 주의를 기울인다. 언어와 비언어적 의사소통에 관심을 갖는다.
4. 호소 증상 또는 호소문제의 정서적 맥락을 탐색한다. 언제 문제가 시작되었는가? 그때 내담자의 삶에서 어떤 대인관계 역동이 일어났는가? 내담자의 고통은 어디에서 오는가? 내담자는 타인에게 더 많이 인정받기 위해 자신 안에서 어떤 것을 부인하고, 어떤 것을 순하게 하거나 왜곡해야만 했는가?
5. 내담자의 부적응적 관계 패턴을 알아내기 위해 관련된 정보를 경청하고, 관찰하고, 조사한다. 상담자는 내담자의 순환적 패턴을 이해하려고 노력하면서 다음의 질문을 스스로에게 해야 한다(Binder, 2004).
   • 자기의 행동: 타인에 대한 내담자의 바람과 의도는 무엇인가? 내담자가 타인에게 어떻게 행동하는가?
   • 타인에 대한 기대: 내담자는 자신에 대한 타인의 의도가 무엇이라고 생

각하거나 기대하는가? 내담자의 반응은 무엇인가?

- 자기를 대하는 타인의 행동: 내담자는 타인의 행동과 의도를 어떻게 지각하고 해석하는가? 내담자의 반응은 무엇인가?
- 자기를 대하는 자기의 행동(내사): 내담자는 스스로를 어떻게 대하는가? 타인과의 관계와 상호작용에 대한 내담자의 경험이 내담자가 자기 자신을 바라보고 대하는 방식에 어떻게 영향을 미치는가?
- 상호작용적 역전이: 내담자에 대한 나의 객관적인 반응은 어떠한가? 나는 내담자에게 영향을 안 받고 있는가, 내담자에게 끌리는가, 내담자를 밀쳐내는가 혹은 내담자에게 거부감이 드는가, 아니면 끌리기도 하고 밀쳐내기도 하는가?

단기역동 사례개념화 방법

　단기역동 사례개념화는 타인과 관계를 맺는 내담자의 순환적 부적응 패턴과 이런 패턴이 내담자의 생활 기능의 모든 측면에 어떻게 영향을 미치는가에 근거하고 있다. 단기역동 평가를 통해 얻은 정보와 추론은 종합형 사례개념화로 작성되며, 내담자와 공유하고 논의할 수 있다. 특히 진단적 공식화와 임상적 공식화 요소들은 타인과 관계를 맺는 내담자의 패턴과 내담자가 스스로를 대하는 방식 그리고 자기 자신을 어떻게 바라보는지, 즉 내사를 약술한다. 문화적 공식화 요소들은 문화적 역동에 대한 설명과 성격 역동이 작용하고 있으면 성격 역동과의 상호작용을 알려 준다. 마지막으로, 상담개입 공식화 요소들은 보다 더 적응적인 관계 패턴으로 변화할 수 있는 지도를 제공한다. 단기역동 사례개념화 방법은 이 책에서 기술하는 다른 네 가지의 이론적 방법과 몇 가지 공통요소들을 공유한다는 점에서 비슷하다. 그러나 이 방법은 또한 이 방법의 특징적인 요소들 때문에 다른 네 가지 방법과는 다르다.

이런 특징적인 요소에는 유발요인, 상담목표, 상담의 초점, 상담전략 그리고 상담개입이 있다.

〈표 8-1〉에 이러한 다섯 개의 특징적인 요소를 설명하였다.

표 8-1	단기역동 사례개념화의 주요 요소	
유발요인	순환적 부적응 패턴(자기의 행동, 자기를 대하는 타인의 행동, 타인에 대한 기대, 자기를 대하는 자기의 행동)	
상담목표	통찰(새로운 이해), 교정적 관계 경험(새로운 경험)	
상담의 초점	순환적 부적응 패턴에 의해 촉발된 문제적 대인관계	
상담전략	기본 상담전략	경험적 대인관계 학습을 촉진하고, 순환적 패턴을 수정/개선하기 위해 치료적 관계 활용
	공통 상담전략	지지, 해석, 교정적 정서체험
상담개입	순환적 부적응 패턴 수정/개선, 역동 해석, 전이 분석, 명료화와 직면, 예리한 질문을 통한 탐색과정, 코칭, 실습(의도적 실용주의: 다른 접근들의 개입을 선택적으로 활용)	

단기역동 사례개념화: 다섯 사례

단기역동 사례개념화를 실행하는 과정이 다섯 개의 다른 사례를 통해 설명될 것이다. 각 사례에 대한 배경 정보에 이어서, 이 사례개념화 방법과 밀접하게 관련된 주요 정보를 찾아내는 평가 단락이 나올 것이다. 각 사례에 대한 (2장과 3장에서 설명한) 진단적 공식화, 임상적 공식화, 문화적 공식화의 열 개 요소와 (4장에서 설명한) 상담개입 공식화의 여덟 개 요소는 표로 요약하였다. 마지막으로 이런 정보들을 통합한 설명이 사례개념화 진술문으로 제시될 것이다. 첫 번째 단락에 진단적 공식화와 임상적 공식화, 두 번째 단락에 문화적 공식화, 세 번째 단락에 상담개입 공식화를 기술하였다.

Geri의 사례

Geri는 업무 비서로 일하는 35세의 아프리카계 미국 여성이다. 그녀는 미혼이고, 혼자 살고 있으며, 3주 동안 우울증과 사회적 고립이 지속되어 평가와 상담이 필요하다고 본 그녀 회사의 인력자원부 책임자에 의해 의뢰되었다. 그녀의 결근으로 상담 의뢰가 빨라졌다. Geri의 증상은 상사가 그녀에게 승진 대상이라고 말한 직후 시작되었다. 어린 시절, 그녀는 가족과 또래들에게 비난받고 괴롭힘을 당하면 다른 사람들을 피해 고립되어 있었다고 보고했다. 그녀는 높은 수준의 문화적응을 보였고, 자신의 우울증은 직무 스트레스와 뇌의 '화학적 불균형'의 결과라고 생각한다.

단기역동 평가 진단적 평가 정보 외에 역동 평가에는 다음의 내용이 추가된다. Geri는 어릴 때뿐만 아니라 지금도 동료들과 관계를 맺는 데 어려움이 있다. 어릴 때 그녀는 또래들에게 비난을 받았고, 괴롭힘을 당했으며, 놀림을 받았다. 지금도 그녀는 자신을 타인으로부터 고립시킴으로써 비난받고, 괴롭힘 당하는 것을 피하고 있다. 그녀는 자라면서 매우 친한 친구가 없었지만, 지금은 그녀가 신뢰하는 직장 동료가 한 명 있다. 그녀는 자신을 무능하고 결함이 있는 사람으로 여기며, 매우 자기비난적이다. 그녀는 면담하는 동안 여러 번 자기 자신에 대해 역겨운 느낌이 든다고 하였고, 타인이 자기를 비난할 거라는 예상에 대해 말할 때는 울었다. 또한 그녀는 아버지를 비롯한 타인들은 부당한 요구를 하고 판단적이라고 언급했다. 그녀는 또래들과 가족들이 '뚱보'와 '멍청이'라고 불렀다고 회상했다. 그녀는 몇 년 동안 부모님이나 남동생과 거의 연락하지 않고 있으며, 오랜 기간 동안 전혀 관계가 없었다고 하였다. 마지막으로, Geri에 대한 상담자 자신의 상호작용적 역전이를 알아보는 것은 흥미로운 일이다. 상담자는 처음엔 그녀에게 끌렸고, 다음엔 밀쳐냈다. 〈표 8-2〉에 종합형 사례개념화의 주요 요소에 따라 진단적 평가와 단기역동 평가 결과를 요약하였다.

사례개념화
진술문

Geri의 사회적 고립감 증가와 우울 증세(호소문제)는 그녀가 승진 대상이며 새로운 상사가 고려되고 있다는 소식(현재의 촉발요인)과 친밀한 관계로부터의 요구 그리고 그녀가 비난받고, 거부당하고, 위험을 겪을 것이라는 예상(지속적인 촉발요인)에 대한 반응으로 보인다. 그녀는 살아오는 내내 가능한 한 타인을 회피하고, 평소에 타인과 조건적으로 관계를 맺는 것이 더 안전하다는 것을 알았다. 그 결과, 그녀는 주요 사회적 기술이 부족하고, 제한된 사회적 관계를 맺어 왔다(부적응적 패턴). 그녀의 반응과 패턴은 회피에 대한 내력과 그녀의 삶에서 비판적인 주요 인물의 관점에서 이해할 수 있다. 그녀는 살아오는 내내 가장 친밀한 관계를 회피했고, 사회적 고립에 대한 내력이 있다. 이렇게 하는 것이 비난당할 가능성을 줄이고 안전감을 증가시키지만, 그녀는 외로움을 느끼고 더 많은 친구와 한 사람과의 친밀한 관계를 남몰래 원하고 있다. 가족과 직장 동료들은 그녀에게 비판적이며, 몇몇 사람은 너무 부담스러운 존재로 생각하고 있다. 그녀는 자라면서 매우 친한 친구가 없었으나, 그녀가 믿는 직장 동료가 한 명 있다. Geri는 그녀가 최근에 제안받은 승진을 받아들이면, 새로운 상사가 지나치게 요구가 많고 그녀의 업무 수행를 비난할 거라고 예상하고 있다. 그녀는 자신을 무능하다고 여기며, 매우 자기비난적이고, 타인은 지나친 요구를 하고 비판적일 것이라고 기대한다(유발요인). 이런 순환적 패턴은 그녀의 수줍음, 혼자 산다는 사실, 제한된 사회적 기술, 사회적으로 고립되는 것이 더 안전하다는 깨달음에 의해 유지되고 있다(유지요인). Geri는 상담에서 여러 해의 고용기간 내내 직장에서 열심히 일하고 있다는 강점이 드러났다. 또한 그녀는 신뢰할 수 있는 친구가 있으며, 「미국장애인복지법」과 같은 법률에 의거하여 직무조정을 요청할 수 있다(보호요인/강점).

표 8-2 단기역동 사례개념화의 요소

호소문제	사회적 고립감 증가, 우울 증상		
촉발요인	그녀가 승진 대상이며 새로운 상사가 고려되고 있다는 소식(현재의 촉발요인), 친밀한 관계에 대한 요구와 그녀가 비판받고, 거부당하고, 위험을 겪을 것이라는 예상(지속적인 촉발요인)		
부적응적 패턴	안전하지 않다고 느낄 때 관계를 끊음(철회)		
유발요인	자기의 행동	우울해하고 승진에 대해 걱정함	
	자기를 대하는 타인의 행동	비판적인 가족과 또래들, 한 명의 친한 친구	
	타인에 대한 기대	그녀에 대해 판단적이고, 비판적이고, 요구하는 것이 많음	
	자기를 대하는 자기의 행동(내사)	무능함, 결함, 자기비난	
유지요인	관계 역동, 수줍음, 혼자 살고 있음, 일반화된 사회적 고립		
보호요인/강점	친하고 믿음이 가는 친구와 지인, 안정되고 의미 있는 직장, 직무조정을 요청할 수 있는 자격		
문화적 정체성	중산층의 아프리카계 미국인, 한정된 민족적 유대		
문화적 스트레스/문화적응	높은 수준의 문화적응, 뚜렷한 문화적응 스트레스는 없으나 가족 성역할이 그녀가 무능하다는 생각을 강화함		
문화적 설명	슬픔은 업무 스트레스와 뇌의 화학적 불균형에서 온 것임		
문화 그리고(또는) 성격	성격 역동이 의미 있게 작용함		
적응적 패턴	보다 안전함을 느끼며 관계 맺기		
상담목표	우울 증상의 감소, 사회화 증진, 업무로의 복귀, 통찰 경험과 교정적 대인관계 경험		
상담의 초점	순환적 패턴에 의해 촉발된 문제적 대인관계		
상담전략	경험적 학습을 촉진하고 순환적 패턴을 수정하기 위해 치료적 관계 활용, 지지, 해석, 교정적 정서체험		
상담개입	순환적 패턴의 수정과 개선, 역동 해석, 전이 분석, 관계 기술 코칭과 연습, 역할연기		
상담의 장애	상담자를 '시험'함, 집단상담에 저항할 가능성, 상담자에 대한 지나친 의존, 종결의 어려움		
문화적 상담	성(gender)이 문제가 될 수 있으므로 지지적인 여성 상담자 배정		
상담의 예후	사회적 관계와 기술이 증가하고 업무에 복귀한다면 좋음		

그녀는 스스로 중산층 아프리카계 미국인으로서의 정체감을 갖고 있으나 아프리카계 미국인 공동체에는 관심도 없고 참여도 하지 않고 있다(문화적 정체성). 그녀는 부모처럼 높은 수준의 문화적응을 보이지만, 그녀의 가족체제는 남성에게 더 높은 가치를 두고 있다. 남성에 대한 이런 긍정적인 편애는 그녀가 쓸모없고 무능하다는 생각을 강화한 것으로 보인다(문화적 스트레스/문화적응). 그녀는 자신의 우울증이 업무 스트레스와 뇌의 '화학적 불균형'의 결과라고 생각한다(문화적 설명). 의미 있게 작용하고 있는 문화적 요인은 없다. Geri의 성격적 역동이 최근의 임상적 호소문제에 중요하게 작용하고 있으나, 성역할은 검토해 봐야 한다[문화 그리고(또는) 성격].

Geri의 도전과제는 보다 효과적으로 기능하고, 타인과 관계를 맺을 때 더 안전함을 느끼는 것이다(적응적 패턴). 목표는 우울 증상을 줄이고, 대인관계와 친구관계 기술을 향상시키며, 업무 복귀를 돕고, 사회적 연결망을 넓히는 것이다. TLDP의 관점에서, 상담의 주요 목표는 우울 증상을 줄이고, 통찰을 촉진하며, 대인관계 문제해결 기술을 향상하고, 교정적 정서체험과 대인관계 경험을 장려하는 것이다(상담목표). 순환적 부적응 관계 패턴에 의해 촉발된 Geri의 문제적 관계 상황을 다루는 데 주로 초점을 맞춘 상담이 상담의 중심이 되어 상담목표를 유지할 것이다(상담의 초점). 기본적인 상담전략은 새로운 관계 경험을 촉진하고 부적응 패턴을 이해하고 수정하기 위해 치료적 관계를 활용하는 것이다. 관련 상담전략에는 지지, 해석, 역할연기, 약물치료가 포함된다(상담전략). 지지 기법은 그녀를 인정해 주고, 더 적극적으로 타인과의 관계를 추구하도록 격려하기 위해 사용될 것이다. 전이-역전이 재연은 일어날 때마다 분석하고 다루어질 것이다. 특정한 문제 상황의 역할연기는 순환적 패턴에 대한 Geri의 인식을 높이고, 교정적 정서체험을 촉진하기 위해 사용될 것이다. 그 외 개입에는 통찰을 촉진하기 위한 역동 해석, 관계 기술 개발을 위한 코칭, 그리고 이런 기술들의 연습이 포함될 것이다. 약물 평가를 의뢰할 것이고, 필요하다면 약물 모니터링도 계획할 것이다(상담개입). 상담에는 몇 가지 장애와 도전을 예상할 수 있다. 그녀의 회피적 성격구조를 고려해 보면, 모호한 저항을 할 가능성이 있다. 그녀는 상담자와 개인적인 문제를 이야기하는 것을 어려워할 것이고, 막판에 상담 약속을 바꾸거나 취소하고, 지각을 하여 상담자가 그녀를 비난하도록 '시험'하고 자극할 것이며, 꾸물거리고, 감정을 회피하고, 다른 한편으로는 상담자의 신뢰성을 '시험'할 수도 있다. 일단 상담자와의 신뢰가 형성되고 나면 상담자와 상담에 의존할 가능성이 있으며, 따라서 상담실 밖의 사회적 지지체계가 증가하지 않는 한 종결이 어려울 수도 있다. 게다가 그녀의 회피 패턴은 집단상담에 참여하고 지속하는 것을 어렵게 할 가능성이 있다. 수용적이고 비판단적인 집단상담 실무자와 여러 번 만나도록 하여 개인상담에서 집단상담으로 전환할 수 있도록 도와야 한다. 이것은 Geri의 안전감을 높여서 집단 장면에서 어려움 없이 자기노출을 하도록 할 것이다. 전이 재연도 고려해야 한다. 부모와 또래들의 비판과 놀림의 정도를 감안해 볼 때, 상담자가 조급해하고 언어적·비언어적 비난의 징후를 보이면 이러한 전이가 활성화될 것으로 예상된다. 마지막으로, Geri는 그녀가 믿는 사람들에게 집착하는 경향이 있으므로, 종결을 앞둔 마지막 4~5회기 정도는 독립적으로 기능하는 데 자신감을 갖도록 해야 종결에 대한 그녀의 양가감정을 줄일 수 있을 것이다(상담의 장애). Geri의 성격 역동을 고려해 보면, 상담 진행에서 문화적 스트레스가 크게 영향을 미치지는 않을 것이다. 그러나 가족 안에서의 성역할, 긴장이 고조된 아버지와의 관계와 그 후 남성들과의 제한된 관계를 고려해 보면 성 역동이 치료적 관계에 영향을 줄 수 있다. 따라서 상담의 초기단계에는 개인상담과 집단상담 둘 다 여성 상담자가 하는 것이 바람직해 보인다(문화적 상담). Geri가 상담실 안과 밖에서 자신감을 키우고, 관계 기술과 사회적 접촉을 늘리고, 업무에 복귀한다면, 예후는 좋을 것으로 판단된다. 만약 그렇지 않다면 예후는 조심이다(상담의 예후).

Antwone의 사례

　　Antwone은 20대 중반의 아프리카계 미국인 해군수병으로, 별것 아닌 도발에 다른 해군 요원들을 때렸다. 최근 그의 부대 사령관은 그에게 강제적으로 상담을 받도록 명령하였다. 그는 아기 때부터 위탁 보호되어 살았는데, 아프리카계 미국인 입양가족에게, 특히 그를 협박하기 위해 인종차별적인 욕을 했던 양어머니에게 무시당하고, 정서적·언어적·신체적으로 학대받았다고 했다. 15세 때 그는 학대와 폭력을 더 이상 견딜 수 없어서 양어머니한테 대들었고, 그 결과 길거리로 쫓겨났다.

**단기역동
평가**　　진단적 평가 정보 외에 단기역동 평가에는 다음의 내용이 추가된다. Antwone은 어린 시절뿐만 아니라 최근까지도 동료들과 관계를 맺는 데 어려움이 있다. 과거에 그는 또래들에게 놀림과 괴롭힘을 당했다. 지금은 그가 반격을 하고, 부당해 보이는 것에 극단적으로 예민해지는 것으로 확인됐다. 그는 아프리카계 미국인 입양가족에게 정서적·언어적·성적·신체적으로 학대를 당했던 내력을 이야기했다. 그는 그의 행동이 양어머니의 마음에 들지 않는다는 이유로 체벌을 받았던 많은 일화를 회상했다. 이러한 학대 및 무시와 관련된 경험을 바탕으로, 그는 타인이 그에게 해를 끼치고 부당하게 대할 것이라고 예상하게 되었다. 그는 종종 스스로에게 화를 내고, 그를 화나게 만드는 정보에 초점을 맞추는 경향이 있다. 그는 자신을 무능하고 사랑받을 만한 존재가 아니라고 여긴다. 면담하는 동안, 그는 상담자와 편안해하다가도 금방 상담자의 의도를 의심하고, 한 단어로 답하면서 대화를 중단하고, 악의 없는 질문에 화를 내기도 했다. 마지막으로 Antwone에 대한 상담자 자신의 상호작용적 역전이에 주목할 필요가 있다. 상담자는 처음엔 그에게 끌렸지만, 나중에는 과거의 상황을 이야기하는

Anwone의 목소리가 상당히 귀에 거슬리면서 밀쳐냄을 느꼈다. 〈표 8-3〉에 종합형 사례개념화의 주요 요소에 따라 진단적 평가와 단기역동 평가 결과를 요약하였다.

사례개념화　　타인을 향한 Antwone의 언어적·신체적 공격과 타인의 의
진술문　　도에 대한 혼란(호소문제)은 폭력적인 싸움을 일으킨 동료들의
　　　　　　　놀림과 도발(현재의 촉발요인) 그리고 동료와 권위 있는 대상에
대한 지각된 부당함(지속적인 촉발요인)에 대한 반응으로 보인다. 살아오는 동안
내내 Antwone은 인정받으려고 애썼고, 무시당하고 학대받고 버림받았던 것
을 이해하려고 노력했다. 오랜 시간 동안 그는 타인과 관계를 맺는 데 있어
자신을 보호하기 위해 선제적으로 공격을 하고 타인과 조건적으로 관계를 맺
는 부적응적 패턴을 개발해 왔다(부적응적 패턴).

———————————————————————————————————

———————————————————————————————————

———————————————————————————————————

———————————————————————————————————

(유발요인). 그의 제한된 정서조절 능력, 보복 공격에 대한 자기정당화 그리
고 갈등해결 기술의 결핍이 이런 순환적 패턴을 유지시키고 있다(유지요인).
Antwone은 여러 가지 상담의 보호요인과 강점이 있는데, 여기에는 그의 유
일한 애착 대상이었던 어린 시절의 가장 친했던 친구가 포함된다. 그는 똑똑
하고, 다방면에 흥미가 있는 독서가이며, 적어도 최근까지는 정상적으로 진
급을 하였다. 또한 그는 시를 쓰고, 두 가지 외국어도 배우고 있다. 게다가 그
는 지난 공격적인 행동에 대해 처벌조치 대신 상담과 치료를 받도록 권장하

표 8-3　단기역동 사례개념화의 요소

호소문제	언어적 · 신체적 보복, 혼란		
촉발요인	다른 수병들과 폭력적인 싸움을 일으키는 갈등(현재의 촉발요인), 동료와 권위 있는 대상에 대한 지각된 부당함(지속적인 촉발요인)		
부적응적 패턴	맞서고 타인과 조건적으로 관계 맺음		
유발요인	자기의 행동	화냄, 분노 폭발, 우울함, 고립됨	
	자기를 대하는 타인의 행동	가족의 학대/무시, 동료들의 놀림	
	타인에 대한 기대	타인이 그에게 해를 입히거나 부당하게 대할 것임	
	자기를 대하는 자기의 행동(내사)	혼란됨/상실과 분노에 대한 반추	
유지요인	제한된 정서조절 능력, 갈등해결 기술의 부족, 순환적 패턴		
보호요인/강점	가장 친한 친구가 안정된 애착의 대상이었음, 똑똑하고 다방면에 관심이 있는 열정적인 독서가, 창의적임, 군복무에 충실함		
문화적 정체성	민족적 유대에 관해 약간의 갈등이 있는 아프리카계 미국인		
문화적 스트레스/ 문화적응	높은 수준의 문화적응이 되어 있지만, 상당한 문화적 스트레가 있음		
문화적 설명	인종적 비하, 백인 동료와 상관의 인종적 도발		
문화 그리고(또는) 성격	성격과 문화적 요인들이 함께 작용함		
적응적 패턴	신중하면서도 보다 적극적으로 타인과 관계 맺기		
상담목표	분노와 충동 조절, 긍정적인 대처 기술 향상, 원가족 찾기, 통찰 경험과 교정적 대인관계 경험		
상담의 초점	순환적 패턴에 의해 촉발된 문제적 대인관계		
상담전략	경험적 학습을 촉진하고 순환적 패턴을 수정하기 위해 치료적 관계 활용, 지지, 해석, 교정적 정서체험		
상담개입	순환적 패턴 수정과 개선, 역동 해석, 전이 분석, 관계 기술 코칭과 연습, 역할연기		
상담의 장애	남성 상담자와 전이-역전이 재연, 공격적인 행동 나타냄, 상담자에게 의존하고 그를 이상화함		
문화적 상담	입양가족의 편견과 학대를 치료적으로 구조화하여 다룸		
상담의 예후	좋음에서 매우 좋음		

는 군복지제도의 혜택을 받고 있다(보호요인/강점).

Antwone은 아프리카계 미국인으로서의 정체성을 갖고 있으며, 약간의 민족적 유대를 유지하고 있다(문화적 정체성). 그는 높은 수준의 문화적응을 보이지만, 그의 문화적 신념에 의해 악화된 것으로 보이는 인종차별을 계속 많이 경험하고 있다(문화적 스트레스/문화적응). 그는 자신의 문제가 아프리카계 미국인 입양가족의 인종적 비하와 학대 그리고 백인 동료와 해군 상관들의 인종적 도발의 결과라고 생각한다(문화적 설명). 성격과 문화적 요인들이 모두 작용하는 것으로 보인다[문화 그리고 (또는) 성격].

Antwone의 도전과제는 신중함과 통찰을 연습하는 것과 동시에 타인과 더 적극적으로 관계를 맺는 것이다. 이러한 보다 적응적인 패턴은 그에게 안전함과 생기 있는 대인관계를 경험하도록 할 것이다(적응적 패턴).

목표는 그가 분노를 관리하도록 돕고, 충동적인 반응을 통제할 수 있는 능력을 향상시키며, 긍정적인 대처 기술을 키우고, 자신의 가족과 다시 연결되도록 돕는 데 있다.

(상담목표). Antwone의 문제적 관계에 주로 초점을 두는 상담이 상담의 중심이 되어 상담목표를 유지할 것이다(상담의 초점). 기본적인 상담전략은 새로운 관계 경험을 촉진하고, 부적응적 패턴을 이해하고 수정하기 위해 치료적 관계를 활용하는 것이다. 보조적인 상담전략에는 지지, 역동 해석 그리고 해군 동료 및 상급자와의 교정적 정서체험 촉진하기가 포함된다(상담전략).

(상담개입). 특정한 상담의 장애와 도전을 예상할 수 있다. Antwone은 친절한 상담자를 그가 전혀 경험해 보지 못한 긍정적인 아버지상과 역할 모델로 빠르게 동일시할 가능성이 있다. 또한 이것이 전이-역전이 재연을 일으켜서 그가 공격적으로 행동하도록 할 가능성도 있다(상담의 장애). 성격과 대인관계 상담에 초점을 두는 것과 함께 효과적인 상담 결과를 얻으려면 편견의 문화적 차원, 즉 백인 동료와 상관들의 편견뿐만 아니라 흑인에 대한 흑인의 편견 경험을 다룰 필요가 있다. 그에 대한 입양가족의 편견과 학대는 그들의 조상들로부터 그에게 전해진 자기혐오라는 관점에서 치료적으로 구조화하는 것이 유용할 것이다. 그다음 이를 치료적으로 다룰 수 있을 것이다. 그는 독서광이므로, 이러한 형태의 편견을 분석하고 설명하는 책과 기사를 활용한 독서치료가 유용한 치료적 매체가 될 수 있다(문화적 상담). Antwone은 상담에 도움이 되는 여러 강점과 자원이 있는데, 여기에는 지적 능력, 다양한 관심사에 대한 독서, 최근까지의 정상적인 진급, 시 쓰기, 두 가지 외국어 학습이 포함된다. 이런 자원들에 변화하고자 하는 그의 동기를 더하면 예후는 좋음에서 매우 좋음으로 보인다(상담의 예후).

Maria의 사례

Maria는 17세의 1세대 멕시코계 미국 여성으로 기분 변화 때문에 상담에 의뢰되었다. 그녀는 집에 남아서 말기의 병을 앓고 있는 어머니를 간호하지 않고 대학으로 공부하러 떠나야 하는지에 대한 결정을 두고 갈등하고 있다. 가족은 그녀가 집에 남기를 바라고 있다. 그녀는 언니에게 화가 났는데, 언니는 부모님이 그들의 문화에서는 부모가 나이가 들거나 병에 걸리면 부모를 보살필 것을 '요구한다'고 주장하자 17세에 집을 나갔다. 그녀의 백인 친구들은 그녀에게 대학에 가서 꿈을 펼치라고 권하고 있다.

단기역동 평가　진단적 평가의 정보 외에 단기역동 평가에는 다음의 내용이 추가된다. Maria는 시험 삼아 술을 마셨고, 현재 죄책감과 우울한 기분을 느끼고 있다. 또한 그녀는 대학에 가기 위해 집을 떠나면 나쁜 딸이 되고, 집에 남아 부모님을 보살피면 진로에 대한 꿈을 포기하게 될 거라는 생각 사이에서 갈등하고 있다. 그녀는 부모님이 그녀를 위해 많은 중요한 결정을 해 왔다고 했다. 그녀가 무엇을 해야 하는지 사람들이 말해 주곤 했고, 때로는 스스로 결정을 내리는 것이 두렵다고도 했다. 그녀는 친구들과 가족에게 어느 정도 의존하고 있다고 인정했다. 그녀의 문화에서는 부모님이 도움을 필요로 하면 부모님을 보살펴야 할 의무가 있다고 이야기했다. 그녀는 만약 그녀가 집을 떠나 부모님을 보살피지 않으면 부모님이 그녀를 사랑하지 않을 거라는 두려움에 대해 말하면서 울었다. 그녀는 자신을 무능하다고 여기며, 또한 난처함을 느끼고 있다. 마지막으로, Maria에 대한 상담자 자신의 상호작용적 역전이를 알아보는 것은 흥미로운 일이다. 상담자는 처음엔 Maria에게 끌렸고, 문화적 기대에서 벗어나라고 그녀에게 말하고 싶었다. 〈표 8-4〉에 종합형 사례개념화의 주요 요소에 따라 진단적 평가와 단기역동 평가 결과를 요약하였다.

표 8-4 단기역동 사례개념화의 요소

호소문제	우울, 혼란, 실험적인 알코올 사용	
촉발요인	대학으로 떠날 것인지 아니면 남아서 부모님을 보살필 것인지에 대한 압박과 갈등(현재의 촉발요인), 자립과 홀로서기의 기대 또는 자기희생으로 타인의 욕구를 충족시키려는 바람(지속적인 촉발요인)	
부적응적 패턴	타인의 욕구는 충족시키지만, 자신의 욕구와 바람은 충족하지 못함, 그리고 '꼼짝 못함'	
유발요인	자기의 행동	죄책감과 우울 증상, '편안해지려고' 술을 마심
	자기를 대하는 타인의 행동	타인들이 그녀에게 어떻게 살아야 하는지를 이야기함
	타인에 대한 기대	무엇을 해야 하는지 말해 줌, 대학으로 떠나면 부모님의 사랑을 잃음
	자기를 대하는 자기의 행동(내사)	무능하고 꼼짝 못한다고 느낌
유지요인	의존적이며 호감을 사려는 스타일, 부족한 자기표현, 문화적 기대, 순환적 패턴	
보호요인/강점	견실한 가족, 사회적/종교적 가치관, 성공적인 학생, 유대가 긴밀하고 안전한 문화공동체	
문화적 정체성	노동자 계층의 멕시코계 미국인	
문화적 스트레스/ 문화적응	낮거나 보통 수준의 문화적응, 부모와 문화의 기대에 대한 양가감정에서 오는 스트레스	
문화적 설명	'믿음의 부족'으로 문제가 발생함	
문화 그리고(또는) 성격	성격과 문화적 요인들이 함께 작용함	
적응적 패턴	자신과 타인의 욕구 충족하기	
상담목표	자기효능감, 자기표현 그리고 의사결정의 향상, 침울한 기분의 감소, 통찰 경험과 교정적 대인관계 경험	
상담의 초점	순환적 패턴에 의해 촉발된 문제적 대인관계	
상담전략	경험적 학습을 촉진하고 순환적 패턴을 수정하기 위해 치료적 관계 활용, 해석, 교정적 정서체험	
상담개입	순환적 패턴의 수정과 개선, 역동 해석, 전이 분석, 지지, 관계 기술 코칭과 연습, 역할연기	

상담의 장애	부모와 문화적 기대에 굴복할 수 있음, 상담자의 호감을 사려고 함, 상담자는 무의식적으로 자율성을 옹호할 수 있음
문화적 상담	돌보는 역할에 대한 문화적 기대와 호감을 사려는 욕구를 다룸, 부모의 문화적 기대를 다루는 가족상담
상담의 예후	보통에서 좋음

사례개념화 진술문   Maria의 우울 증상, 혼란, 최근의 실험적인 알코올 사용(호소문제)은 대학으로 떠날 것인지 아니면 남아서 부모님을 보살필 것인지에 대한 압박과 갈등(현재의 촉발요인) 그리고 자립과 홀로서기의 기대 또는 자기희생으로 타인의 욕구를 충족시키려는 바람(지속적인 촉발요인)에 대한 반응으로 보인다. 이것은 대부분 그녀가 자신의 욕구와 꿈을 무시하고 타인, 특히 부모님의 맘에 들려고 하기 때문이다(부적응적 패턴).

(유발요인). 그녀의 낮은 수준의 자기표현과 부모님을 실망시키고 싶지 않은 마음이 이런 패턴을 유지하도록 하였다(유지요인). Maria가 가지고 있는 몇 가지 상담의 보호요인은 견실한 가족과 사회적/종교적 가치관으로, 이것은 그녀가 활기찬 삶의 목표를 설정하도록 동기를 부여하는 것이다. 그녀의 강점은 지적 능력과 과거 성공적인 학교생활이다. 그녀는 또한 안전함과 지지받음을 느낄 수 있는 유대가 긴밀한 가족과 문화공동체로부터 혜택을 받고 있다(보호요인/강점)

Maria는 자신을 전통 문화에 보통 수준으로 참여하고 있는 노동자 계층의 멕시코계 미국인이라고 하였다(문화적 정체성). 그녀의 문화적응 수준은 낮음에서 보통 수준인 반면에, 부모님의 문화적응 수준은 낮은 편이다. 그녀의 언니가 다 큰 딸은 자기 자신보다 부모의 요구에 맞춰야 한다는 문화적 명령에 따르기를 거부했기 때문에, 지금은 그 책임이 Maria에게 있다. 문화적 규범과 기대를 따를 것인지 아니면 자기 자신의 목표를 따를 것인지에 대한 양가감정이 Maria를 매우 괴롭히고 있다(문화적 스트레스/문화적응). 그녀는 자신의 문제를 낮은 수준의 문화적응과 일치하는 신념인 '믿음의 부족' 때문이라고 설명하고 있다. 그녀와 가족이 미국에 도착했을 때는 약간의 차별을 겪었지만, '보다 안전한' 멕시코계 미국인 이웃들이 있는 곳으로 이사하면서 그 일은 해결되었다(문화적 설명). 성격과 문화적 요인이 모두 작용하는 것으로 보인다. 구체적으로 의존성을 조장하는 문화적 역동, 즉 착한 딸은 잠자코 부모님을 보살펴야 한다는 것이 그녀의 의존적 성격 역동을 강화하고 있다[문화 그리고(또는) 성격].

    성장을 위한 Maria의 도전과제는 타인의 욕구 충족과 자신의 욕구 충족 간의 균형을 맞추는 것이 될 것이다(적응적 패턴).

_____

_____

_____

_____

(상담목표). 그녀의 문제적 대인관계에 주로 초점을 두는 상담이 상담의 중심이 되어 상담목표를 유지할 것이다(상담의 초점). 기본적인 상담전략은 경험적 학습을 촉진하고, 그녀의 순환적 패턴을 수정하고 개선하기 위해 치료적 관

계를 활용하는 것이다. 이러한 상담목표와 초점에 맞는 상담전략에는 새로운 관계 경험을 촉진하기 위해 치료적 관계를 활용하고, 그녀의 부적응적 패턴을 이해하고 수정하는 것이 포함된다(상담전략).

(상담개입). 예상할 수 있는 상담의 장애와 도전은 Maria가 상담자의 제안과 회기의 과제에 선뜻 동의함으로써 상담자의 호감을 사려 할 가능성과 곧이어 갈등하고 그것을 실행하지 못할 가능성이다. 또한 내담자가 부모님의 기대에 굴복할 가능성이 있다. 따라서 상담자는 상담 초기에 예측적인 판단을 하고, 이런 일이 일어나면 그것을 실패로 간주하지 말고 치료적으로 다루어야 한다. 마지막으로, 의존적인 내담자와 상담을 하는 상담자는 상담자 자신의 욕구와 가치관이 상담의 장애가 될 수 있음을 예상해야 한다. 이런 현상은 상담자가 무의식적으로 내담자를 옹호하면서, 내담자가 충분히 준비도 되기 전에 내담자에게 독립적이고 자율적이 되기를 기대할 때 일어날 수 있다(상담의 장애). 또한 효과적인 상담 결과를 얻으려면 관련 문화적 역동을 다루어야 할 것이다. 구체적으로, 믿음의 부족이 Maria 문제의 근원이라는 설명모형을 치료적으로 다루는 것이 포함된다. 이런 신념의 특징과 강도에 따라 교육과 인지적 논박이 필요할 수 있다. 또한 부모님을 보살피는 것에 대한 문화적 기대는 호감을 사려는 그녀의 욕구의 관점에서 다룰 것이다. 이 밖에 부모님이 그녀에게 하고 있는 그들의 문화적 기대를 재검토해 보고 조정할 수 있는 가족상담이 필요할 수 있다(문화적 상담). 성격과 문화의 영향 이외에, Maria를 상담

으로 이끈 자원들이 예후에 영향을 주고 있다. 그녀는 영리하고 대학에 합격했으며, 이미 그녀의 욕구와 진로목표를 구체화하였다. 그러나 현재 그녀의 낮은 문화적응 수준과 의존적 성격 역동을 감안하면 상담의 예후는 보통에서 좋음 범위에 있다(상담의 예후).

Richard의 사례

Richard는 41세의 백인 남자로 최근의 이혼 이후 불안, 슬픔, 분노가 있는 것으로 평가되었다. 그는 현재 혼자 살고 있으며, 기계설비 기사로 일하고 있고, '완벽한 여자를 찾을 수 있는' 야간 업소에 자주 가고 있다. 그는 지난 6년 동안 4개의 일자리를 가졌고, 마지막 직장에서는 여자 동료가 대든다고 주먹으로 벽을 쳐서 해고당했다. 그는 알코올중독인 부모의 외아들로, 부모는 '항상 싸웠다'고 했다.

단기역동 평가   진단적 평가 정보 외에 TLDP 평가에는 다음의 내용이 추가된다. Richard는 슬픔, 분노의 폭발 그리고 불안을 호소하였다.
　　　　　Richard는 어릴 때는 물론이고 지금도 동료들과 관계를 맺는 데 어려움이 있다. 그는 분노 때문에 여러 직장에서 해고당했고, 심지어 이전 고용주의 사무실 벽을 주먹으로 쳤다고 말했다. 그는 그가 '항상 싸우고 있다'고 표현한 알코올중독인 부모님 밑에서 컸다. Richard는 부모님이 그에게 정서적으로 거의 도움을 주지 않았다고 했다. 그는 유년 시절 내내 몹시 외로웠고 우울했다고 했다. 근래에 그의 직장 동료들은 그의 분노를 걱정했고, 종종 그를 두려워했다. 그는 일반적으로 타인은 이용할 수 있고, 자신의 욕구에 응할 것이라고 생각한다. 그는 아주 단호하게 '내가 필요한 것을 얻기 위해 타인을 밟고 갈 것'이라고 했다. 그는 자신의 능력을 의심하며, 종종 자신을 비난하고, 자신에게 화를 낸다. 마지막으로, Richard를 향한 상담자 자신의 상호작용적 역전이를 알아보는 것은 흥미로운 일이다. 상담자는 Richard에게서 밀쳐지는 느낌이 들었고, 심지어 면담하는 동안 여러 번 협박당하는 느낌을 받았다. 〈표 8-5〉에 종합형 사례개념화의 주요 요소에 따라 진단적 평가와 단기역동 평가 결과를 요약하였다.

사례개념화   Richard의 분노 폭발, 슬픔, 불안(호소문제)은 최근의 이혼과

진술문   벽을 친 것으로 마지막 직장에서 해고당함(현재의 촉발요인) 그리고 자기 평가, 혼자 있음, 또는 특별한 존재로 여기지 않는 타인의 지각(지속적인 촉발요인)에 대한 반응으로 보인다. Richard는 자신이 특별한 대접을 받을 자격이 있다고 생각한다. 그는 세상을 만만하게 보며, 타인은 이용할 수 있고 그의 욕구에 응할 것이라고 생각한다. 그는 살아오는 내내 타인을 무시하고 이용하면서, 스스로를 높여 왔다(부적응적 패턴).

_____

_____

_____

_____

(유발요인). 이 패턴은 공감능력 부족, 충동성, 그리고 관계기술 부족으로 유지되고 있다(유지요인). 할머니와의 안정된 애착은 Richard의 보호요인으로 작용하고 있으며, 그가 타인을 보살피는 능력이 있다는 증거가 된다. Richard의 가장 두드러진 강점은 회복탄력성이다. 또한 그는 지도력이 있고 매력이 있다(보호요인/강점).

Richard는 중산층 백인 남자로서의 정체성을 가지고 있다(문화적 정체성). 그

표 8-5 단기역동 사례개념화의 요소

호소문제	분노 폭발, 슬픔, 불안	
촉발요인	최근의 이혼과 벽을 친 것으로 마지막 직장에서 해고당함(현재의 촉발요인), 자기에 대한 평가, 혼자 있음, 또는 특별한 존재로 여기지 않는 타인의 지각(지속적인 촉발요인)	
부적응적 패턴	타인을 무시하고 이용하면서 자신을 높임	
유발요인	자기의 행동	분노 폭발, 슬픔, 불안
	자기를 대하는 타인의 행동	학대하는 부모, 아내의 떠남, 두려워하는 직장 동료들
	타인에 대한 기대	타인은 그의 욕구에 응하지 않을 것이라고 생각함
	자기를 대하는 자기의 행동(내사)	자신의 능력을 의심함, 무능하다고 느낌
유지요인	충동성, 제한된 관계 기술, 공감 능력 부족, 순환적 패턴	
보호요인/강점	할머니와의 안정된 애착, 회복탄력성과 지도력이 있고 매력이 있음	
문화적 정체성	중산층 백인 남자	
문화적 스트레스/문화적응	높은 문화적응 수준, 분명한 문화적 스트레스는 없으나 치료과정에서 특권의식은 탐색되어야 함	
문화적 설명	학대하고, 사랑을 주지 않은 부모에 의해 초래된 불안, 분노, 슬픔	
문화 그리고(또는) 성격	성격 역동이 작용함, 그러나 특권의식은 탐색되어야 함	
적응적 패턴	자신감 갖기와 타인 존중하기	
상담목표	분노와 충동 조절, 슬픔과 불안 감소, 통찰 경험과 교정적 대인관계 경험	
상담의 초점	순환적 패턴에 의해 촉발된 문제적 대인관계	
상담전략	경험적 학습을 촉진하고 순환적 패턴을 수정하기 위해 치료적 관계 활용, 해석, 교정적 정서체험	
상담개입	순환적 패턴의 수정과 개선, 역동 해석, 전이 분석, 지지, 관계 기술 코칭과 연습, 역할연기	
상담의 장애	자신의 문제적 행동들을 최소화하기, 상담자의 이상화 또는 폄하, 거만한 태도	
문화적 상담	문화적 초점의 상담은 필요하지 않음	
상담의 예후	보통	

의 문화적응 수준은 높은 편이며, 분명하게 드러난 문화적응 스트레스 징후는 없다(문화적 스트레스/문화적응). 그는 분노, 슬픔, 불안이라는 최근의 문제가 술만 먹으면 항상 싸우기만 했던, 학대적이고 사랑이 없었던 부모에게서 물려받은 나쁜 본보기의 결과라고 생각한다(문화적 설명). 마지막으로 성격 역동이 우세하게 작용하고 그의 호소문제와 패턴을 적절히 설명하고 있으나, 상담에서 그의 권리의식과 특권의 경험을 탐색해 보는 것이 유용할 것이다[문화 그리고(또는) 성격].

성장을 위한 Richard의 도전과제는 그가 스스로에 대해 자신감을 갖고, 타인을 존중하면서도 자신의 욕구를 충족할 수 있는 보다 적응적인 패턴을 형성하는 것이다(적응적 패턴).

―――――――――――――――――――――――――――――――――――――――

―――――――――――――――――――――――――――――――――――――――

―――――――――――――――――――――――――――――――――――――――

―――――――――――――――――――――――――――――――――――――――

―――――――――――――――――――――――――――――――――――――――

(상담목표). Richard의 순환적 부적응 관계 패턴을 촉발시키는 문제적 관계 상황에 주로 초점을 두는 상담이 상담의 중심이 되어 상담목표를 유지할 것이다(상담의 초점). 기본적인 상담전략은 경험적 학습을 촉진하고, Richard의 순환적 패턴을 수정하기 위해 치료적 관계를 활용하는 것이다. 상담목표와 상담의 초점을 지원하는 상담전략에는 역동 해석, 전이 분석, 역할연기 그리고 코칭이 있다(상담전략).

_____

_____

_____

_____

_____

(상담개입). 예상할 수 있는 상담의 장애와 도전은 Richard가 환경이나 타인을 비난함으로써 자신의 문제적 행동을 최소화시킬 가능성이다. 상담의 시작 단계에서는 그가 상담자에 대한 이상화 또는 폄하를 번갈아 보일 것으로 예상된다. 그의 특권의식과 거만한 태도는 상담자의 역전이를 활성화시킬 수 있다. 게다가 자기애적 특징이 있는 내담자들은 대부분 증상, 시급한 갈등 또는 스트레스 요인이 충분히 줄어들면 상담을 중단하는 일이 흔하기 때문에, 내담자가 지속적인 상담을 해야 도움이 된다고 생각하는 상담자는 상담의 시작 시점과 그 이후에 내담자의 근원적인 부적응적 패턴이 충분히 변화되지 않으면 비슷한 이슈와 문제가 앞으로도 반드시 일어날 것이라고 알려 줄 필요가 있다(상담의 장애). 주요하게 영향을 미치는 것이 성격 역동이기 때문에 문화적 초점의 상담은 필요 없지만, 그의 권리와 특권에 대한 의식은 탐색해야할 것이다(문화적 상담). 마지막으로, 조건적으로 관계를 맺는 내담자의 태도, 여러 번의 해고와 충동성 때문에 현재 상황에서 예후는 보통으로 평가된다(상담의 예후).

Katrina의 사례

Katrina는 13세의 혼혈 여성이다. 그녀는 최근 우울 증상, 학업성적의 부진, 반항적인 행동, 학교에서 다른 학생들과의 싸움 때문에 생활지도 상담사에 의해 상담이 의뢰되었다. 그녀의 공격적인 행동과 학업문제는 아버지가 8년 동안 바람을 피웠다는 어머니와 이모의 대화를 우연히 들은 이후 지난 6개월에 걸쳐 증가되었다. 그녀는 그 결과 아이가 두 명 있다는 사실을 알고서 충격에 빠졌다. 그 외 다른 문제는 교실에서 다른 친구들과의 몇 번의 싸움, 어머니와의 잦은 갈등, 지난 6개월간 15일 결석, 학업에 대한 흥미 감소이다. 이전에 그녀는 뛰어나게 공부를 잘했는데, 지금은 그림 그리기, 독서와 같은 그녀가 좋아했던 활동에서도 뚜렷하게 흥미를 잃고 있다. Katrina의 아버지는 현재 푸에르토리코에 살고 있으며, 가족과는 접촉이 없다. Katrina는 학교 근방 작은 아파트에서 어머니와 남동생과 살고 있다. 그녀는 1년 전 아버지가 가족을 떠나기 전에 살았던 주택에서 집을 줄인 이후로 공간의 부족으로 힘들다고 토로했다.

 Katrina는 미성년자이기 때문에 학교상담사는 첫 면접에서 Katrina와 그녀의 어머니와 함께 이야기할 필요가 있었다. Katrina의 어머니인 Julia는 Katrina가 누구도 믿지 않기 때문에 많은 사람에게 자신의 문제를 이야기 하지 않을 것이라고 생각한다고 말했다. 첫 면접에서 Katrina는 누구도 믿지 않으며 상담자가 뭐를 하라고 해도 상담하는 것에 관심이 없다고 이야기했다. 첫 면접에서 자기노출은 Katrina에게 매우 어려운 일이었고, Julia가 대부분의 질문에 답을 하였으며 어떤 경우에는 Katrina가 대답하려는 때에도 Katrina 대신 말하였다.

단기역동 평가 Julia는 Katrina의 아버지가 매우 비판적이고 Katrina의 어린 시절 내내 정서적으로 철회했다고 보고하였다. Katrina 또한 "나는 진짜로 아빠가 없어요, 진짜 아빠는 자신의 가족을 돌보고 보살피니까요."라고 하였다. 그녀는 선생님들과 어머니가 항상 그녀에게 자기가 하고 싶지 않은 일들을 하라고 강요해서 피곤하다고 말하였다. Katrina는 또래들과 어울리는 것을 힘겨워하고, 선생님이나 어머니가 규칙이나 기대를 강요한다 싶으면 화를 내고 반항적이며 방어적이 된다. 그녀는 또래 친구들이 요구에 따르라고 하거나 협력을 기대할 때 그들에게 종종 공격적으로 대한다. 선생님들은 그녀가 반항적이고, 화를 잘 내며, 비협조적이라고 하였다. 그녀는 어릴 때에 친구가 거의 없었으나 최근에 믿을 만한 친한 친구가 한 명 생겼다. 그녀는 자기 자신을 부족하고 사랑스럽지 않다고 여기며 대부분의 활동을 혼자 하는 것을 좋아한다. 그녀가 관계에서 많이 경험한 것은 이용당하는 것, 무시당하는 것, 통제받는 것, 또는 거짓말하는 것이었다. 첫 면담에서 Katrina는 자기는 아무도 믿지 않으며 상담자가 그녀에게 무엇인가 해 보자고 말을 해도 상담회기에 참여하는 것에 관심이 없다고 하였다. 마지막으로 흥미로운 것은 Katrina에 대한 상담자의 상호작용적 역전이이다. 상담자는 처음에 Katrina가 조용하고 가끔 방어적인 태도로 밀쳐낸다는 느낌을 받았다. 〈표 8-6〉에 종합형 사례개념화의 주요 요소에 따라 진단적 평가와 단기역동 평가 결과를 요약하였다.

사례개념화 진술문　　Katrina의 사회적 고립, 공격적이고 반항적인 행동 그리고 우울 증상(호소문제)은 그녀 아버지의 불륜과 그 결과 생긴 아이들에 대한 최근의 소식(현재의 촉발요인)에 대한 반응으로 보인다. Katrina는 폭력을 당하거나 타인에게 통제를 받고 있다고 여겨지면 보복하는 경향이 있다(지속적인 촉발요인). Katrina의 아버지와의 관계 결핍과 부모에 대한 신뢰 부족을 고려해 보면, 그녀는 앞으로 있을 수 있는 위해와 거절로부터 자신을 보호하기 위해 권위 있는 대상과 또래들에게 맞서는 대응을 한다(부적응적 패턴).

표 8-6 단기역동 사례개념화의 요소

호소문제	우울 증상, 공격적 행동 그리고 사회적 고립	
촉발요인	그녀 아버지의 불륜과 그 결과 생긴 아이들에 대한 인식(현재의 촉발요인), 타인에게 폭력을 당하거나 통제를 받고 있다고 여겨지면 보복함(지속적인 촉발요인)	
부적응적 패턴	잠재적 위해와 거절로부터 자신을 보호하기 위해 권위 있는 대상과 또래들에게 맞섬	
유발요인	자기의 행동	선생님과 또래들에게 공격적임, 슬픔, 불안
	자기를 대하는 타인의 행동	비판적이고 쓸모없는 아버지, 통제적인 어머니, 순종하기를 바라는 선생님, 체벌의 증가
유발요인	타인에 대한 기대	타인은 그녀를 통제하고, 해치거나 버리고 떠날 것으로 생각함
	자기를 대하는 자기의 행동(내사)	자신의 능력을 의심함, 무능하다고 느낌
유지요인	사회적 고립과 부족한 지지체계, 순종을 엄하게 강요하는 어머니와 선생님들, 낮은 좌절 인내력, 부족한 자기주장 기술	
보호요인/강점	이모와 어린 남동생과 친하게 지냄, 총명함, 창의적임, 회복력 있음	
문화적 정체성	히스패닉계-아프리카계 미국인, 저소득층	
문화적 스트레스/문화적응	낮음에서 보통 수준을 보이는 문화적응과 문화적 스트레스	
문화적 설명	우울증을 부인함, 선생님들과 어머니가 덜 통제적이면 기분이 좀 나아질 거라고 생각함	
문화 그리고(또는) 성격	성격 역동과 문화적 역동이 작용함	
적응적 패턴	타인과의 관계에서 안전감 및 관계 맺는 능력 향상하기	
상담목표	우울 증상과 공격적 행동 감소, 통찰 경험과 교정적 대인관계 경험	
상담의 초점	순환적 패턴에 의해 촉발된 문제적 대인관계	
상담전략	경험적 학습을 촉진하고 순환적 패턴을 수정하기 위해 치료적 관계 활용, 해석, 교정적 정서체험	
상담개입	순환적 패턴의 수정과 개선, 역동 해석, 전이 분석, 지지, 관계 기술 코칭과 연습, 역할연기, 대인 간 가족 패턴을 다루기 위한 가족상담	
상담의 장애	개인상담과 집단상담에 저항할 가능성 있음, 가족면담 중에 어머니에게 감정 폭발이 예상됨, 자기노출의 어려움	
문화적 상담	여성상담자 배정, 문화적으로 민감한 상담과 가족상담	
상담의 예후	보호요인들이 상담에 포함된다면 보통에서 좋음	

(유발요인). 이 패턴은 도움을 요청하는 것에 대한 Katrina의 비자발성, 상담 참여에 대한 낮은 동기 수준, 사회적 고립과 부족한 지지체계, 순종을 엄하게 강요하는 어머니와 선생님들, 그녀의 낮은 좌절 인내력 그리고 부족한 자기주장 기술로 유지되고 있다(유지요인). 현재의 여러 가지 문제에도 불구하고, Katrina는 이모와 어린 남동생과 매우 친하게 지낸다고 보고하였다. 가족과의 친밀한 관계 외에 Katrina는 남동생에 대해 책임감을 느끼며 위험으로부터 남동생을 보호하기 위해 그녀가 할 수 있는 모든 것을 하고 있다고 이야기했다. 마지막으로, 그녀의 강점으로는 훌륭한 예술가가 되고자 함, 확고한 의지, 총명함, 공감적임, 창의적임이 있다(보호요인/강점).

　Katrina는 이성애자이고 혼혈이라는 정체성을 가지고 있다. 그녀는 히스패닉계와 아프리카계 미국인으로 정체감을 갖고 있으나, 어느 한쪽의 정체성에 편향된 민족적 전통과 문화적 전통은 거의 없다고 보고하였다. 그녀는 친구들과 더 친했으면 좋겠고, 친구들 앞에서 어머니에게 스페인어로 말하는 것을 특이하거나 이상하게 여기지 않았으면 좋겠다고 말했다(문화적 정체성). 그녀는 보통 수준으로 문화적응이 되어 있고, 비록 어머니가 집에서는 스페인어를 사용라고 요구하지만, 집 밖에서는 스페인어로 말하는 것을 좋아하지 않는다. Katrina의 어머니는 낮은 수준의 문화적응을 보이는데 그 증거로는 영어로 말하는 데 어려움이 있고, 영어로 말하는 친구들이 거의 없으며, 푸에르토리코계-아프리카계 1세대 미국인이고, 미국에서 사는 것이 행복하지 않으며, Katrnia가 고등학교를 졸업하면 푸에르토리코로 돌아갈 계획이라고 말하는 점을 들 수 있다(문화적 스트레스/문화적응). Katrina는 그녀가 우울하다고 생각하지 않지만, 사람들이 덜 통제하고 '덜 권위적'이면 사람들에게 짜증이 덜 날 것 같다고 느낀다(문화적 설명). 중간 수준의 문화요인과 중간 수준의 성격 역동이 호소하는 문제에 영향을 미치는 것으로 보인다[문화 그리고(또는) 성격].

　Katrina가 보다 효과적으로 기능하기 위한 도전과제는 타인을 신뢰하고 더 안전하다고 느끼며, 타인과 더 잘 관계를 맺는 능력을 키우는 것이다(적응적 패턴).

_____

_____

_____

_____

(상담목표). Katrina의 순환적 부적응적 관계 패턴을 촉발시키는 문제적 관계 상황에 주로 초점을 두는 상담이 상담의 중심이 되어 상담목표를 유지할 것이다(상담의 초점). 기본적인 상담전략은 치료적 관계를 활용하여 새로운 관계 경험을 촉진하고, 부적응적 패턴을 이해하고 수정하는 것이다. 관련 전략으로는 지지, 해석 그리고 역할연기가 있다(상담전략).

_____

_____

_____

_____

(상담개입). 예상할 수 있는 상담의 장애와 도전은 상담에 대한 Katrina의 동기가 낮고, 피해망상적인 성향이 반항적인 행동으로 이어질 수 있다는 것이다. 그리고 그녀가 믿지 못하기 때문에 상담자와 개인적인 문제를 논의하는 데

어려움이 있을 것이고, 종종 상담자를 떠보는 행동을 할 것으로 예상된다(상담의 장애). 상담은 Katrina와 어머니의 문화적응 수준을 감안하여 몇 가지 문화적으로 민감한 요소를 다룰 것이다. 문화적으로 민감한 상담과 가족상담이 Katrina의 혼혈과 양쪽 문화에 대한 개인적 경험을 고려하여 드러난 문화적 요인을 다루는 데 활용될 것이다. 추가적으로 성 역동이 문제가 될 수 있으므로 그녀에게 여성 상담자를 배정하는 것이 유용할 수 있다(문화적 상담). Katrina가 상담과정에 더 참여할 수 있고 그녀의 강점을 활용하고 이모의 지원을 받을 수 있다면, 예후는 보통에서 좋음으로 평가된다(상담의 예후).

기술향상 연습: 단기역동 사례개념화

6장의 기술향상 연습에서 언급한 바와 같이, 여러분은 사례개념화 진술문의 특정 요소가 빈칸으로 되어 있음을 알 것이다. 이런 빈칸은 구체적인 답이 제공되어 여러분의 사례개념화 기술을 더 정교화할 수 있는 기회가 될 것이다. 각 사례마다 간략하게 유발요인 진술문, 상담목표, 그리고 이론에 상응하는 세부적인 상담개입을 작성하라.

결론

사례개념화의 단기역동 방법을 기술하고 설명하였다. 단기역동 관점의 기본 전제를 제시하였으며, 단기역동 평가와 관련된 요인들을 논의하였다. 단기역동 사례개념화 모형을 다섯 사례에 적용하였고, 임상적 공식화, 문화적 공식화, 상담개입 공식화를 제시하였다.

질문

1. 이전 장에서 제시한 다른 접근들과 구별되는 단기역동 사례개념화의 주요 원칙을 논의하라.
2. 자기의 행동, 타인에 대한 기대, 자기를 대하는 타인의 행동, 자기를 대하는 자기의 행동으로 세분화된 내담자의 부적응적 패턴의 네 가지 측면(Levenson, 2010)을 기술하고 설명하라.
3. 단기역동 평가가 어떻게 수행되고, 이것이 질문 2에서 언급한 부적응적 패턴을 어떻게 구체화하고, 확인하고, 설명하는지 기술하라.
4. 상호작용적 역전이를 포함해 이 모형의 순환적 부적응적 패턴의 주요 구성요소를 알아보기 위해 Binder(2004)가 제기한 질문들과 비교해 보라.
5. 단기역동 사례개념화 모형의 주요 요소들을 기술하라.

부록

Antwone의 사례

유발요인

그의 호소문제와 패턴은 태어나자마자 그를 버린 생모의 유기에서 시작하여, 입양가족에 의한 수년간의 신체적 · 정서적 · 성적 학대, 그리고 현재 해군 동료들의 괴롭힘까지 타인의 유해한 행동에 대한 지속적인 경험이라는 맥락에서 이해할 수 있다. 그가 침울해하고 고립되는 것은 놀라운 일이 아니다. 그는 타인이 자신을 통제하려고 할 것이고, 자신에게 해를 가할 것이며, 자신을 부당하게 대할 것이라고 예상한다. 그는 자신의 운명에 대해, 특히 최근에 가장 친한 친구의 예기치 않은 죽음에 대해 혼란스러워하고 있었다. 그는 독방에서 그가 직면했던 학대와 부당함에 대해 생각을 곱씹으며 시간을 보냈고, 여전히 그의 선제공격은 정당했으며, 살아남기 위해 필요한 일이라고 확신하는 것 같다.

상담목표

TLDP 관점에서 상담의 주요 목표는 통찰을 촉진하고, 대인관계 문제해결 기술을 향상시키며, 교정적 정서체험과 교정적 대인관계 경험을 하도록 격려하는 것이다.

상담개입

전이-역전이 재연은 일어날 때마다 이를 분석하고 다룰 것이다. 구체적인 문제 상황의 역할연기는 자신의 부적응적 패턴에 대한 Antwone의 인식을 높이기 위해 그리고 교정적 정서체험을 촉진하기 위해 활용될 것이다. 그 외 개입에는 통찰을 촉진하기 위한 역동 해석, 관계 기술을 개발하기 위한 코칭 그리고 이런 기술들의 연습이 포함될 것이다.

Maria의 사례

유발요인

Maria의 호소문제는 그녀가 집에 남아 있어야 한다는 부모님과 신, 그리고 독립해서 대학으로 가야 한다는 친구들의 상충된 기대와 행동에 지나치게 민감해진 그녀의 패턴이라는 관점에서 이해할 수 있다. 이런 갈등을 일으키는 믿음과 기대의 결과로, 그녀는 돌보지 않는 것처럼 행동하고, 죄책감과 우울을 경험하고 있으며, 불편함을 줄이고 편해지기 위해 술을 마셨다. 그녀의 부모님과 남자 친구, 친구들은 정기적으로 그녀의 삶에서 무엇을 해야만 하는지에 대해 그녀에게 이야기한다. 부모님, 특히 어머니는 그녀가 집에 남아 그들을 보살펴 주길 바라고 있고, 반면에 친구들은 그녀가 좀 더 독립적이 될 수 있도록 대학으로 가라고 권하고 있다. 그녀는 자신이 집에 남아 부모님을 보살펴 드리지 않으면 부모님이 자신을 사랑하지 않을 거라고 믿고 있다. Maria는 무능함을 느끼고 있으며, 또한 그녀가 떠나면 나쁜 딸이 되고, 부모님의 기대에 따르게 되면 자신을 실망시키게 될 거라는 생각 사이에서 갈등하고 있다.

상담목표

목표는 자기효능감, 자기표현 그리고 의사결정을 향상시키는 것뿐만 아니라 침울한 기분을 감소시키는 것이다. TLDP 관점에서 상담의 주요 목표는 통찰을 촉진하고, 대인관계 문제해결 기술을 향상시키며, 교정적 정서체험과 교정적 대인관계 경험을 하도록 격려하는 것이다.

상담개입

지지 기법은 그녀를 인정해 주고, 그녀 자신의 욕구를 충족하는 데 더 적극적이 되도록 격려하기 위해 활용될 것이다. 새로운 대인관계 경험에는 상담자가 Maria에게 어떻게 해야 하는지 말해 주고 싶은 유혹에서 벗어나 그녀 스스로 결정을 내리도록 격려하는 방식으로 그녀를 대하는 것이 포함된다. 추가적으로 그녀가 자신의 대인관계 스타일에 대해 인식하고 통찰할 수 있도록 도와줌으로써 순환적 패턴에 대한 Maria의 인식을 높여 그녀가 보다 건강한 패턴을 찾도록 도울 것이다. 전이-역전이 재연은 일어날 때마다 분석되고 다루어질 것이다. 상담자는 순환적 패턴에 대한 Maria의 인식을 높이고 교정적 정서체험을 촉진하기 위해 치료적 재연을 사용할 것이다. 상담자는 Maria에게 자신의 욕구와 타인의 욕구를 보다 효과적으로 충족할 수 있도록 동기를 부여해 교정적 정서체험을 촉진할 것이다. 그 외의 개입으로 통찰을 촉진하기 위한 역동 해석, 관계 기술 개발을 위한 코칭 그리고 이런 기술들의 연습이 포함될 것이다.

Richard의 사례

유발요인

Richard의 호소문제와 패턴은 그가 학대받아 왔고 그래서 타인을 무시하고 이용한다는 점을 고려하면 이해할 수 있다. Richard의 패턴은 순환적인데, 그가 매우 자기중심적이며 그의 개인적 이익을 위해 타인이 그의 욕구를 충족해 줄 거라고 생각한다는 점에서 그렇다. 그의 부모님은 서로 끊임없이 싸우면서 그를 정서적으로 학대했다고 했다. 그의 전 부인은 그들의 관계를 끊어 버렸다. 직장 동료들과 친구들은 그의 분노를 두려워하고 있다. 그는 타인이 그의 욕구에 반응하지 않을 것이라고 기대한다. 그래서 그는 과도하게 요구를 하고, 자신의 욕구를 충족하기 위해 타인을 이용한다. 그는 자신을 무능하다고 여기며 자신의 능력을 의심하고 있다.

상담목표

상담목표는 그의 분노를 줄이고 충동을 관리하는 능력을 향상시키며, 또한 슬픔과 불안을 감소시키는 것이다. TLDP 관점에서 상담의 주요 목표는 통찰을 촉진하고, 대인관계 문제해결 기술을 향상시키며, 교정적 정서체험과 교정적 대인관계 경험을 하도록 격려하는 것이다.

상담개입

지지 기법은 그를 인정해 주고, 타인과 관계 맺을 때 더 존중할 수 있도록 그를 격려하기 위해 활용될 것이다. 그의 순환적 패턴에 대한 통찰을 촉진하기 위해 그의 관계 패턴, 상담회기에서의 행동, 역동 해석을 검토하는 것은 변화의 시작이 될 것이다. 치료적 관계는 Richard의 교정적 정서체험을 촉진하는 데 활용될 것이다. 코칭과 역할연기는 타인을 공감하고, 더 민감하게 반응하는 능력을 키우기 위해 활용될 것이다.

Katrina의 사례

유발요인

그녀의 자기의 행동은 또래들과 선생님들에게 공격적이고, 슬픔을 느끼며 타인의 의도를 두려워하는 것이다. 자기를 대하는 타인의 행동은 비판적이고 쓸모없는 아버지와 일하느라 바쁘고 통제적인 어머니이다. 선생님들은 그녀가 공격적인 행동과 또래들과 싸움을 한 이력이 있어서 매우 엄격하게 Katrina에게 규칙을 강요하고 있다. 그녀는 타인을 그녀를 통제하고, 무시하고, 버리고 떠나며, 또는 해를 가하는 존재로 생각한다. 그녀의 내사는 자기의심과 무능함이다.

상담목표

상담목표에는 우울 증상의 감소, 분노관리, 자기표현과 친구관계 기술의 향상, 그리고 반항적 행동의 감소가 포함된다. TLDP 관점에서 상담의 주요 목표는 통찰을 촉진하고, 대인관계 문제해결 기술을 향상시키며, 교정적 정서체험과 교정적 대인관계 경험을 하도록 격려하는 것이다.

상담개입

지지 기법은 그녀를 인정해 주고, 타인과 안전한 관계를 형성하도록 격려하기 위해 활용될 것이다. 전이-역전이 재연은 일어날 때마다 이를 분석하고 다룰 것이다. 구체적인 문제 상황의 역할연기는 Katrina의 순환적 패턴에 대한 인식을 높이기 위해, 그리고 교정적 정서체험을 촉진하기 위해 활용될 것이다. 그 외 다른 개입으로는 통찰을 촉진하기 위한 역동 해석, 관계 기술을 발전시키기 위한 코칭, 그리고 이런 기술들의 연습이 포함될 것이다. 가족상담은 Katrina와 어머니 사이의 관계 패턴을 다루고 이들이 자신의 욕구와 감정을 더 잘 소통할 수 있도록 돕는데 활용될 것이다.

참고문헌 ⋯⋯⋯⋯⋯⋯⋯⋯⋯⋯⋯⋯⋯

Binder, J. L. (2004). *Key competencies in brief dynamic psychotherapy: Clinical practice beyond the manual.* New York, NY: Guilford.

Binder, J. L., & Betan, E. J. (2013). *Core competencies in brief dynamic psychotherapy: Becoming a highly effective and competent brief dynamic psychotherapist.* New York, NY: Guilford.

Butler, S. F., & Binder, J. L. (1987). Cyclical psychodynamics and the triangle of insight. *Psychiatry, 50*(3), 218-231.

Butler, S. F., Strupp, H. H., & Binder, J. L. (1993). Time-limited dynamic psychotherapy. In S. Budman, M. Hoyt & S. Friedman (Eds.), *The first session in brief therapy* (pp. 87-110). New York, NY: Guilford Press.

Levenson, H. (1995). *Time-limited dynamic psychotherapy.* New York: Basic Books.

Levenson, H. (2010). *Brief dynamic therapy.* Washington, DC: American Psychological Association.

Levenson, H. (2017). *Brief dynamic therapy* (2nd ed.). Washington, DC: American Psychological Association.

Levenson, H., & Strupp, H .H. (2007). Cyclical maladaptive patterns: Case formulation in time-limited dynamic psychotherapy. In T. D. Eells (Ed.), *Handbook of psychotherapy case formulation* (pp. 164-197). New York, NY: Guilford.

Strupp, H., & Binder, J. (1984). *Psychotherapy in a new key: A guide to time-limited dynamic psychotherapy.* New York, NY: Basic Books.

9장

Adler
사례개념화

Adler 상담은 그 이론과 실제를 현대의 다양한 접근과 호환할 수 있기 때문에 오늘날의 임상실제에 매우 적합하다(Ansbacher & Ansbacher, 1956). 이러한 접근에는 인지행동 접근, 대인관계 중심 역동 접근, 체계적 접근, 인본주의적 접근, 경험적 접근들이 포함된다. Adler 상담의 많은 기본 원리가 이 책에서 다룬 다른 치료적 접근들에 영향을 주었고 선행한다는 점은 주목할 만하다(Corey, 2017). 이 장은 Adler 관점을 논의하는 것으로 시작할 것이고, 그다음 Adler 평가를 다루고, 평가해야 할 관련 요인들을 확인할 것이다. 이어서 Adler 사례개념화 방법의 주요 요소들을 기술할 것이다. 마지막으로, 1장에서 소개한 다섯 사례에 Adler 사례개념화를 적용해 이 방법을 설명할 것이다.

Adler 관점

기본적인 Adler 개념에는 생활양식, 소속감, 출생순위, 가족구도, 개인적 논리, 사회적 관심, 생활양식 신념 그리고 기본적 오류가 포함된다. Adler 관점은 인간의 기본적인 동기를 소속되어 사회적 관심을 발전시키는 것, 즉 타인의 안녕감에 공헌하려는 자발적인 마음이라고 가정한다. 발달은 가족구도, 즉 가족 역동에 의해 영향을 받는데, 사람들은 가족구도에서 소속감과 자기가치감, 그리고 가족 안에서의 심리적 위치인 출생순위를 찾는다. 사람들은 그들의 생활양식, 다시 말해서 지각과 행동을 안내하는 인지 지도가 되는 그들의 독특하고 주관적인 개인적 논리로 생활사건에 대한 자신의 해석을 만들어 낸다. 사람들의 생활양식에는 자기관과 세계관, 최종적인 판단에 대한 개인적 신념과 삶의 이야기가 반영된 생활전략이 담겨 있다. Adler는 높은 수준의 사회적 관심은 정신건강과 안녕감을 반영한다고 생각했다(Ansbacher & Ansbacher, 1956). 최근의 연구는 안녕감이 사회적 관심의 함수라는 것을 입증하였다(Sperry, 2011). 문제는 집단이나 지역사회에 소속감을 느끼지 못하는 개인 또는 그들이 소속되기 위해 건강하지 않은 방법을 찾는 것으로 이해할 수 있다.

정신병리는 개인이 '인생과제', 즉 자신의 책임을 다하지 못한 것에 대한 변명, 그리고 자아존중감을 지키기 위한 핑계를 대려고 증상을 '조정하는' 방법으로 본다. 정신병리는 실망을 반영하고, 내담자의 잘못된 생활양식 신념, 즉 사회적 관심에 역행하는 신념으로 나타나며 기본적 오류로 요약된다(Sperry, 2015). 생활양식 신념은 인지치료에서 스키마로 불린다.

Adler 관점은 낙관적이며, 장애, 결핍, 병리보다는 자원, 강점, 건강에 초점을 둔다(Carlson & Englar-Carlson, 2018). 치료적 관계는 상호존중과 평등이 특징이다. 내담자가 변화과정에 능동적인 역할을 할 것으로 기대되는 치료적 시도에서 내담자와 상담자는 협력적인 파트너가 된다. 다음 두 절에서는 Adler 평가와 Adler 사례개념화 방법을 소개할 것이다.

Adler 평가

Adler 평가는 진단적 평가에 추가적인 정보를 제공하는 관련 Adler 요인들을 강조하며, Adler 이론 기반의 임상적 공식화와 상담개입 공식화의 전개를 수월하게 한다. 평가는 현재 상황과 유발요인, 즉 생활양식 분석 모두에 초점을 맞춘다. 이 평가에서 내담자의 가족구도와 초기기억을 포함한 초기 발달 경험에 관한 정보를 모은다. 이런 정보는 상담자가 개인의 독특한 생활양식 신념을 알아내는 데 도움이 된다. 또한 Adler는 모든 사람이 이루고자 노력하는 세 가지 인생과제로 사랑과 우정, 일을 들었다(Ansbacher & Ansbacher, 1956). 평가는 내담자가 이러한 인생과제를 성공적으로 달성했거나 실패한 정도에 초점을 둔다. 내담자의 생활양식을 알게 되면 상담자는 내담자의 기본 신념과 지각이 내담자의 생활양식과 행동에 어떻게 영향을 미치는지 더 잘 이해하고 내담자를 도울 수 있다.

다음의 Adler 개념들이 평가된다. 이런 자료로부터 추론을 하고, 종합형 사례개념화로 공식화한다. 평가하게 될 기본 개념은 다음과 같다.

가족구도   가족구도에는 내담자와 다른 가족 구성원들과의 관계, 심리적 출생순위, 가족의 가치, 내담자가 가족 안에서 소속감을 찾는 방법에 관한 정보가 포함된다.

가족구도를 알아내는 데 도움이 되는 질문은 다음과 같다.

• 가족 안에서 당신의 성장과정은 어떠했나요?

- 가족 중에서 당신은 맏이(막내, 중간, 또는 외동)였나요?
- 부모님과의 관계를 기술하세요. 당신은 부모님 중 누구를 더 좋아했습니까? 당신의 형제자매 중에서 어머니가 아끼는 사람은 누구였나요? 아버지는 누구를 좋아했습니까?
- 부모님 간의 관계를 기술하세요. 누가 돈을 버셨나요? 중요한 결정은 누가 내렸습니까? 부모님은 문제를 어떻게 해결했나요? 갈등은 어떻게 해결했나요? 부모님은 공개적으로 애정을 보였나요? 가르침이 엄한 사람은 누구였습니까? 다쳤거나 놀랐을 때, 당신은 누구에게 갔나요?
- 가족의 가치는 무엇이었습니까? 당신이 성장해서 무엇을 하기를(또는 무엇이 되기를) 바랐나요?
- 형제자매들과의 관계는 어떤가요? 가장 좋은 성적을 받은 사람은 누구입니까? 가장 운동을 잘한 사람은 누구인가요? 가장 친구가 많았던 사람은? 가장 말썽을 많이 일으킨 사람은? 그들은 지금 어떻게 지내나요?

초기기억　　초기기억은 내담자의 자기관, 타인관, 세계관 그리고 타인과 인생의 도전에 대처하는 내담자의 전반적인 전략을 알아내기 위해 사용하는 투사적 기법이다. 초기기억은 또한 내담자의 사회적 관심 수준, 인생과제에 대한 태도, 생활양식 신념을 반영한다.

초기기억을 알아내는 방법은 다음과 같다.

- "9세 이전의 어린 시절을 생각해 보고 당신의 첫 번째 기억을 말해 주세요. 누군가가 당신에게 그런 일이 있었다고 말해 준 것이 아닌 당신이 구체적으로 기억하는 단일 경험이어야 합니다. 반복적인 경험이 아닌 단일 경험입니다."
- 내담자가 기억해 내기 힘들어하면 기억에 남는 생일, 학교에 간 첫날, 특별한 방학 등에 대한 질문을 하여 내담자의 답을 이끌어 낸다.

• 각각의 기억에 대해, 그 당시 그들이 몇 살이었는지 물어보고, 일련의 기억을 이끌어 낸다. 어떻게 시작했고 어떻게 끝났는가? 누가 있었는가? 사람마다 무엇을 하고 있었는가? 혹은 무엇을 말하고 있었는가? 일련의 기억에서 가장 생생한 순간은? 그 순간 당신이 느꼈던 것은 무엇인가? 그 순간 당신은 무엇을 생각하고 있었나?

생활양식 신념   생활양식 신념은 가족구도, 출생순위, 초기기억, 보상 과잉에 대한 정보에서 이끌어 낸 내담자의 내적 세계에 관한 결론이다. 그것들은 개인적인 기본 패턴을 나타낸다.

이런 생활양식 신념을 패턴으로 요약하는 공식화된 진술문은 다음과 같다.

• 나는……(자기관)
• 삶은…… 사람들은……(세계관)
• 그래서……(생활전략)

내담자의 '기본적 오류'는 이러한 공식/패턴에서 나온다.

Adler 사례개념화 방법

다른 이론에 근거하여 구조화된 사례개념화 방법처럼, Adler 사례개념화 방법도 내담자 고유의 생활양식과 생활양식 신념을 강조하는 임상적 공식화, 문화적 공식화, 상담개입 공식화를 포함한다. Adler 방법의 독특한 특징은 내담자의 상황적 패턴과 장기적 패턴에 대한 관점이다(Sperry & Binensztok, 2018, 2019). 사례개념화는 내담자들이 나는 누구이고, 나는 어떻게 지금의 내가 되었는지를 이해할 수 있도록 해 준다. 또한 내담자들이 자신의 잘못된 논리와 도움이 안 되거나 사회적으로 쓸모없는 패턴을 인식할 수 있도록 도와준다. 문화적 공식화는 내담자의 성격 역동에 관하여 문화적 역동 관점에서의 설명을 제공한다. 상담개입 공식화에는 잘못된 생활양식 신념과 기본적 오류를 수정하고, 사회적 관심을 높일 수 있는 계획이 포함된다. 이러한 네 가지 구성요소로부터의 정보는 사례개념화에 요약되고, 내담자와 함께 논의한다.

Adler 사례개념화 방법은 이 책에서 기술한 다른 네 가지의 이론적 방법과 몇 가지 공통 요소를 공유한다는 점에서 비슷하다. 그러나 이 방법의 특징적인 요소들 때문에 이 방법은 다른 방법과는 다르다. 〈표 9-1〉에 이러한 다섯 개의 특징적인 요소를 설명하였다.

표 9-1 **Adler 사례개념화의 주요 요소**

유발요인	가족구도	특히 출생순위와 가족환경
	생활양식 신념	특히 초기기억과 자기관, 세계관
상담목표	사회적 관심과 건설적인 행동의 증가	
상담의 초점	잘못된 신념 그리고/또는 좌절로 촉발되거나 악화된 상황	
상담전략	기본 상담전략	사회적 관심과 건설적인 행동 촉진하기
	공통 상담전략	지지, 인지적 재구조화, 해석
상담개입	생활양식 평가, 초기기억 분석, 격려, 비유·이야기·유머의 사용, '마치 ~인 것처럼' 행동하기, 건설적인 행동, 역설	

Adler 사례개념화: 다섯 사례

Adler 사례개념화를 실행하는 과정이 다섯 개의 다른 사례를 통해 설명될 것이다. 각 사례에 대한 배경 정보에 이어서, 이 사례개념화 방법과 밀접하게 관련된 주요 정보를 찾아내는 평가 단락이 나올 것이다. 각 사례에 대한 (2장과 3장에서 설명한) 진단적 공식화, 임상적 공식화, 문화적 공식화의 열 개 요소와 (4장에서 설명한) 상담개입 공식화의 여덟 개 요소는 표로 요약하였다. 마지막으로 이런 정보들을 통합한 설명이 사례개념화 진술문으로 제시될 것이다. 첫 번째 단락에 진단적 공식화와 임상적 공식화, 두 번째 단락에 문화적 공식화, 세 번째 단락에 상담개입 공식화를 기술하였다.

Geri의 사례

Geri는 업무 비서로 일하는 35세의 아프리카계 미국 여성이다. 그녀는 미혼이고, 혼자 살고 있으며, 3주 동안 우울증과 사회적 고립이 지속되어 평가와 상담이 필요하다고 본 그녀 회사의 인력자원부 책임자에 의해 의뢰되었다. 그녀의 결근으로 상담 의뢰가 빨라졌다. Geri의 증상은 상사가 그녀에게 승진 대상이라고 말한 직후 시작되었다. 어린 시절, 그녀는 가족과 또래들에게 비난받고 괴롭힘을 당하면 다른 사람들을 피해 고립되어 있었고 회피했다고 보고하였다. 그녀는 높은 수준의 문화적응을 보였고, 자신의 우울증은 업무 스트레스와 뇌의 '화학적 불균형'의 결과라고 생각한다.

Adler 평가   진단적 평가 정보 외에 Adler 평가에는 다음의 내용이 추가된다. Geri는 어릴 때뿐만 아니라 지금도 동료들과 관계를 맺는 데 어려움이 있다. Geri는 맏이이고, 여덟 살 어린 남동생이 있다. 그녀는 심리적으로는 '외동아이'이다. Geri는 남동생이 태어날 때까지는 아버지에게 사랑을 많이 받았다고 했다. 어릴 때 그녀는 학교에서 친구들과 관계 맺기가 어려웠고, 종종 비난을 받았다. 그녀는 부모님이 그녀를 계속 지지해 주지 않았고, 많은 요구를 했으며, 그녀에게는 비판적이었다고 말했다. 주목할 만한 가족의 세 가지 가치는 '아이들은 볼 수 있지만 들어서는 안 된다' '너의 가치는 네가 삶에서 무엇을 성취하느냐에 달려 있다' '가족의 비밀은 지켜져야 한다'는 것이다. 그녀의 초기기억에는 어머니가 새로 태어난 남동생을 집에 데리고 오던 날, 부모님에게 쫓겨난 느낌과 부모님이 더 이상 자신을 원치 않는다는 느낌이 포함되어 있다. 아버지는 그날이 그의 인생에서 가장 행복한 날이었다고 했고, Geri의 반응은 집에서 쫓겨나 나무집에 숨어서 화나고 외롭고 슬프고 거부당했다고 느꼈고, 더 이상 그녀를 원하는 사람은 아무도 없다는 생각을 했다는 것이다. 또 다른 기억은 그녀가 미술시간에 그림 그리는 것을 굉장히 싫어했는데 슬퍼하고 아프기까지 했다는 이야기를 들은 것이다. 〈표 9-2〉에 종합형 사례개념화의 주요 요소에 따라 진단적 평가와 Adler 평가 결과를 요약하였다.

사례개념화
진술문   Geri의 사회적 고립감 증가와 우울 증세(호소문제)는 그녀가 승진 대상이며 새로운 상사가 고려되고 있다는 소식(현재의 촉발요인)과 친밀한 관계로부터의 요구 그리고 그녀가 비난받고, 거부당하고, 위험을 겪을 것이라는 예상(지속적인 촉발요인)에 대한 반응으로 보인다. 그녀는 대부분의 관계를 회피하고, 아동기 내내 고립되어 지낸 이력이 있다(부적응적 패턴). Geri의 호소문제는 그녀의 생활양식의 관점에서 이해할 수 있다. 타인과 관계를 맺는 그녀의 양식은 그녀가 가족과 관계를 맺는 데 있어 주저하고 회피하는 방식을 반영하고 있다. 그녀는 비난받지 않으면서 또는 그녀에게 가해지는 부당한 요구를 받지 않으면서 가족과 관계를 맺는 안전한 방법을 모색했다. 그녀는 자신을 무능하고 결함이 있는 사람으로 여기며 삶과 타인은 요구가 많고, 가혹하고, 독단적이고, 비판적이라고 생각한다. 그래서 Geri는 대부분의 관계를 회피하고, 사회적으로 고립되고, 믿을 만하다고 여겨지는 것에는 지나치게 투자하는 식으로 그녀의 위치를 찾았다. 이렇게 해서 그녀는 비난받는 것을 피했고, '안전함을 느꼈다'. 안전하지 않다고 느끼면 언제든지 관계를 회피하고 철회하는 그녀의 전략은 효과가 있지만 '안전'을 느끼기 위해 치르는 대가는 크다. 그녀는 외롭고, 관계 기술과 경험

표 9-2 **Adler 사례개념화의 요소**

호소문제	사회적 고립감 증가, 우울 증상	
촉발요인	그녀가 승진 대상이며 새로운 상사가 고려되고 있다는 소식(현재의 촉발요인), 친밀한 관계에 대한 요구와 그녀가 비판받고, 거부당하고, 위험을 겪을 것이라는 예상(지속적인 촉발요인)	
부적응적 패턴	안전하지 않다고 느낄 때 회피하고 관계를 끊거나 철회함	
유발요인	자기의 행동	심리적으로 외동아이, 요구하는 것이 많고 비판적인 부모, 가족 가치인 성취와 비밀엄수, 요구가 많음, 비판임, 본이 된 정서적 거리두기
	생활양식 신념	(자기관) 나는 무능하고 결함이 있다. (세계관) 삶은 요구하는 것이 많고, 가혹하며, 독단적이고, 안전하지 않다. (생활전략) 그래서 안전하지 않다고 느낄 때 관계를 회피하고 철회한다.
유지요인	수줍음, 혼자 살고 있음, 일반화된 사회적 고립에 의해 유지됨	
보호요인/강점	친하고 믿음이 가는 친구와 지인, 안정되고 의미 있는 직장, 직무조정을 요청할 수 있는 자격	
문화적 정체성	한정된 민족적 유대가 있는 중산층 아프리카계 미국인	
문화적 스트레스/ 문화적응	높은 수준의 문화적응, 뚜렷한 문화적응 스트레스는 없으나 가족 성역할이 그녀가 무능하다는 생각을 강화함	
문화적 설명	슬픔은 업무 스트레스와 뇌의 화학적 불균형에서 온 것임	
문화 그리고(또는) 성격	성격 역동이 의미 있게 작용함	
적응적 패턴	보다 안전함을 느끼며 타인과 관계 맺기	
상담목표	우울과 좌절의 감소, 사회적 관심 증진, 관계 기술의 향상	
상담의 초점	잘못된 신념 또는 좌절로 인해 촉발되거나 악화된 상황	
상담전략	사회적 관심과 건설적 행동 촉진하기, 지지, 해석, '마치 ~인 것처럼' 행동하기, 약물치료	
상담개입	생활양식 평가, 초기기억 분석, 격려, '마치 ~인 것처럼' 행동하기	
상담의 장애	상담자를 '시험'함, 집단상담에 저항할 가능성, 상담자에 대한 지나친 의존, 종결의 어려움	
문화적 상담	성(gender)이 문제가 될 수 있으므로 지지적인 여성 상담자 배정	
상담의 예후	사회적 관계와 기술이 증가하고 업무에 복귀한다면 좋음	

이 제한되었으며, 가능성이 없어 보이는 친밀하고 사적인 관계를 바라고 있다(유발요인). 하지만 수줍어하고, 혼자 살며, 사회적으로 고립되는 이런 전략이 그녀의 부적응적 패턴을 강화하고 있다(유지요인). Geri는 친한 직장 동료와 안정된 애착이 형성되어 있고, 또한 여러 해의 고용기간 내내 직장에서 열심히 일하고 있다. 또한 그녀는 「미국장애인복지법」과 같은 법률에 의거하여 직무조정을 요청할 수 있다(보호요인/강점).

그녀는 스스로 중산층 아프리카계 미국인으로서의 정체감을 갖고 있으나 아프리카계 미국인 공동체에는 관심도 없고 참여도 하지 않고 있다(문화적 정체성). 그녀는 부모처럼 높은 수준의 문화적응을 보이지만, 그녀의 가족체제는 남성에게 더 높은 가치를 두고 있다. 남성에 대한 이런 긍정적인 편애가 그녀는 쓸모없고 무능하다는 생각을 강화한 것으로 보인다(문화적 스트레스/문화적응). 그녀는 자신의 우울증이 업무 스트레스와 뇌의 '화학적 불균형'의 결과라고 생각한다(문화적 설명). 의미 있게 작용하는 문화적 요인은 없다. Geri의 성격적 역동이 최근의 임상적 호소문제에 중요하게 작용하고 있으나, 성역할은 검토해 봐야 한다[문화 그리고(또는) 성격].

Geri의 도전과제는 보다 효과적으로 기능하고, 타인과 관계를 맺을 때 더 안전함을 느끼는 것이다(적응적 패턴). 좌절과 우울 증상을 줄이고, 사회적 관심과 사회적 관계 맺기는 늘리며, 관계 기술을 향상하는 것이 상담의 주요 목표이다(상담목표). 상담의 초점은 그녀의 잘못된 신념에 의해 촉발되거나 악화된 문제적 상황을 분석하는 데 둘 것이다(상담의 초점). 기본적인 상담전략은 사회적 관심과 건설적인 행동을 촉진하는 것이다. 병행할 수 있는 상담전략에는 약물치료, 지지, 해석이 포함된다(상담전략). 상담자는 전체적인 상담과정 내내 Geri와 관계를 맺고 관여하기 위해 격려의 형태로 지지를 할 것이다. 해석은 안전함을 느끼기 위해 회피하는 Geri의 잘못된 신념을 분석하고 수정함으로써 그녀의 생활양식, 신념 또는 기본적 오류를 다루는 데 활용될 것이다. Geri가 이웃들과 더 편안하게 이야기할 수 있기를 정말로 원한다고 하므로, '마치 그녀가 편안한 것처럼' 행동하도록 격려할 것이다. 약물치료 평가를 의뢰할 것이고, 필요하다면 약물치료 모니터링도 계획할 것이다(상담개입). 상담에는 몇 가지 장애와 도전을 예상할 수 있다. 그녀의 회피적 성격구조를 고려해 보면 모호한 저항을 할 가능성이 있다. 그녀는 상담자와 개인적인 문제를 이야기하는 것을 어려워할 것이고, 막판에 상담 약속을 바꾸거나 취소하고, 지각을 하여 상담자가 그녀를 비난하도록 '시험'하고 자극할 것이며, 꾸물거리고, 감정을 회피하기도 하고, 다른 한편으로는 상담자의 신뢰성을 '시험'할 수도 있다. 일단 상담자와의 신뢰가 형성되고 나면, 상담자와 상담에 의존할 가능성이 있으며, 상담실 밖의 사회적 지지체계가 증가하지 않는 한 종결이 어려울 수도 있다. 게다가 그녀의 회피 패턴은 집단상담에 참여하고 지속하는 것을 어렵게 할 가능성이 있다. 수용적이고 비판단적인 집단상담 실무자와 여러 번 만나도록 하여 개인상담에서 집단상담으로 전환할 수 있도록 도와야 한다. 이것은 Geri의 안전감을 높여서 집단 장면에서 어려움 없이 자기노출을 하도록 할 것이다. 전이 재연도 고려해야 한다. 부모와 또래들의 비판과 놀림의 정도를 감안해 볼 때, 상담자가 조급해하고 언어적 · 비언어적 비난의 징후를 보이면 이러한 전이가 활성화될 것으로 예상된다. 마지막으로, Geri는 그녀가 믿는 사람들에게 집착하는 경향이 있으므로, 종결을 앞둔 마지막 4~5회기 정도는 독립적으로 기능하는 데 자신감을 갖도록 해야 종결에 대한 그녀의 양가감정을 줄일 수 있을 것이다(상담의 장애). Geri의 성격 역동을 고려해 보면, 상담 진행에서 문화적 스트레스가 크게 영향을 미치지는 않을 것이다. 그러나 가족 안에서의 성역할, 긴장이 고조된 아버지와의 관계와 그 후 남성들과의 제한된 관계를 고려해 보면 성 역동이 치료적 관계에 영향을 줄 수 있다. 따라서 상담의 초기단계에는 개인상담과 집단상담 둘 다 여성 상담자가 하는 것이 바람직해 보인다(문화적 상담). Geri가 상담실 안과 밖에서 자신감을 키우고, 관계 기술과 사회적 접촉을 늘리고 업무에 복귀한다면, 예후는 좋을 것으로 판단된다. 만약 그렇지 않다면 예후는 조심이다(상담의 예후).

Antwone의 사례

Antwone은 20대 중반의 아프리카계 미국인 해군수병으로, 별것 아닌 도발에 다른 해군 요원들을 때렸다. 최근 그의 부대 사령관은 그에게 강제적으로 상담을 받도록 명령하였다. 그는 아기 때부터 위탁 보호되어 살았는데, 아프리카계 미국인 입양가족에게, 특히 그를 협박하기 위해 인종차별적인 욕을 했던 양어머니에게 무시당하고, 정서적·언어적·신체적으로 학대받았다고 했다. 15세 때 그는 학대와 폭력을 더 이상 견딜 수 없어서 양어머니한테 대들었고, 그 결과 길거리로 쫓겨났다.

Adler 평가 진단적 평가 정보 외에 Adler 평가에는 다음의 내용이 추가된다. 가족구도의 관점에서 Antwone은 학대하는 양어머니의 모든 요구를 맞춰 주고 만족시키는 것으로 가족 안에서 자신의 위치를 찾았다. 그는 아프리카계 미국인 가족에게 위탁 보호되었는데, 그곳에서 그는 양어머니에게 번갈아 가며 무시와 정서적·언어적·신체적 학대를 당했고, 양어머니의 성인 딸에게 성적으로 학대받았다. Antwone은 어릴 때뿐만 아니라 지금까지도 동료들과 관계를 맺는 데 어려움이 있다. 그는 유년 시절에 누군가로부터 사랑과 애정을 받은 경험이 거의 없다고 회상했다. Antwone은 집에서 세 명의 아프리카계 미국인 입양 소년들 중 중간이었다. 어릴 때 집에서의 암묵적인 가치는 '엄마가 말하는 것을 하라, 안 그러면 두들겨 맞는다'는 것이었다. 그는 나이로 보면 누나와 두 명의 남동생이 있어 입양가정에서 중간 아이의 느낌을 경험하였다. 그의 초기기억에는 학교에서 또래들에게 상처받고 부당한 대접을 받았다는 느낌과 운동장에서 싸움을 한 것이 있다. 또 다른 초기기억은 신체적으로 학대당하고, 그를 도와주러 오는 사람 하나 없이 몇 시간 동안 울고 있었던 것에 관한 것이다. 〈표 9-3〉에 종합형 사례개념화의 주요 요소에 따라 진단적 평가와 Adler 평가 결과를 요약하였다.

사례개념화 진술문   타인을 향한 Antwone의 언어적 · 신체적 공격과 타인의 의도에 대한 지속적인 혼란(호소문제)은 폭력적인 싸움을 일으킨 동료들의 놀림과 도발(현재의 촉발요인) 그리고 동료와 권위 있는 대상에 대한 지각된 부당함(지속적인 촉발요인)에 대한 반응으로 보인다. 살아오는 동안 내내 Antwone은 인정받으려고 애썼고, 무시당하고 학대받고 버림받았던 것을 이해하려고 했으며, 위협적이거나 부당하게 지각되는 상황에 직면하면 공격적으로 맞서고, 타인과 조건적으로 관계를 맺음으로써 스스로를 보호하였다(부적응적 패턴).

_____

_____

_____

_____

(유발요인). 갈등해결 기술의 결핍과 함께 그의 제한된 정서조절 능력이 이러한 패턴을 유지시키고 있다(유지요인). Antwone은 여러 가지 상담의 보호요인과 강점이 있는데, 여기에는 그의 유일한 애착 대상이었던 어린 시절의 가장 친했던 친구가 포함된다. 그는 똑똑하고, 다방면에 흥미가 있는 독서가이고, 적어도 최근까지는 정상적으로 진급을 하였다. 또한 그는 시를 쓰고, 두 가지 외국어도 배우고 있다. 게다가 그는 지난 공격적인 행동에 대해 처벌 조치를 대신하여 상담과 치료를 받도록 권장하는 군복지제도의 혜택을 받고 있다(보

표 9-3　Adler 사례개념화의 요소

호소문제	언어적 · 신체적 보복, 혼란	
촉발요인	다른 수병들과 폭력적인 싸움을 일으키는 갈등(현재의 촉발요인), 동료와 권위 있는 대상에 대한 지각된 부당함(지속적인 촉발요인)	
부적응적 패턴	맞서고 타인과 조건적으로 관계 맺음	
유발요인	가족구도	입양가정에서 중간 아이, 양어머니와 그녀의 성인 딸에게 학대받음, 누군가로부터 사랑과 애정을 받은 적이 없음
	생활양식 신념	(자기관) 나는 결함이 있고 사랑스럽지 않지만 강하다. (세계관) 삶은 불공평하고 학대적이다. (생활전략) 그래서 부당함에 맞서 싸우고, 타인을 경계하고, 위험은 멀리하고, 친한 관계는 회피해야 한다.
유지요인	제한된 정서조절 능력, 갈등해결 기술의 부족	
보호요인/강점	가장 친한 친구가 안정된 애착의 대상이었음, 똑똑하고 다방면에 관심이 있는 열정적인 독서가, 창의적임, 군복무에 충실함	
문화적 정체성	중하층의 아프리카계 미국인	
문화적 스트레스/ 문화적응	높은 수준의 문화적응이 되어 있지만, 상당한 문화적 스트레스가 있음	
문화적 설명	인종적 비하, 백인 동료와 상관의 인종적 도발	
문화 그리고(또는) 성격	성격과 문화적 요인들이 함께 작용함	
적응적 패턴	신중하게 타인과 접촉하며 관계 맺기	
상담목표	좌절 줄이기, 사회적 관심 높이기, 친한 관계를 형성하는 능력 향상하기, 공격적인 행동 줄이기, 가족 찾기	
상담의 초점	잘못된 신념 또는 좌절로 촉발되거나 악화된 상황	
상담전략	사회적 관심과 건설적인 행동 촉진하기, 지지, 해석	
상담개입	생활양식 평가, 초기기억 분석, 격려, '마치 ~인 것처럼' 행동하기	
상담의 장애	남성 상담자와 전이-역전이 재연, 공격적인 행동 나타냄, 상담자에게 의존하고 그를 이상화함	
문화적 상담	그들의 조상들로부터 전해진 자기혐오라는 점에서 입양가족의 편견과 학대를 치료적으로 구조화하여 다룸, 독서치료	
상담의 예후	보호요인이 상담에 작용한다면 좋음에서 매우 좋음	

호요인/강점).

Antwone은 아프리카계 미국인으로서의 정체성을 갖고 있으며, 약간의 민족적 유대를 유지하고 있다(문화적 정체성). 그는 높은 수준의 문화적응을 보이지만, 그의 문화적 신념에 의해 악화된 것으로 보이는 인종차별을 계속 많이 경험하고 있다(문화적 스트레스/문화적응). 그는 자신의 문제가 아프리카계 미국인 입양가족의 인종적 비하와 학대, 그리고 백인 동료와 해군 상관들의 인종적 도발의 결과라고 생각한다(문화적 설명). 성격과 문화적 요인들이 모두 작용하는 것으로 보인다[문화 그리고(또는) 성격].

Antwone이 더 효과적으로 기능하기 위해 도전해야 할 과제는 신중하게 타인을 알아 가고 믿어 가면서 그들과 관계를 맺는 것이다(적응적 패턴).

(상담목표). 상담의 초점은 그의 잘못된 신념에 의해 촉발되거나 악화된 문제적 상황을 분석하는 데 둔다(상담의 초점). 기본적인 상담전략은 사회적 관심과 건설적 행동을 촉진하는 것이다. 병행할 수 있는 상담전략에는 약물치료, 지지, 해석이 포함된다(상담전략).

((상담개입). 특정한 상담의 장애와 도전을 예상할 수 있다. Antwone은 친절한 상담자를 그가 전혀 경험해 보지 못한 긍정적인 아버지상과 역할 모델로 빠르게 동일시할 가능성이 있다. 또한 이것이 전이-역전이 재연을 일으켜서 그가 공격적으로 행동하도록 할 가능성도 있다(상담의 장애). 성격과 대인관계 상담에 초점을 두는 것과 더불어 효과적인 상담 결과를 얻으려면 편견의 문화적 차원, 즉 백인 동료와 상관들의 편견뿐만 아니라 그의 흑인에 대한 흑인의 편견 경험을 다룰 필요가 있다. 그에 대한 입양가족의 편견과 학대는 그들의 조상들로부터 그에게 전해진 자기혐오라는 관점에서 치료적으로 구조화하는 것이 유용할 것이다. 그다음 이를 치료적으로 다룰 수 있을 것이다. 그는 독서광이므로, 이러한 형태의 편견을 분석하고 설명하는 책과 기사를 활용한 독서치료가 유용한 치료적 매체가 될 수 있다(문화적 상담). Antwone은 상담에 도움이 되는 여러 강점과 자원이 있는데, 여기에는 지적 능력, 다양한 관심사에 대한 독서, 최근까지의 정상적인 진급, 시 쓰기, 두 가지 외국어 학습이 포함된다. 이런 자원들에 변화하고자 하는 그의 동기를 더하면, 예후는 좋음에서 매우 좋음으로 보인다(상담의 예후).

Maria의 사례

Maria는 17세의 1세대 멕시코계 미국 여성으로 기분 변화 때문에 상담에 의뢰되었다. 그녀는 집에 남아서 말기의 병을 앓고 있는 어머니를 간호하지 않고 대학으로 공부하러 떠나야 하는지에 대한 결정을 두고 갈등하고 있다. 가족은 그녀가 집에 남기를 바라고 있다. 그녀는 언니에게 화가 났는데, 언니는 부모님이 그들의 문화에서는 부모가 나이 들거나 병에 걸리면 부모를 보살필 것을 '요구한다'고 주장하자 17세에 집을 나갔다. 그녀의 백인 친구들은 그녀에게 대학에 가서 꿈을 펼치라고 권하고 있다.

Adler 평가 진단적 평가 정보 외에 Adler 평가에는 다음의 내용이 추가된다. 가족구도의 관점에서 그녀는 심리적으로 그리고 서열상 막내(가장 어린 형제자매)이며, 가족에서 '아기'와 '착한 딸'의 역할을 하고 있다. Maria는 아버지와 가장 친했고, 아버지가 가장 아끼는 아이였다. 중요한 가족의 가치는 문화적인 것에 근거한 것으로, 자녀는 연로하거나 도움이 필요한 가족을 보살펴야 할 책임이 있다는 것이다. Maria는 가사를 담당하라는 요구를 받았고, 대학에 입학하는 것은 좌절되었다. 그녀의 초기기억 중 하나는 그녀가 동물원에서 제일 아끼는 장난감을 잃어버렸을 때 슬펐고, 그런 감정을 무시당했다는 것이다. 그녀는 장난감을 잃어버린 것에 대해 아무렇지도 않은 척 행동했는데, 언니가 그 순간 짜증을 부리는 바람에 아버지한테 장난감을 찾아 달라고 해서 아버지를 당황스럽게 하고 싶지 않았기 때문이다. 〈표 9-4〉에 종합형 사례개념화의 주요 요소에 따라 진단적 평가와 Adler 평가 결과를 요약하였다.

사례개념화 진술문 Maria의 우울 증상, 혼란, 최근의 실험적인 알코올 사용(호소문제)은 대학으로 떠날 것인지 아니면 남아서 부모님을 보살필 것인지에 대한 압박과 갈등(현재의 촉발요인) 그리고 자립과 홀로서기의 기대 또는 자기희생으로 타인의 욕구를 충족시키려는 바람(지속적인 촉발요인)에 대한 반응으로 보인다. 이것은 대부분 그녀가 자신의 욕구와 바람을 무시하고 타인, 특히 부모님의 호감을 사려고 하기 때문이다(부적응적 패턴).

표 9-4 Adler 사례개념화의 요소

호소문제	우울, 혼란, 실험적인 알코올 사용		
촉발요인	대학으로 떠날 것인지 아니면 남아서 부모님을 보살필 것인지에 대한 압박과 갈등(현재의 촉발요인), 자립과 홀로서기의 기대 또는 자기희생으로 타인의 욕구를 충족시키려는 바람(지속적인 촉발요인)		
부적응적 패턴	타인의 욕구는 충족시키지만, 자신의 욕구는 충족하지 못함		
유발요인	가족구도	'아기'와 '착한 딸'의 역할, 아버지의 아끼는 아이, 연로하거나 도움이 필요한 가족을 보살펴야 한다는 가족의 가치	
	생활양식 신념	(자기관) 나는 친절하지만 무능하다. (세계관) 삶은 요구가 많고 불공평하다. (생활전략) 그래서 타인에게 호감을 사야하고, 나 자신의 행복을 희생하여 타인의 욕구를 먼저 충족시켜야 한다.	
유지요인	의존적이며 호감을 사려는 스타일, 부족한 자기표현, 문화적 기대		
보호요인/강점	건실한 가족, 사회적/종교적 가치관, 성공적인 학생, 유대가 긴밀하고 안전한 문화공동체		
문화적 정체성	노동자 계층의 멕시코계 미국인		
문화적 스트레스/ 문화적응	낮거나 보통 수준의 문화적응, 부모와 문화의 기대에 대한 양가감정에서 오는 스트레스		
문화적 설명	'믿음의 부족'으로 문제가 발생함		
문화 그리고 (또는) 성격	성격과 문화적 요인들이 함께 작용함		
적응적 패턴	자신과 타인의 욕구 충족하기		
상담목표	침울함, 혼란 및 알코올 사용 줄이기, 좌절감 줄이기, 사회적 관심 높이기, 자신의 욕구와 바람과 타인의 욕구와 바람 간에 더 나은 균형 맞추기		
상담의 초점	잘못된 신념과 좌절로 촉발되거나 악화된 상황		
상담전략	사회적 관심과 건설적 행동 촉진하기, 지지, 해석		
상담개입	생활양식 평가, 초기기억 분석, 격려, '마치 ~인 것처럼' 행동하기		
상담의 장애	부모와 문화적 기대에 굴복할 수 있음, 상담자의 호감을 사려고 함, 상담자는 무의식적으로 자율성을 옹호할 수 있음		
문화적 상담	돌보는 역할에 대한 문화적 기대와 호감을 사려는 욕구를 다룸, 부모의 문화적 기대를 다루는 가족상담		
상담의 예후	보통에서 좋음		

(유발요인). 이러한 생활양식은 최근까지 그녀에게 도움이 되었지만, 그녀는 자신의 재능을 개발하지 못하고 꿈을 성취하지 못하는 것으로 대가를 치러야 했다. 그녀의 낮은 수준의 자기표현과 부모님을 실망시키고 싶지 않은 마음이 이러한 패턴을 유지하도록 하였다(유지요인). Maria가 가지고 있는 몇 가지 상담의 보호요인은 견실한 가족과 사회적/종교적 가치관으로, 이것은 그녀가 활기찬 삶의 목표를 설정하도록 동기를 부여하는 것이다. 그녀의 강점은 지적 능력과 과거 성공적인 학교생활이다. 그녀는 또한 안전함과 지지받음을 느낄 수 있는 유대가 긴밀한 가족과 문화공동체로부터 혜택을 받고 있다(보호요인/강점).

　Maria는 자신을 전통 문화에 보통 수준으로 참여하고 있는 노동자 계층의 멕시코계 미국인이라고 하였다(문화적 정체성). 그녀의 문화적응 수준은 낮음에서 보통 수준인 반면에, 부모님의 문화적응 수준은 낮은 편이다. 그녀의 언니가 다 큰 딸은 자기 자신보다 부모의 요구에 맞춰야 한다는 문화적 명령에 따르기를 거부했기 때문에, 지금은 그 책임이 Maria에게 있다. 문화적 규범과 기대를 따를 것인지 아니면 자기 자신의 목표를 따를 것인지에 대한 양가감정이 Maria를 매우 괴롭히고 있다(문화적 스트레스/문화적응). 그녀는 자신의 문제를 낮은 수준의 문화적응과 일치하는 신념인 '믿음의 부족' 때문이라고 설명하고 있다. 그녀와 가족이 미국에 도착했을 때는 약간의 차별을 겪었지만, '보다 안전한' 멕시코계 미국인 이웃들이 있는 곳으로 이사하면서 그 일은 해결되었다(문화적 설명). 성격과 문화적 요인이 모두 작용하는 것으로 보인다. 구체적으로 의존성을 조장하는 문화적 역동, 즉 착한 딸은 잠자코 부모님을 보살펴야 한다는 것이 그녀의 의존적 성격 역동을 강화하고 있다[문화 그리고(또는) 성격].

보다 효과적으로 기능하기 위해 Maria가 도전해야 할 과제는 타인의 욕구와 자기 자신의 욕구를 함께 충족하는 것이다(적응적 패턴).

_____

_____

_____

_____

(상담목표). 상담의 초점은 그녀의 잘못된 신념에 의해 촉발되거나 악화된 문제적 상황을 분석하는 데 둘 것이다(상담의 초점). 기본적인 상담전략은 사회적 관심과 건설적 행동을 촉진하는 것이다. 병행할 수 있는 상담전략에는 지지와 해석이 포함된다(상담전략).

_____

_____

_____

_____

(상담개입). 예상할 수 있는 상담의 장애와 도전은 Maria가 상담자의 제안과 회

기의 과제에 선뜻 동의함으로써 상담자의 호감을 사려 할 가능성과 곧이어 갈등하고 그것을 실행하지 못할 가능성이다. 또한 내담자가 부모님의 기대에 굴복할 가능성이 있다. 따라서 상담자는 상담 초기에 예측적인 판단을 하고, 이런 일이 일어나면 그것을 실패로 간주하지 말고 치료적으로 다루어야 한다. 마지막으로, 의존적인 내담자와 상담을 하는 상담자는 자신의 욕구와 가치관이 상담의 장애가 될 수 있음을 예상해야 한다. 이런 현상은 상담자가 무의식적으로 내담자를 옹호하면서, 내담자가 충분히 준비도 되기 전에 내담자에게 독립적이고 자율적이 되기를 기대할 때 일어날 수 있다(상담의 장애). 또한 효과적인 상담 결과를 얻으려면 관련 문화적 역동을 다루어야 할 것이다. 구체적으로, 믿음의 부족이 Maria 문제의 근원이라는 설명모형을 치료적으로 다루는 것이 포함된다. 이런 신념의 특징과 강도에 따라 교육과 인지적 논박이 필요할 수 있다. 또한 부모님을 보살피는 것에 대한 문화적 기대는 호감을 사려는 그녀의 욕구의 관점에서 다룰 것이다. 이 밖에 부모님이 그녀에게 하고 있는 그들의 문화적 기대를 재검토해 보고 조정할 수 있는 가족상담이 필요할 수 있다(문화적 상담). 성격과 문화의 영향 이외에, Maria를 상담으로 이끈 자원들이 예후에 영향을 주고 있다. 그녀는 영리하고 대학에 합격했으며, 이미 그녀의 욕구와 진로목표를 구체화하였다. 그러나 현재 그녀의 낮은 문화적응 수준과 의존적 성격 역동을 감안하면, 상담의 예후는 보통에서 좋음 범위에 있다(상담의 예후).

Richard의 사례

Richard는 41세의 백인 남자로 최근의 이혼 이후 불안, 슬픔, 분노가 있는 것으로 평가되었다. 그는 현재 혼자 살고 있으며, 기계설비 기사로 일하고 있고, '완벽한 여자를 찾을 수 있는' 야간 업소에 자주 가고 있다. 그는 지난 6년 동안 4개의 일자리를 가졌고, 마지막 직장에서는 여자 동료가 대든다고 주먹으로 벽을 쳐서 해고당했다. 그는 알코올중독인 부모의 외아들로, 부모는 '항상 싸웠다'고 했다.

Adler 평가   진단적 평가 정보 외에 Adler 평가에는 다음의 내용이 추가된다. 가족구도에서 보면, Richard는 그가 '항상 싸우고 있다'고 표현한 알코올중독인 부모의 외동아이이다. Richard의 부모님은 항상 그를 그들의 갈등에 관여시켰고, 종종 서로에게 복수하거나 서로를 괴롭히는 데 그를 이용했다. 그는 부모님이 그에게 정서적으로 거의 도움을 주지 않았다고 말했으며, 어린 시절의 대부분을 우울함을 느끼며 보냈다고 회상했다. 그는 친구가 거의 없었지만 매우 사교적인 아이였는데, 그 주된 이유가 자상하고 그를 사랑해 준 할머니처럼 되려고 노력했기 때문이라고 하였다. 할머니가 멀리 이사를 가셨어도, 그는 일 년에 몇 번 할머니와 연락을 주고받았다고 했다. 할머니는 삼 년 전에 돌아가셨는데, 그는 할머니가 많이 그립다고 한다. 관계적으로는, 고등학교 때 시작한 여러 번의 이성교제가 다 실패했다고 보고했다. 그의 초기기억 중 하나는 단어 맞추기 대회에서 2등급으로 A를 받은 것과 반에서 최고 등급을 받았다고 자랑하다가 선생님한테 야단을 맞은 것에 대한 것이다. 그는 화가 나서 선생님한테 뭔가를 집어던지고 싶었다고 말했다. 〈표 9-5〉에 종합형 사례개념화의 주요 요소에 따라 진단적 평가와 Adler 평가 결과를 요약하였다.

사례개념화 진술문   Richard의 분노 폭발과 슬픔(호소문제)은 최근의 이혼과 벽을 친 것으로 마지막 직장에서 해고당한 것(현재의 촉발요인) 그리고 자기에 대한 평가, 혼자 있음, 또는 특별한 존재로 여기지 않는 타인의 지각(지속적인 촉발요인)에 대한 반응으로 보인다. 그는 살아오면서 계속 자신을 높이고, 타인을 무시하고 이용하였다(부적응적 패턴).

_____

_____

_____

_____

_____

(유발요인). 이 패턴은 공감 능력 부족, 충동성, 그리고 관계 기술 부족으로 유지되고 있다(유지요인). 할머니와의 안정된 애착은 Richard의 보호요인으로 작용하고 있으며, 그가 타인을 보살피는 능력이 있다는 증거가 된다. 상담에서 보이는 Richard의 가장 두드러진 강점은 회복탄력성이다. 또한 그는 지도력이 있고 매력이 있다(보호요인/강점).

Richard는 중산층 백인 남자로서의 정체성을 가지고 있다(문화적 정체성). 그의 문화적응 수준은 높은 편이며, 분명하게 드러난 문화적응 스트레스 징후는 없다(문화적 스트레스/문화적응). 그는 분노, 슬픔, 불안이라는 최근의 문제가 술만 먹으면 항상 싸우기만 했던, 학대적이고 사랑이 없었던 부모에게서 물려받은 나쁜 본보기의 결과라고 생각한다(문화적 설명). 마지막으로 성격 역동이 우세하게 작용하고 그의 호소문제와 패턴을 적절히 설명하고 있으나, 상담에서 그의 권리의식과 특권의 경험을 탐색해 보는 것이 유용할 것이다[문화 그리고(또는) 성격].

보다 효과적으로 기능하기 위해 Richard가 도전해야 할 과제는 타인을 더 존중하려고 노력하면서 자신감을 갖는 것이다(적응적 패턴).

표 9-5 Adler 사례개념화의 요소

호소문제	분노 폭발, 슬픔, 불안	
촉발요인	최근의 이혼과 벽을 친 것으로 마지막 직장에서 해고당함(현재의 촉발요인), 자기에 대한 평가, 혼자 있음, 또는 특별한 존재로 여기지 않는 타인의 지각(지속적인 촉발요인)	
부적응적 패턴	타인을 무시하고 이용하면서 자신을 높임	
유발요인	가족구도	외동아이, 정서적 교감이 없는 알코올중독 부모, 사교적임, 어린 시절 내내 외로움과 우울함을 느낌
	생활양식 신념	(자기관) 나는 특별하고 강하지만 결함이 있다. (세계관) 삶은 위험하고 타인은 나의 욕구를 충족시켜야 한다. (생활전략) 그래서 나 자신을 높이고, 나의 이득을 위해서 타인을 이용하며, 내가 필요로 하는 것을 나에게 주지 않는 사람에게는 보복한다.
유지요인	충동성, 제한된 관계 기술, 공감 능력 부족	
보호요인/강점	할머니와의 안정된 애착, 회복탄력성과 지도력이 있고 매력이 있음	
문화적 정체성	중산층 백인 남자	
문화적 스트레스/문화적응	높은 문화적응 수준, 분명한 문화적 스트레스는 없으나 치료과정에서 특권의식은 탐색되어야 함	
문화적 설명	학대하고, 사랑을 주지 않은 부모에 의해 초래된 불안, 분노, 슬픔	
문화 그리고(또는) 성격	성격 역동이 작용함, 그러나 특권의식은 탐색되어야 함	
적응적 패턴	자신감 갖기와 타인 존중하기	
상담목표	좌절감 줄이기, 사회적 관심 높이기, 특권의식 줄이기, 그리고 자신의 분노를 관리하도록 돕기	
상담의 초점	잘못된 신념과 좌절에 의해 촉발되거나 악화된 상황	
상담전략	사회적 관심과 건설적 행동 촉진하기, 지지, 해석	
상담개입	생활양식 평가, 초기기억 분석, 격려, '마치 ~인 것처럼' 행동하기	
상담의 장애	자신의 문제적 행동들을 최소화하기, 상담자의 이상화 또는 폄하, 거만한 태도	
문화적 상담	문화적 초점의 상담은 필요하지 않으나 특권의식 역동은 다루어야 함	
상담의 예후	보통	

_____

_____

_____

_____

_____

(상담목표). 상담의 초점은 그의 잘못된 신념에 의해 촉발되거나 악화된 문제적
상황을 분석하는 데 둘 것이다(상담의 초점). 기본적인 상담전략은 사회적 관심
과 건설적인 행동을 촉진하는 것이다. 병행할 수 있는 상담전략에는 지지와
해석이 포함된다(상담전략).

_____

_____

_____

_____

(상담개입). 예상할 수 있는 상담의 장애와 도전은 Richard가 환경이나 타인을
비난함으로써 자신의 문제적 행동을 최소화시킬 가능성이다. 상담의 시작 단
계에서는 그가 상담자에 대한 이상화 또는 폄하를 번갈아 보일 것으로 예상
된다. 그의 특권의식과 거만한 태도는 상담자의 역전이를 활성화시킬 수 있
다. 게다가 자기애적 특징이 있는 내담자들은 대부분 증상, 시급한 갈등 또는
스트레스 요인이 충분히 줄어들면 상담을 중단하는 일이 흔하기 때문에, 내
담자가 지속적인 상담을 해야 도움이 된다고 생각하는 상담자는 상담의 시작

시점과 그 이후에 내담자의 근원적인 부적응적 패턴이 충분히 변화되지 않으면 비슷한 이슈와 문제가 앞으로도 반드시 일어날 것이라고 알려 줄 필요가 있다(상담의 장애). 중요하게 영향을 미치는 것이 성격 역동이기 때문에 문화적 초점의 상담은 필요 없지만, 그의 권리와 특권에 대한 의식은 탐색해야 할 것이다(문화적 상담). 마지막으로, 조건적으로 관계를 맺는 내담자의 태도, 여러 번의 해고와 충동성 때문에 현재 상황에서 예후는 보통으로 평가된다(상담의 예후).

Katrina의 사례

Katrina는 13세의 혼혈 여성이다. 그녀는 최근 우울 증상, 학업성적의 부진, 반항적인 행동, 학교에서 다른 학생들과의 싸움 때문에 생활지도 상담사에 의해 상담이 의뢰되었다. 그녀의 공격적인 행동과 학업문제는 아버지가 8년 동안 바람을 피웠다는 어머니와 이모의 대화를 우연히 들은 이후 지난 6개월에 걸쳐 증가되었다. 그녀는 그 결과 아이가 두 명 있다는 사실을 알고서 충격에 빠졌다. 그 외 다른 문제는 교실에서 다른 친구들과의 몇 번의 싸움, 어머니와의 잦은 갈등, 지난 6개월간 15일 결석, 학업에 대한 흥미 감소이다. 이전에 그녀는 뛰어나게 공부를 잘했는데, 지금은 그림 그리기, 독서와 같은 그녀가 좋아했던 활동에서도 뚜렷하게 흥미를 잃고 있다. Katrina의 아버지는 현재 푸에르토리코에 살고 있으며, 가족과는 접촉이 없다. Katrina는 학교 근방 작은 아파트에서 어머니와 남동생과 살고 있다. 그녀는 1년 전 아버지가 가족을 떠나기 전에 살았던 주택에서 집을 줄인 이후로 공간의 부족으로 힘들다고 토로했다.

Katrina는 미성년자이기 때문에 학교상담사는 첫 면접에서 Katrina와 그녀의 어머니와 함께 이야기할 필요가 있었다. Katrina의 어머니인 Julia는

Katrina가 누구도 믿지 않기 때문에 많은 사람에게 자신의 문제를 이야기 하지 않을 것이라고 생각한다고 말했다. 첫 면접에서 Katrina는 누구도 믿지 않으며 상담자가 뭐를 하라고 해도 상담하는 것에 관심이 없다고 이야기했다. 첫 면접에서 자기노출은 Katrina에게 매우 어려운 일이었고, Julia가 대부분의 질문에 답을 하였으며 어떤 경우에는 Katrina가 대답하려는 때에도 Katrina 대신 말하였다. Julia는 Katrina의 아버지가 매우 비판적이고 Katrina의 어린 시절 내내 정서적으로 철회했다고 보고하였다. Katrina 또한 "나는 진짜로 아빠가 없어요, 진짜 아빠는 자신의 가족을 돌보고 보살피니까요."라고 하였다. 그녀는 선생님들과 어머니가 항상 그녀에게 자기가 하고 싶지 않은 일들을 하라고 강요해서 피곤하다고 말하였다. Katrina는 또래와 어울리는 것을 어려워했고, 선생님이나 어머니가 규칙이나 기대를 강요한다 싶으면 화를 내고 반항하며 방어적이 된다. 그녀는 또래들이 요구에 따르라고 하거나 협력을 기대할 때 그들에게 종종 공격적이 된다. 선생님들은 그녀가 반항적이고, 화를 잘 내며, 비협조적이라고 하였다. 그녀는 어릴 때에 친구가 거의 없었으나 최근에 믿을 만한 친한 친구가 생겼다.

Adler 평가   진단적 평가 정보 외에 Adler 평가에는 다음의 내용이 추가된다. 가족구도에서 보면 Katrina는 맏이이고 남동생이 있다. 그녀는 부모님이 둘 다 자주 일을 하였고, 그녀에게 따뜻한 말이나 격려가 되는 말을 자주 하지 않아서 부모님과의 긍정적인 정서적 접촉은 거의 없다고 보고하였다. 관계에 대해 물어보니, 그녀는 모든 사람이 자신을 통제하려고 한다고 하였다. 그녀는 어머니를 통제적이고, 지지해 주지 않으며 바쁜 사람으로 묘사하였다. 반면 아버지는 거짓말쟁이이고, 통제적이고 무심하다고 하였다. 그녀는 사람들이 그녀를 이용하고, 그녀를 무시하고 또는 통제하려고 한 것들을 이야기했다. 첫 면담에서 Katrina는 자기는 아무도 믿지 않으며 상담자가 그녀에게 무엇인가를 해 보자고 말을 해도 상담회기에 참여하는 것에 관심이 없다고 하였다. 그녀의 초기기억은 어머니가 저녁식사 도중에 친구와 통화를 하면서, Katrina에게 식탁에 있는 당근을 먹으라고 강요한 것이었다. 그녀는 어머니에게 큰 소리로 악을 쓰며, 슬퍼하고 화를 냈던 것을 기억했다. 또한 그녀는 어머니가 항상 Katrina에게 어머니가 정한 규칙을 따를 것을 요구했다는 기억을 떠올렸다. 〈표 9-6〉에 종합형 사례개념화의 주요 요소에 따라 진단적 평가와 Adler 평가 결과를 요약하였다.

사례개념화   Katrina의 사회적 고립, 공격적이고 반항적인 행동 그리고
진술문   우울 증상(호소문제)은 그녀 아버지의 불륜과 그 결과 생긴 아이
             들에 대한 최근의 소식(현재의 촉발요인)에 대한 반응으로 보인
다. Katrina는 폭력을 당하거나 타인에게 통제를 받고 있다고 여겨지면 보복하는 경향이 있다(지속적인 촉발요인). Katrina의 아버지와의 관계 결핍과 부모에 대한 신뢰 부족을 고려해 보면, 그녀는 앞으로 있을 수 있는 위해와 거절로부터 자신을 보호하기 위해 권위 있는 대상과 또래들에게 맞서는 대응을 한다(부적응적 패턴).

(유발요인). 이 패턴은 도움을 요청하는 것에 대한 Katrina의 비자발성, 상담 참여에 대한 낮은 동기 수준, 사회적 고립과 부족한 지지체계, 순종을 엄하게 강요하는 어머니와 선생님들, 그녀의 낮은 좌절 인내력 그리고 부족한 자기주장 기술로 유지되고 있다(유지요인). 현재의 여러 가지 문제에도 불구하고,

표 9-6 | **Adler 사례개념화의 요소**

호소문제	우울 증상, 공격적 행동, 그리고 사회적 고립	
촉발요인	그녀 아버지의 불륜과 그 결과 생긴 아이들에 대한 인식(현재의 촉발요인), 타인에게 폭력을 당하거나 통제를 받고 있다고 여겨지면 보복함(지속적인 촉발요인)	
부적응적 패턴	잠재적 위해와 거절로부터 자신을 보호하려고 맞섬	
유발요인	가족구도	두 아이 중 맏이, 무시하고 비판적인 부모, 순종을 강요하고 체벌을 하는 부모
유발요인	생활양식 신념	(자기관) 나는 무능하고 사랑스럽지 않다. (세계관) 삶은 불공평하고 학대적이다. (생활전략) 그래서 통제하는 사람에게 반항하고, 타인을 경계하고, 친한 관계를 피한다.
유지요인	사회적 고립과 부족한 지지체계, 순종을 엄격하게 강요하는 어머니와 선생님들, 낮은 좌절 인내력, 부족한 자기주장 기술	
보호요인/강점	이모와 어린 남동생과 친하게 지냄, 총명함, 창의적임, 회복력 있음	
문화적 정체성	히스패닉계-아프리카계 미국인, 저소득층	
문화적 스트레스/문화적응	낮음에서 보통 수준을 보이는 문화적응과 문화적 스트레스	
문화적 설명	우울증을 부인함, 선생님과 어머니가 덜 통제적이면 기분이 좀 나아질 거라고 생각함	
문화 그리고(또는) 성격	성격 역동과 문화적 역동이 작용함	
적응적 패턴	타인과의 관계에서 안전감 및 관계 맺는 능력 향상하기	
상담목표	우울 증상과 공격적 행동 줄이기, 좌절감 줄이기, 사회적 관심 높이기	
상담의 초점	잘못된 신념과 좌절에 의해 촉발되거나 악화된 상황	
상담전략	사회적 관심과 건설적 행동 촉진, 지지, 해석	
상담개입	생활양식 평가, 초기기억 분석, 격려, '마치 ~인 것처럼' 행동하기	
상담의 장애	개인상담과 집단상담에 저항할 가능성 있음, 가족면담 중에 어머니에게 감정폭발이 예상됨, 자기노출의 어려움	
문화적 상담	여성상담자 배정, 문화적으로 민감한 상담과 가족상담	
상담의 예후	보호요인들이 상담에 포함된다면 보통에서 좋음	

Katrina는 이모와 어린 남동생과 매우 친하게 지낸다고 보고하였다. 가족과의 친밀한 관계 외에 Katrina는 남동생에 대해 책임감을 느끼며, 위험으로부터 남동생을 보호하기 위해 그녀가 할 수 있는 모든 것을 하고 있다고 이야기했다. 마지막으로 그녀의 강점으로는 훌륭한 예술가가 되고자 함, 확고한 의지, 총명함, 공감적임, 창의적임이 있다(보호요인/강점).

Katrina는 이성애자이고 혼혈이라는 정체성을 가지고 있다. 그녀는 히스패닉계와 아프리카계 미국인으로 정체감을 갖고 있으나, 어느 한쪽의 정체성에 편향된 민족적 전통과 문화적 전통은 거의 없다고 보고하였다. 그녀는 친구들과 더 친했으면 좋겠고, 친구들 앞에서 어머니에게 스페인어로 말하는 것을 특이하거나 이상하게 여기지 않았으면 좋겠다고 말하였다(문화적 정체성). 그녀는 보통 수준으로 문화적응이 되어 있고, 비록 어머니가 집에서는 스페인어를 사용하라고 요구하지만, 집 밖에서는 스페인어로 말하는 것을 좋아하지 않는다. Katrina의 어머니는 낮은 수준의 문화적응을 보이는데, 그 증거로는 영어로 말하는 데 어려움이 있고, 영어로 말하는 친구들이 거의 없으며, 푸에르토리코계-아프리카계 1세대 미국인이고, 미국에서 사는 게 행복하지 않으며, Katrnia가 고등학교를 졸업하면 푸에르토리코로 돌아갈 계획이라고 말하는 점을 들 수 있다(문화적 스트레스/문화적응). Katrina는 자신이 우울하다고 생각하지 않지만, 사람들이 덜 통제하고 '덜 권위적'이면 사람들에게 짜증이 덜 날 것 같다고 느낀다(문화적 설명). 중간 수준의 문화요인과 중간 수준의 성격 역동이 호소하는 문제들에 영향을 미치는 것으로 보인다[문화 그리고(또는) 성격].

Katrina가 보다 효과적으로 기능하기 위한 도전과제는 타인을 신뢰하고, 더 안전하다고 느끼며 타인과 더 잘 관계를 맺는 능력을 키우는 것이다(적응적 패턴).

(상담목표). 상담은 잘못된 신념으로 인해 촉발되거나 악화된 Katrina의 문제적 상황을 다루는 데 주로 초점을 둔다(상담의 초점). 기본적인 상담전략은 사회적 관심과 건설적인 행동을 촉진하는 것이다. 병행하는 상담전략으로는 지지와 해석이 있다(상담전략).

(상담개입). 예상할 수 있는 상담의 장애와 도전은 상담에 대한 Katrina의 동기가 낮고, 피해망상적인 성향이 반항적인 행동으로 이어질 수 있다는 것이다. 그리고 그녀가 믿지 못하기 때문에 상담자와 개인적인 문제를 논의하는 데 어려움이 있을 것이고, 종종 상담자를 떠보는 행동을 할 것으로 예상된다(상담의 장애). 상담은 Katrina와 어머니의 문화적응 수준을 감안하여 몇 가지 문화적으로 민감한 요소를 다룰 것이다. 문화적으로 민감한 상담과 가족상담이 Katrina의 혼혈과 양쪽 문화에 대한 개인적 경험을 고려하여 드러난 문화적 요인을 다루는 데 활용될 것이다. 추가적으로 성 역동이 문제가 될 수 있

으므로 Katrina에게 여성 상담자를 배정하는 것이 유용할 수 있다(문화적 상담). Katrina가 상담과정에 더 참여할 수 있고 그녀의 강점을 활용하고 이모의 지원을 받을 수 있다면, 예후는 보통에서 좋음으로 평가된다(상담의 예후).

기술향상 연습: Adler 사례개념화

6장의 기술향상 연습에서 언급한 바와 같이, 여러분은 사례개념화 진술문의 특정 요소가 빈칸으로 되어 있음을 알 것이다. 이런 빈칸은 구체적인 답이 제공되어 여러분의 사례개념화 기술을 더 정교화할 수 있는 기회가 될 것이다. 각 사례마다 간략하게 유발요인의 진술문, 상담목표, 그리고 이론에 상응하는 세부적인 상담개입을 작성하라.

결론

사례개념화의 Adler 방법을 기술하고 설명하였다. Adler 관점의 기본 전제를 제시하였으며, Adler 평가와 관련된 요인들을 논의하였다. Adler 사례개념화 방법을 다섯 사례에 적용하였고, 임상적 공식화, 문화적 공식화, 상담개입 공식화를 제시하였다.

질문 ──────────────────•

1. Adler 접근의 기본적 구조와 이것이 사례개념화에 미친 역사적 영향을 논의하라.

2. 사례개념화와 관련된 Adler 평가의 주요 원칙과 이것이 앞 장들에서 제시한 다른 접근들과 어떻게 구별되는지를 비교하라.

3. 가족구도와 관련된 질문을 살펴보고, 이것이 Adler 사례개념화의 공식화에 어떻게 영향을 주는지 논의하라.

4. 초기기억의 중요성과 이것을 어떻게 선택하고 사례개념화의 어떤 영역에 포함시켜야 하는지 설명하라.

5. Adler 사례개념화의 주요 요소들과 이것들이 사례개념화 구성요소의 주요 요소들에 어떻게 영향을 미쳤는지 논의하라.

부록

Antwone의 사례

유발요인

Antwone의 호소문제와 반응은 그를 버린 생모와 그를 무시하고 학대했던 입양가족을 포함한 유년기부터 경험해 왔던 고통, 독단적 판단, 거절 그리고 상실에 맞서 자신을 보호하려는 공격적이고 충동적인 수단으로 이해할 수 있다. 그는 어릴 때 누군가로부터 사랑과 애정을 받은 적이 거의 없다고 했다. 그는 입양가족 안에서 처음에는 두려움과 순종으로, 나중에는 반격하고 자신을 보호함으로써 자신의 위치를 찾았다. 그는 자신을 결함이 있고, 사랑스럽지 않지만 강하다고 여기며, 타인은 학대하고 불공평하다고 생각한다. 그래서 그는 지각된 부당함이 어떤 것이든 덤벼들고, 타인을 경계하고, 모험을 거의 하지 않으며, 타인과 친하게 지내는 것을 회피한다. 그의 초기기억에는 부당하게 괴롭힘, 해를 끼치고 불공평한 타인, 도발적이고 위험한 세계에 대한 주제가 포함되어 있다.

상담목표

상담목표는 분노를 관리하고 충동적 반응을 통제할 수 있는 능력을 향상시키며, 긍정적인 대처 기술을 익히고, 그의 가족을 찾아 다시 연락할 수 있도록 돕는 것이다. Adler의 관점에서 상담목표 또한 좌절감을 줄이고, 사회적 관심과 사회적 관계 맺기를 늘리고, 관계 기술을 향상시키는 것이다.

상담개입

개입에서는 그가 건설적인 행동을 할 수 있도록 도울 것이다. 격려는 상황을 좀 더 긍정적으로 평가하도록 하기 위해 활용될 것이다. 자원봉사는 그가 타인에게 도움이 되는 사람으로 느껴지는 경험을 하고, 신중하게 타인과 관계 맺는 능력을 향상시키기 위해 사회적 관심을 높이는 개입으로 사용될 것이다. 해석은 그의 기본적 오류, 특히 부당함을 대하면 덤벼들고, 친한 관계를 회피하는 것을 다루는 데 활용될 것이다. Antwone이 침착한 태도로 갈등에 반응할 수 있기를 바란다고 했으므로, 갈등이 있는 동안에 '마치 그가 침착한 것처럼' 행동하도록 격려할 것이다.

Maria의 사례

유발요인

Maria의 호소문제와 패턴은 그녀의 생활양식을 고려하면 이해할 수 있다. 그녀는 계속 호감을 사려는 행동과 비주장적인 면을 확대해 가면서 자기 자신의 욕구와 바람보다 타인의 욕구를 충족시켜야 한다는 것, 자신의 삶은 실패이고 자신의 잠재력을 낭비하게 될 거라는 예상을 강화하고 있다. 현재의 상황은 가족과 문화적 기대에 저항한 언니와는 달리, '착한 딸'의 역할을 하고 있는 그녀의 평생의 패턴을 반영하고 있다. Maria는 가족 안에서 착함과 부모님을 기쁘게 하겠다는 바람을 통해 자신의 위치를 찾았고, 따라서 그녀는 상냥하고, 싹싹하며, 애교가 있다. 그녀는 심리적으로 막내이며, 자신의 위치를 가족 안에서 착함과 잠자코 부모님을 기쁘게 하는 것으로 찾았다. 그녀는 자기 자신을 친절하지만 무능하다고 여기고, 타인은 요구하는 것이 많고, 그녀에게 의존한다고 생각한다. 그녀의 초기기억들에는 부정적인 자기관, 그녀에게 의존하는 타인들, 타인의 호감을 사고 인정받기를 바라는 것에 대한 주제가 포함되어 있다.

상담목표

상담목표는 침울함, 혼란 및 알코올 사용을 줄이는 것이다. Adler의 관점에서 상담목표 또한 좌절감을 줄이고, 사회적 관심과 사회적 관계 맺기를 늘리며, 관계 기술을 향상시키는 것이다.

상담개입

상담자는 특히 그녀가 부모님을 보살피면서 자신의 꿈을 추구할 수 있는 방법을 생각해 보도록 격려함으로써 지지를 보낼 것이다. 함께 그녀의 생활양식을 살펴봄으로써 Maria의 자기인식을 높이고, 그녀가 자기 행동의 유용성을 점검해 보도록 한다. 해석은 자신의 행복은 희생하면서 타인의 욕구를 먼저 맞춰 주려는 그녀의 잘못된 신념을 분석하고 수정함으로써 그녀의 기본적 오류를 다루는 데 활용될 것이다. Maria가 스스로 의사결정을 할 때 좀 더 편안해지기를 진심으로 바란다고 하므로, '마치 그녀가 편안하게 의사결정을 하는 것처럼' 행동하도록 그녀를 격려할 것이다.

Richard의 사례

유발요인

그의 반응과 패턴은 그가 받은 교육과 생활양식을 고려해 보면 이해할 수 있다. 그는 알코올중독인 부모의 외아들로, 부모님이 끊임없이 싸우는 것을 보아 왔고, 그들은 종종 자기네들의 갈등에 그를 끌어들였다. Richard는 가족 안에서 공격적이고, 특권이 있지만 사교적이기도 한 것으로 자신의 위치를 찾았다. 그는 자기 자신을 특권이 있고 강하지만 다소 결함이 있다고 여긴다. 세상은 위험하고 예측할 수 없다고 생각하며, 타인은 그의 욕구를 맞춰 주면서도 억제하고 조종해야 할 대상으로 본다. 그래서 그는 타인을 무시하고 이용하면서 자신을 높이고, 그가 기대한 것을 주지 않는 사람에게는 보복을 한다. 그의 초기기억에는 특권이 있는 자기관, 그의 욕구를 맞춰 주면서도 또한 유해하고 도움이 되지 않는 타인들, 부정적인 결과를 가져오는 상황에 대한 주제가 포함되어 있다.

상담목표

상담목표는 분노를 줄이고 충동을 관리할 수 있는 능력을 기르고, 또한 슬픔과 불안을 줄이는 것이다. Adler의 관점에서 상담목표 또한 좌절감을 줄이고, 사회적 관심과 사회적 관계 맺기를 늘리며, 관계 기술을 향상시키는 것이다.

상담개입

그가 완전하고 효과적인 감정을 경험하고 타인과 좀 더 상냥하게 관계를 맺도록 격려할 것이다. 해석은 잘못된 신념, 특히 그의 특권의식과 결함이 있다고 생각하는 자기관과 타인을 무시하고 이용하면서 자신을 높이려는 그의 패턴을 분석하고 수정함으로써 그의 기본적 오류를 다루는 데 활용될 것이다. 사회적 관심을 향상시키는 개입은 Richard가 타인에게 도움이 된다는 느낌을 경험하도록 하고, 타인을 공감하는 능력을 기르는 데 활용될 것이다. Richard 가 우울함을 덜 느끼고 싶고 주말에는 외출하고 싶다고 하므로, 그가 '마치 기 분이 좋아진 것처럼' 행동하고 주말에는 외출을 하도록 격려할 것이다.

Katrina의 사례

유발요인

요약하면, 그녀의 패턴은 아버지의 불륜으로 인한 아버지에 대한 신뢰 부 족의 관점에서 이해할 수 있다. 게다가 아버지에게 거부당한 것에 대한 그녀 의 사적 논리가 불신에 대한 생활양식 신념과 타인의 의도에 대한 피해망상 에 영향을 준 것으로 보인다. Katrina는 두 아이 중 맏이이고, 어머니는 그녀 가 '자기주장이 아주 강한 아이'라고 하였다. 가족체제 안에서의 그녀의 역할 은 남동생에게 부모를 대신하는 역할을 했던 부모화된 아이였다. 그녀는 자 신을 무능하고 사랑스럽지 않은 존재로 여기며, 타인은 통제적이고 지지해 주지 않는 존재로 본다. 그녀의 생활양식 신념은 그녀를 통제하려는 사람들 에게 반항하고, 타인을 경계하며, 친한 관계를 피하는 것이다. 그녀의 품행불 량의 목표는 복수인데, 이는 그녀가 위협적으로 느끼거나 타인이 그녀를 통 제하려고 할 때 타인에 대해 보복하는 것이다. 그녀는 그녀의 삶에서 친구나 긍정적인 관계가 거의 없다고 느낄 정도로 낮은 수준의 사회적 관심과 공동 체 의식을 보인다.

상담목표

상담목표에는 우울 증상을 줄이기, 분노관리, 자기표현과 친구관계 기술 향상시키기, 그리고 반항적인 행동 줄이기가 포함된다. Adler의 관점에서 상 담목표 또한 좌절감을 줄이고, 사회적 관심과 사회적 관계 맺기를 늘리며, 관 계 기술을 향상시키는 것이다.

상담개입

상담자는 전체 상담과정을 통해 Katrina와 관계를 맺고 참여를 격려하는 기법으로 지지를 사용할 것이다. 타인은 통제적이고 안전하지 않고 위험하다는 그녀의 잘못된 신념을 분석하고 수정하는데, Katrina의 생활양식 신념 또는 기본적 오류에 관한 해석이 활용될 것이다. 사회적 관심 과제는 그녀가 상담에 적극 참여하면 타인을 돌보는 활동에 참여하도록 하는 데 활용할 것이다.

참고문헌

Ansbacher, H. L., & Ansbacher, R. R. (Eds.). (1956). *The individual psychology of Alfred nAdler.* New York, NY: Harper & Row.

Carlson, J., & Englar-Carlson, M. (2018). *Adlerian psychotherapy.* Washington, DC: American Psychological Association.

Corey, G. (2017). *Theory and practice of counseling and psychotherapy* (10th ed.). Boston, MA: Cengage Learning.

Sperry, J. (2011). *The relationship of self-transcendence, social interest, and spirituality to well-being in HIV-AIDS adults.* Retrieved from Dissertations and Theses database. (UMI No. 3320105).

Sperry, L. (2015). Diagnosis, case conceptualization, and treatment. In L. Sperry, J. Carlson, J. D. Sauerheber & J. Sperry (Eds.), *Psychopathology and psychotherapy* (3rd ed., pp. 36-50). New York, NY: Routledge.

Sperry, L., & Binensztok, V. (2018). Adlerian pattern focused therapy: A treatmen manual. *The Journal of Individual Psychology, 74*(3), 309-348.

Sperry, L., & Binensztok, V. (2019). *Learning and practicing Adlerian therapy.* San Diego, CA: Cognella Academic Publishing.

수용전념치료
사례개념화

※이 장은 Gerardo A. Casteleiro와
함께 집필함

수용전념치료(ACT, 'act'로 발음)는 두드러진 '3세대' 행동치료 중 하나이다. 이것은 또한 다양한 심리적 문제를 위해 아주 엄격히 연구된 증거 기반 상담들 중 하나로 부각되고 있다(APA, 출판연도 미상). 이 장은 ACT 관점에 대한 개략적인 설명을 시작으로 이론적 토대, 평가, 정신병리 및 건강론을 설명할 것이다. 추가적으로 이 접근 방법의 독특한 임상적 · 문화적 · 상담개입 공식화 방법이 설명될 것이다. 그리고 이어서 다섯 상담사례에 적용된 ACT 사례개념화가 제시될 것이다.

ACT 관점

'3세대' 행동치료 범주에 속하는 ACT(Acceptance and Commitment Therapy)는 내담자와 내담자의 불편하고 원치 않은 사적인 경험들 간에 '거리'를 두는 과정을 의미하는 '포괄적인 거리두기'로 시작되었다(Hayes, 1981). 또한 ACT는 전통적인 행동분석에 굳건한 뿌리를 두고 있다(Hayes, Strosahl, & Wilson, 2021). 많은 학자들은 ACT가 다른 3세대 접근들에 비해 더 행동적인 경향이 있다고 생각한다. 반면에 몇몇 학자는 '급진적인 행동적' 접근으로 여기기도 하는데, '급진적 행동주의'는 ACT를 포괄하는 개념으로는 미흡하다(Hayes, 2004, p. 646). '급진적 행동주의자'의 관점은 연구의 소재와 인간 행동의 통제는 인간의 반응을 일으키는 촉발자극에 달려 있다고 하는 현상론자의 입장을 적극 지지하지만, ACT는 그렇지 않다. 맥락과 맥락에 영향을 미치는 개인의 능력 모두 인간 행동을 이해하는 데 똑같이 중요하다고 보고 있다. ACT는 통합적인 접근이다. ACT는 현재의 순간에 주의를 기울이고 수용하는 과정(즉, 마음챙김)으로 이루어져 있고, 치료적 관계를 강조하며, 변화하기 위한 동기를 포함한다(Hayes, Villatte, Levin, & Hildebrandt, 2011).

기능적 맥락주의에 대한 철학적 이론에 근거하여, ACT는 심리적 사건을 유기체와 역사적 · 상황적으로 정의된 맥락 간의 상호작용으로 개념화한다(Biglan & Hayes, 1996; Hayes, Hayes, & Reese, 1988). 기능적 맥락주의는 맥락에서 행동의 기능에 초점을 둔다. 또한 기능적 맥락주의는 실용적 진리 준거와 이를 적용할 구체적이고 과학적인 목표를 강조한다(Hayes, 2004). 근본적으로 기능적 맥락주의는 어떤 것이 작동하고 있다면 그것을 '사실'로 상정하고 있으며(Hayes et al., 1988), 이것은 '급진적' 행동주의라는 오해를 푸는데 도움이 될 수 있다.

　　ACT 관점은 또한 인간의 심리적인 문제를 '의학적 원인이 있는 질병'과 '주 관적인 증상으로서의 아픔'으로 구분하려고 한다. ACT는 인간의 고통을 피 해야 할 짐이라기보다는 수용하고 경험해야 할 도전으로 개념화한다. 언어 와 인지에 대한 후기 Skinner 접근인 관계형성 이론에서 파생된 ACT는 개인 과 그들의 사고가 얽히는 위험성(즉, 융합), 그리고 경험하는 어려움을 피하려 는 본능(즉, 회피)을 다루고 있다. ACT는 '정상'이라는 개념을 본질적으로 파 괴적인 것으로 본다. 그리고 ACT에서는 개인이 갖는 괴로움과 지각된 결함 은 고통에 대한 개인들의 해석(즉, '고통을 느끼는 것은 나쁘다.')에 따른 결과라 고 본다. 의학적 모형에서 탈피하여 2세대 행동치료에 더 가깝게 증상 감소 (일차적 목표)를 우선적으로 다루지 않는다. 대신에 ACT는 개인의 활력과 자 유에 가치를 둔 삶의 방향에 따라 결정을 하도록 격려한다(Hayes et al., 2012: Wilson & DuFrene, 2009). 그러나 사람들은 대개 고통스러운 감정이 아니라 좋은 감정을 느끼길 더 좋아한다는 것을 감안해 보면, 이것이 쉬운 일은 아니 다. 그래서 ACT 상담은 내담자를 감정적 또는 경험적 통제에 대한 의제를 포 기하는 쪽으로 이끄는 '창조적 절망감'에 몰두하는 것으로 시작한다(Luoma, Hayes, & Walser, 2017).

　　관계형성 이론은 인간의 언어와 인지에 대한 전형적이고 점진적으로 형성 된 '함정'에 초점을 두고 있다. 이 이론은 회피와 융합, 불확실한 가치들, 지속 적인 나태 또는 이탈, 경직된 자기개념, 관념화된 과거 또는 미래에 대한 집착 의 위험성을 지적하고 있다(Villatte, Villatte & Hayes, 2016). 이런 범주화된 과 정은 심리적 경직성의 세 '영역'(예: 폐쇄성, 아무 생각 없음, 단절)을 만드는데, 이는 ACT의 관점에서 인간의 고통을 설명하는 이론을 구성한다. 반대로, 심 리적 유연성은 개방성, 자각 그리고 참여로 이루어져 있고, 건강에 대한 ACT 이론의 6개 과정이 포함되어 있다. 이것들은 다음 절에서 평가와 상담개입의 핵심 주제로 정의되고 논의될 것이다.

ACT 평가와 상담개입

ACT 평가는 세 개의 뚜렷한 영역으로 조직화된 6개의 행동과정에 대한 체계적 분석으로 구성되어 있다. 탈융합과 수용 과정은 '개방성' 영역을 구성한다. 이 두 과정은 자신의 경험으로부터 도망치고, 경험을 거부하고 회피하는 대신에 자신의 경험을 향해 나아갈 수 있는 개인의 능력을 평가한다. 인지적 융합은 '여타 맥락적인 변인들을 배제하고 언어적 사건이 강력한 자극 통제를 해서 지나친 반응을 하도록 하는 과정'으로 정의된다(Hayes et al., 2012, p. 69). 예를 들어, 고통 속에 있는 사람은 '나는 내 삶에서 가장 최악인 날을 보내고 있어.'라고 생각한다. 융합에 대한 평가는 이런 생각을 하는 개인의 '밀접성'을 분석하는데, 그 범위는 그 생각을 하나의 생각으로 지각하는 것(탈융합)부터 그 생각을 강력하게 거짓 없는 진실로 보는 것(융합)까지이다. 인지 행동적 접근들이 논박이나 증거를 검증함으로써 사고의 내용에 초점을 두는 반면에, 탈융합은 생각과 사람 간의 관계와 거리에 초점을 둔다. 인지적 융합의 기반을 약화시키는 과정은 ACT의 주요 핵심 구성요소가 되었다(Hayes et al., 2012). 이 과정은 개인이 자신의 생각을 마음의 산물로 볼 수 있도록 하는 도구가 된다.

- "이 생각은 당신과 얼마나 밀접한가요?"(생각과 개인 간의 거리를 도출함)
- "이런 생각이 얼마나 유용한가요?"(유용성을 평가하는 내담자의 능력을 탐색함)
- "당신은 누가 그것을 말하고 있는지 알아차릴 수 있나요?"(자신의 마음을 알아차릴 수 있는 개인의 능력을 도출함)

수용은 심리적 유연성에 대한 개방성 영역의 다른 한 부분이다. '다양한 경험에 대하여 개방적이고 수용적이며, 비판단적인 자세를 취하는 것'(Wilson & DuFrene, 2009, p .46)으로 정의되는 수용과정은 경험적 회피와 대립한다. 회피는 많은 심리적 어려움의 공통되는 원인이다. 고통을 '부적응'이라고 비난하고 거부하는 사람들의 본능은 회피의 불씨가 된다. 예를 들어 불안의 경우, 고통스러운 사람은 자신의 경험을 비판하는 데 열중한다. 신경과민과 걱정은 '나쁜' 것으로 지각되고, 사회적 이탈, 주의산만, 또는 물질사용을 통한 감각 마비를 통해 회피하려고 한다. 그래서 회피전략은 고립과 미룸과 같은 좋지 못한 결과를 가져온다. 수용은 기꺼이 하려는 마음을 통해 회피에 대응하는 과정이다. 내담자는 자신이 하는 회피의 '유용성'에 대한 평가를 받는다. 질문은 내담자의 회피 행동이 좋은 결과를 가져오는지 여부를 평가하고, 내담자가 원하는 삶을 살 수 있도록 안내하려는 목적을 가지고 있다. 내담자가 회피는 유용하지 않다는 것에 동의해야 수용과정을 검토해 보거나 수용과정에 전적으로 협력한다.

- "이 문제가 당신이 정말 하고자 하는 건가요?"(내담자의 자발적 의지를 탐색함)
- "당신은 당신이 이 문제로부터 벗어난 것처럼 보이나요? 얼마나 벗어났나요?"(내담자의 회피에 대한 내력을 평가함)

　심리적 유연성의 자각 영역은 마음챙김과 맥락으로서의 자기 과정으로 나누어진다. 이 두 가지 개입은 개인이 맥락 속에 있는 자신을 보도록 하는 유연성을 확대하고, 현재의 순간과 연결되어 머물도록 하는 데 목적이 있다. 마음챙김은 현재 순간과의 유연한 접촉으로 정의된다(Hayes et al., 2012). 많은 심리적 문제는 과거 또는 미래의 개념에 대한 개인의 믿음에 영향을 받는다. 예를 들어 우울증의 경우, 심각한 반추는 종종 과거의 사건, 실패, 실수를 생각하고 되새기는 것을 포함한다. 현재의 순간에 연결되어 머물러 있는 개인의 능력에 대한 평가는 ACT에서 매우 중요한 부분이다. 추가적으로 마음챙김은 개인에게 자신의 경험을 관찰자의 입장에서 살아 보는 도구를 제공한다. 이것은 내담자가 자신의 고통을 관찰하고, 평정심을 가지고 자신의 경험에 대한 판단을 없앤 채 자신의 어려움을 보도록 해 준다.

- "바로 지금 당신에게 무엇이 나타나고 있나요?"(계속 진행 중인 내담자의 내적·외적 경험에 대한 표현을 이끌어 냄)
- "이 순간 그것이 당신의 신체 어느 부분에서 느껴지나요?"(지금 여기에서의 신체 감각을 이끌어 냄)

비슷하게, 맥락으로서의 자기(또는 조망수용의 자기인식)는 관념화된 자기에 대한 내담자의 융합 정도를 평가한다(Hayes et al., 2012). 바꿀 수 없는 또는 경직된 자기인식을 가지고 있는 내담자는 '나는 실패자야. 나는 항상 실패했어. 그리고 나는 내가 항상 실패할 거라는 걸 알아'와 같은 생각에 융합될 수 있다. 바꿀 수 없다고 보는 자기에 대한 관념은 다양한 형태의 경직된 반응과 심리적 문제를 유발할 수 있다. 유연하고 유용한 자기에 대한 관념은 세 가지 수준으로 개념화된다. 이 관념화된 자기에는 개인의 이야기에 담긴 모든 자료가 포함된다. 이것은 또한 '내용으로서의 자기'라고도 언급된다. 개인의 역사는 이야기를 구성하고, '사실들'은 글자 그대로 변경 불가능한 것으로 지각될 수 있다. 이 수준에 융합되어 있는 내담자는 자기 자신을 자신의 이야기로 지각한다. '과정으로서의 자기'는 한 단계 상위 수준으로, 내담자가 외부의 관점으로 자신의 경험을 보도록 한다. 이런 지속적인 자각은 개인이 행동 실험에 참여할 수 있는 충분한 거리를 제공할 수 있다. 마지막 수준은 '맥락으로서의 자기'로, 이는 과정을 알아차리는 자기이다. 이 수준의 자각은 개인이 자기 자신을 자신의 경험을 '담는 그릇'으로 알아차리도록 한다. 개인이 자신의 이야기로부터 충분한 거리가 생기면, 개인은 일반적으로 더 넓은 행동 목록에 참여할 수 있는 증가된 자유로움을 경험한다.

- "당신은 한 사람으로서의 자신을 어떻게 표현할 수 있나요? 그런 표현이 당신을 얼마나 잘 정의하고 있나요?"(관념화된 자기와의 융합을 평가함)
- "당신이 무엇을 할 수 있는지 또는 어떻게 살아가야 하는지를 제한하는 자기 자신에 대한 특정한 이야기 있나요?"(내담자의 행동에 부과된 삶의 이야기와 제약을 도출함)

참여는 심리적 유연성의 마지막 영역이다. 이것은 전념 행동과 가치로 구성되어 있다. 가치는 "지속적이고 역동적이며 발전하는 활동 패턴에 대해 자유롭게 선택하고 언어적으로 구조화된 결과로, 가치화된 행동적 패턴 자체에 참여하는 것이 본질인 그 활동의 주된 강화인자가 된다"(Wilson, 2009, p. 66). 모든 ACT 과정은 개인이 살아가고자 하는 삶의 방향으로 나아갈 수 있는 개인의 능력을 향상시키는 데 목표를 둔다. ACT는 선택한 가치에서 목표를 세울 것을 강조한다. 잘 모르거나 명확하지 않은 가치가 있는 개인, 어디로 가야 하는지에 대한 방향성이 없는 개인은 일반적으로 어려움에 처하게 된다. ACT에서 가치를 명료하게 하는 것은 개인의 삶의 방향성은 물론이고 치료적 시도의 방향성도 설정한다.

- "당신은 어떤 삶을 살고 싶은가요? 당신은 어떤 사람이 되고 싶은가요?"(내담자에게 중요한 것이 무엇인지 경청하며 삶의 방향성을 도출함)
- "당신이 삶에서 중요하게 여기는 것은 무엇인가요?"(활력, 취약함, 선택, 그리고 현재에 대한 지향성 등을 탐색함)
- "삶의 방향을 정하는 데 방해가 되는 것은 무엇인가요?"(자유롭게 가치를 선택하는 데 방해가 되는 것을 평가함)

전념 행동은 개인이 가치를 두고 있는 행동 또는 활동에 참여하고, 행동이 가치에서 벗어났다는 것을 알아차리면 가치를 두고 있는 행동으로 되돌아가는 과정이다(Hayes et al., 2012). 유연성의 개념에 따르면 이것은 좌절, 장애물, 실패가 (아마도) 나타날 수 있음을 의미한다. 이 과정의 평가는 개인의 회복 능력, 그들이 어디에서 실수했는지 평가하는 능력, 그들의 가치를 기반으로 한 행동에 다시 참여하는 능력을 탐색하는 것이다. 반면 전념 행동의 부족은 심각한 지연과 충동을 유발할 수 있다. 이것은 개인의 가치가 명확하지 않거나 그들이 동의한 행위가 자유롭게 선택되지 않았다는 것을 알리는 신호이다.

- "당신이 살고 싶은 삶을 살려면 우리가 어떤 조치를 취해야 할까요?"(행동 실험에 기꺼이 참여하려는 마음을 평가함)
- "우리가 지금 바로 초점을 맞춰야 하는 가장 시급한 것은 무엇인가요?"(목표를 도출하고, 현재 또는 다른 ACT 과정에서의 어려움을 경청함)

ACT 사례개념화

　　여기에 제시되는 ACT 사례개념화에는 ACT 관점에서 나온 임상적 공식화, 문화적 공식화, 상담개입 공식화가 포함될 것이다. 사례개념화는 개입을 선택하고 치료를 계획하기 위한 중요한 도구이지만, 사례개념화 그 자체는 내담자와 거의 공유되거나 논의되지 않는다. 가르침보다는 경험적인 학습이라는 점이 강조된다(Hayes et al., 2012). 임상적 공식화의 목적은 내담자의 호소문제를 유용하지 않은 신념과 행동의 관점에서 설명하는 것이다. 작용하는 경우에 문화적 공식화는 문화와 성격 간의 상호작용을 설명한다. 상담개입 공식화는 적응적 패턴(즉, 가치를 두는 삶의 방향)으로 나아가도록 촉진하기 위해 선택할 수 있는 개입에 대한 임상적 지침을 제공한다. 경력이 있고 순수한 ACT 상담자와 연구자들은 '적응적'이라는 단어가 특정한 행동 또는 일련의 행동과 태도의 '선의'에 대한 판단을 의미하기 때문에 ACT와 일치하는 용어가 아니라고 할 수도 있다. 가능한 한 ACT와 일치하는 대안을 제공할 것이다. 이 장은 수용전념치료를 개관하고 통합적 사례개념화 모형 안에서 그 가능성을 제공하는 것이 목적이기 때문에, 통합적 사례개념화 모형의 활용도와 독자들의 유연성이 많이 늘 것이다. 마지막으로, ACT 사례개념화는 그것의 특징적인 요소 때문에 앞서 제시한 다른 모형들과는 차이가 있다. 그 특징적인 요소에는 유발요인, 상담목표, 상담의 초점, 상담전략, 상담개입이 있다. 〈표 10-1〉에 다섯 개의 특징적인 요소를 설명하였다.

표 10-1 **수용전념치료 사례개념화의 주요 요소**

유발요인	심리적 경직성		폐쇄, 아무 생각 없음, 단절된 행동이나 반응
상담목표	심리적 유연성 향상		개방성, 자각 그리고 참여를 촉진함
상담의 초점	유연성 과정을 탐색하고 행동 목록을 확대함으로써 지속적인 회피와 심리적 경직성을 감소시킴		
상담전략	생각과의 얽힘, 현재 순간과의 빈약한 접촉, 애매한 가치, 경험적 회피를 다룸으로써 심리적 유연성을 증가시킴, 안정적이고 유연한 자기감을 키우고, 전념 행동을 격려함		
상담개입	탈융합		생각 적어 내려가기, 위계 프레임, 우유 우유 우유
	수용		괴물과의 줄다리기, 불청객
	마음챙김		시냇물에 떠있는 낙엽, 바디 스캔
	조망수용 (맥락으로서의 자기)		지시적 프레임, 시간적 프레임, 체스판 비유
	가치		사이클링 운동복, 가치카드 분류
	전념 행동		두 기차, 길 따라 걷기

ACT 사례개념화: 다섯 사례

　ACT 사례개념화를 실행하는 과정을 설명하기 위해 다섯 개의 사례가 제시되었다. 각 사례에 대한 배경정보에 이어서 ACT 관점의 주요 특징을 설명하는 평가 단락이 나올 것이다. 각 사례에 대한 (2장과 3장에서 설명한) 진단적 공식화, 임상적 공식화, 문화적 공식화의 열 개 요소와 (4장에서 설명한) 상담개입 공식화의 여덟 개 요소는 표로 요약하였다. 마지막으로 이런 정보들을 통합한 설명이 사례개념화 진술문으로 제시될 것이다. 첫 번째 단락에 진단적 공식화와 임상적 공식화, 두 번째 단락에 문화적 공식화, 세 번째 단락에 상담개입 공식화를 기술하였다.

Geri의 사례

　Geri는 업무 비서로 일하는 35세의 아프리카계 미국 여성이다. 그녀는 미혼이고, 혼자 살고 있으며, 3주 동안 우울증과 사회적 고립이 지속되어 평가와 상담이 필요하다고 본 그녀 회사의 인력자원부 책임자에 의해 의뢰되었다. 그녀의 결근으로 상담 의뢰가 빨라졌다. Geri의 증상은 상사가 그녀에게 승진 대상이라고 말한 직후 시작되었다. 어린 시절, 그녀는 가족과 또래들에게 비난받고 괴롭힘을 당하면 다른 사람들을 피해 고립되어 있었다고 보고했다.

ACT 평가　진단적 평가 정보 외에 ACT 평가에는 다음의 내용이 추가된다. Geri는 새로운 직위에서 실패할까 봐 극도로 걱정되고 불안하다고 말했다. 그녀는 끊임없이 그것에 대해 생각하고 있었고, '머리에서 그 생각을 없앤' 것처럼 할 수 없었다. 그래서 그녀는 어느 쪽으로든 실패할 거라고 생각하고 일을 소홀히 하기 시작했다. 그녀는 살아오는 동안 내내 멸시와 무시를 받아 왔고, 이것이 그녀가 무능하고 '덜 떨어진 사람'으로 느끼도록 만들었다고 말했다. 회피전략에 대한 평가는 Geri가 불확실함을 가져오는 사회적 상황이나 환경으로부터 고립되고 떨어져 있음을 나타냈다. 그녀는 틀에 박힌 일상을 매우 좋아하고, 따라서 지난 16년 동안 안정적이고 변화가 없는 직장 환경에서는 성공적이었다. 그녀의 직장 환경에서의 변화를 가로막는 요인과 표면적으로 드러난 몇 가지 정서적 결과를 평가했을 때, Geri는 "나에게 무슨 일이 일어나고 있는지 모르겠어요. 이건 나답지 않아요. 나는 단지 아무것도 하고 싶지 않다고요."라고 말하면서 당혹스러워 보였다. 직장 환경에서 얻고 싶은 이상적인 성과가 있는지 물었을 때, 그녀는 "나는 그들이 했던 일을 되돌렸으면 좋겠어요."라고 말했다. 〈표 10-2〉에 종합형 사례개념화의 주요 요소에 따라 진단적 평가와 ACT 평가 결과를 요약하였다.

사례개념화 진술문
Geri의 고립감과 정서적 어려움(호소문제)은 그녀가 승진 대상이며 새로운 상사가 고려되고 있다는 소식(현재의 촉발요인)과 친밀한 관계에 대한 요구 그리고 그녀가 비난받고, 거부당하고, 위험을 겪을 것이라는 예상(지속적인 촉발요인)에 대한 반응으로 보인다. 그녀는 살아오는 내내 가능한 한 타인을 회피하고 평소에 타인과 조건적으로 관계를 맺는 것이 더 안전하다는 것을 알았다. 그 결과, 그녀는 주요 사회적 기술이 부족하고 제한된 사회적 관계를 맺어 왔다(부적응적 패턴). 그녀는 '나는 실패할 거야.' 또는 '나는 이것을 해낼 수 없을 거야.' 같은 생각에 융합된 것으로 보인다. 그래서 그녀의 힘든 내적 경험(생각/감정/기억/감각)에 대한 '실망스러움'이 집에 머물기, 타인으로부터의 고립, 승진할 수 있는 기회를 잠재적으로 '방해하기' 같은 회피전략에 크게 영향을 미치고 있는 것으로 보인다. 추가적으로 그녀는 자신의 내적 경험을 이해하는 것이 어려워 보인다. 그녀는

표 10-2 ACT 사례개념화의 요소

호소문제	사회적 고립감 증가, 우울 증상	
촉발요인	그녀가 승진 대상이며 새로운 상사가 고려되고 있다는 소식(현재의 촉발요인), 친밀한 관계에 대한 요구와 그녀가 비판받고, 거부당하고, 위험을 겪을 것이라는 예상(지속적인 촉발요인)	
부적응적 패턴	안전하지 않다고 느낄 때 회피하고 관계를 끊거나 철회함	
유발요인	융합	임박한 어려움과 잠재적 실패에 대한 생각에 얽매여 있음
	회피	신경과민과 불안 같은 '짜증나는' 어려운 경험들
	경직된 주의	정신적 어려움을 언어로 정하고 확인할 때 설명하는 기술의 부족, 현재 순간에 초점을 유지하는 것의 어려움
유발요인	관념화된 자기에 대한 집착	과거의 경험을 정의하는 방법에 대한 경직된 신념, 그녀의 지속적인 삶을 위한 한정된 선택과 행동
	단절된 행동	고립과 무단결근, 자기표현에서의 잠재적 기술 부족
	불명확한 가치	선택한 삶의 방향으로 안내하는 원칙이 애매하거나 없음
유지요인	고립과 회피 전략, 애매하거나 결여된 가치, 내적 경험에 대해 알지 못함	
보호요인/강점	친하고 믿음이 가는 친구와 지인, 안정되고 의미 있는 직장, 직무조정을 요청할 수 있는 자격	
문화적 정체성	중산층 아프리카계 미국인, 한정된 민족적 유대감	
문화적 스트레스/문화적응	높은 수준의 문화적응, 뚜렷한 문화적응 스트레스는 없으나 가족 성역할이 그녀가 무능하다는 생각을 강화함	
문화적 설명	슬픔은 업무 스트레스와 뇌의 화학적 불균형에서 온 것임	
문화 그리고(또는) 성격	성격 역동이 의미 있게 작용함	
적응적 패턴	보다 안전함을 느끼며 타인과 관계 맺기	
상담목표	원치 않는 사적인 경험의 수용 늘리기, 유연한 사회적 참여를 지지하는 안정된 자기감 촉진하기, 업무와 관련된 가치 일관적인 목표 설정하기	
상담의 초점	유연성 과정을 탐색하고 행동 목록을 확장함으로써 지속적인 회피와 심리적 경직성을 감소시킴	
상담전략	얽매인 생각, 현재 순간과의 부족한 접촉, 애매한 가치 및 경험 회피를 다루어 심리적 유연성 높이기, 안정되고 유연한 자기감 키우기, 전념 행동 격려하기	

상담개입	가치 분류 카드, 당신의 마음에 감사하기, 팝업 차단 비유, 체스판 비유, 괴물과의 줄다리기
상담의 장애	상담자를 '시험'함, 집단상담에 저항할 가능성, 상담자에 대한 지나친 의존, 종결의 어려움
문화적 상담	성(gender)이 문제가 될 수 있으므로 지지적인 여성 상담자 배정
상담의 예후	반응을 할 때 보다 유연해지고 업무에 복귀한다면 좋음

"나에게 무슨 일이 일어나고 있는지 모르겠어요."라고 말했으며 그녀의 마음이 알 수 없는 미래에 가 있는 것처럼 보였다. 또한 그녀는 자신이 누구인지 그리고 무엇을 할 수 있는지에 대해 경직되고 제한적인 신념을 갖고 있는 것 같다. 그녀의 고립과 무단결근, 자기주장의 어려움, 그리고 일반적인 철수는 결여되거나 불명확한 가치에 의해 영향을 받은 것으로 보인다(유발요인). 이런 경직된 반응 징후들은 고립과 회피전략에 의해 유지되고 있다(유지요인). Geri는 친한 직장 동료와 안정된 애착이 형성되어 있고, 여러 해의 고용기간 내내 직장에서 열심히 일하고 있다. 그녀는 또한 「미국장애인복지법」과 같은 법률에 의거하며 직무조정을 요청할 수 있다(보호요인/강점).

그녀는 스스로 중산층 아프리카계 미국인으로서의 정체감을 갖고 있으나 아프리카계 미국인 공동체에는 관심도 없고 참여도 하지 않고 있다(문화적 정체성). 그녀는 부모처럼 높은 수준의 문화적응을 보이지만, 그녀의 가족체제는 남성에게 더 높은 가치를 두고 있다. 남성에 대한 이런 긍정적인 편애는 그녀가 쓸모없고 무능하다는 생각을 강화한 것으로 보인다(문화적 스트레스/문화적응). 그녀는 자신의 우울증이 업무 스트레스와 뇌의 '화학적 불균형'의 결과라고 생각한다(문화적 설명). 의미 있게 작용하고 있는 문화적 요인은 없다. Geri의 성격적 역동이 최근의 임상적 호소문제에 중요하게 작용하고 있으나, 성역할은 살펴봐야 한다[문화 그리고(또는) 성격].

Geri의 도전과제는 개인 내적 그리고 개인 간 안전함을 유지하면서 그녀 자신의 경험을 다루고 타인과 관계를 맺는 것이다(적응적 패턴). 상담의 포괄적인 목표는 우울 증상을 줄이고, 그녀의 대인 간 관계 기술을 향상시키고, 직장으로의 복귀를 돕고, 사회적 네트워크를 넓히는 것이다. 상담의 주요 목표는 원치 않는 사적인 경험의 수용을 증가시키고, 유연한 사회적 참여를 지지하는 안정된 자기감을 촉진하고, 업무와 관련된 가치 일관적인 목표를 설정하는 것이다(상담목표). 상담은 유연성 과정을 탐색하고 행동 목록을 확장함으로써 지속적인 회피와 심리적 경직성을 줄이는 데 초점을 둘 것이다(상담의 초점). 상담전략은 생각에 얽매여 있음, 현재 순간과의 부족한 접촉, 애매한 가치, 경험적 회피를 다루고, 안정되고 유연한 자기감을 키우고, 전념 행동을 격려함으로써 심리적 유연성을 향상시키는 것이다(상담전략). 상담개입은 Geri의 평가를 고려하여 우선 가치를 명료화하기 위해 노력할 것이다. 상담자는 Geri가 자기 자신을 위해 살아 보고 싶은 삶을 보다 더 정교하게 이해하도록 가치카드 분류 작업을 함께 할 것이다. Geri가 자유롭게 선택한 가치는 개입 과정에서 지침과 강화의 역할을 할 것이다. 상담자는 Geri와 함께 '당신의 마음에 감사하기'와 같은 탈융합 연습을 할 것이다. 또한 상담자는 "나는 내가 항상 실패할 거라는 생각을 하고 있다."와 같이 생각을 진술하도록 유도하면서 위계 프레임으로 Geri를 안내할 것이다. '체스판' 비유는 보다 유연한 자기감을 촉진시키기 위해 사용할 것이다(상담개입). 상담에는 몇 가지 장애와 도전을 예상할 수 있다. 그녀의 회피적 성격구조를 고려해 보면 모호한 저항을 할 가능성이 있다. 그녀는 상담자와 개인적인 문제를 이야기하는 것을 어려워할 것이고, 막판에 상담 약속을 바꾸거나 취소하고, 지각을 하여 상담자가 그녀를 비난하도록 '시험'하고 자극할 것이며, 꾸물대고, 감정을 회피하며, 그 외에 상담자를 얼마나 신뢰할 수 있는지 시험할 수도 있을 것이다. 일단 상담자와의 신뢰가 형성되고 나면, 상담자와 상담에 의존할 가능성이 있으며, 상담실 밖의 사회적 지지체계가 증가하지 않는 한 종결이 어려울 수도 있다. 게다가 그녀의 회피 패턴은 집단상담에 참여하고 지속하는 것을 어렵게 할 가능성이 있다. 수용적이고 비판단적인 집단상담 실무자와 여러 번 만나도록 하여 개인상담에서 집단상담으로 전환할 수 있도록 도와야 한다. 이것은 Geri의 안전감을 높여서 집단 장면에서 어려움 없이 자기노출을 하도록 할 것이다. Geri의 자극일반화는 또 하나의 고려사항이다. 부모와 또래들의 비판과 놀림의 정도를 감안해 볼 때, 상담자가 조급해하고 언어적 · 비언어적 비난의 징후를 보이면 불편한 감정이 활성화될 것으로 예상된다. 마지막으로, Geri는 그녀가 믿는 사람들에게 집착하는 경향이 있으므로, 종결을 앞둔 마지막 4~5회기 정도는 독립적으로 기능하는 데 자신감을 갖도록 해야 종결에 대한 그녀의 양가감정을 줄일 수 있을 것이다(상담의 장애). Geri의 성격 역동을 고려해 보면, 상담 진행에서 문화적 스트레스가 크게 영향을 미치지는 않을 것이다. 그러나 가족 안에서의 성역할, 긴장이 고조된 아버지와의 관계와 그 후 남성들과의 제한된 관계를 고려해 보면 성 역동이 치료적 관계에 영향을 줄 수 있다. 따라서 상담의 초기단계에는 개인상담과 집단상담 둘 다 여성 상담자가 하는 것이 바람직해 보인다(문화적 상담). Geri가 유연하고 안정된 자기감을 느끼고, 상담실 밖에서 관계 기술과 사회적 접촉을 늘리고 업무에 복귀한다면, 예후는 좋을 것으로 판단된다. 만약 그렇지 않다면 예후는 조심이다(상담의 예후).

Antwone의 사례

Antwone은 20대 중반의 아프리카계 미국인 해군수병으로, 별것 아닌 도발에 다른 해군 요원들을 때렸다. 최근 그의 부대 사령관은 그에게 강제적으로 상담을 받도록 명령하였다. 그는 어릴 때부터 해군에 입대할 때까지 위탁 보호되어 살았는데, 주로 학대적인 아프리카계 미국인 입양가족과 함께 살았다.

**ACT
평가**   추가적인 평가로 다음의 세부사항을 알 수 있었다. 유기와 학대에 대한 의미 있는 경험으로 인해 Antwone은 약화된 안정감과 타인이 그에게 해를 끼치거나 떠날 것이라는 예상의 법칙에 빠져 있다. 양어머니의 야단치는 행동은 타인은 믿을 수 없다는 생각에 더 빠지게 했다. 이것이 아주 작은 도발에도 타인을 거세게 공격하는 경직된 패턴을 형성시켰을 것이다. Antwone은 "이것이 내가 해야 하는 일이야. 나는 다른 사람이 나를 함부로 대하도록 내버려두지 않을 거야."라고 확신하고 있었다. 그는 또한 양어머니가 그에게 욕을 하거나 때릴 때, 그가 약하고 무력하게 느껴졌다고 말했다. Antwone의 정서 통제 목표는 다시는 열등감을 느끼지 않도록 하는 것이다. 그는 "나는 누군가가 나를 하찮게 여기거나 함부로 대하도록 놔두지 않을 겁니다."라고 말했는데, 그것은 외견상 변경 불가능한 원칙으로 정의된 자기감을 보여 주고 있다. 그는 또한 그의 부모님의 부재, 가장 친한 친구의 죽음, 그리고 어린 시절에 당했던 성적 학대로부터 자기의 가치에 대한 원칙을 만든 것으로 보이는데, 이 모든 것은 탐색이 더 필요하다. Antwone은 또한 그의 관념화된 과거와 융합되어 있는 것으로 보인다. 과거에 그가 경험했던 무시와 학대가 현재의 스트레스 사건, 특히 주변 사람들에게 하는 그의 반응에 큰 영향을 미치는 것으로 보인다. 추가적으로 그는 "나는 나에게 무슨 일이 일어나는지 모르겠어요. 나는 화를 냈을 뿐인데 그다음엔 벌을 받고 있더라고요."라고 말하였다. 따라서 그는 지나치게 공격적이거나 '비난을 퍼붓는' 행동으로 타인과 관계를 맺는다. 그는 그의 군 경력이 그에게 가장 중요하다고 했고, 또한 의미 있는 관계를 추구하고 가정을 이루고 싶다고 하였다. 〈표 10-3〉에 종합형 사례개념화의 주요 요소에 따라 진단적 평가와 ACT 평가 결과를 요약하였다.

**사례개념화
진술문**   타인을 향한 Antwone의 언어적 · 신체적 공격과 타인의 의도에 대한 혼란(호소문제)은 폭력적인 싸움을 일으킨 동료들의 놀림과 도발(현재의 촉발요인) 그리고 동료와 권위 있는 대상에

표 10-3 ACT 사례개념화의 요소

호소문제	언어적 · 신체적 보복, 혼란		
촉발요인	다른 수병들과 폭력적인 싸움을 일으키는 갈등(현재의 촉발요인), 동료와 권위 있는 대상에 대한 지각된 부당함(지속적인 촉발요인)		
부적응적 패턴	맞서고 타인과 조건적으로 관계 맺음		
유발요인	융합	버려질 것이라는 생각과 감정에 얽매여 있음	
	회피	슬픔, 버림받음, 어린 시절 기억들에 대한 감정들	
	경직된 주의	정서 인식에 대한 부족한 기술, 관념화된 과거와 융합	
	관념화된 자기에 대한 집착	그가 열등감을 느끼는 상황에서 '약하거나 남자답지 못하다'고 보는 자기에 대한 유연하지 않은 신념	
	단절된 행동	위협을 무력화하기 위해 비난을 퍼붓는 행동과 공격적인 행동	
	불명확한 가치	군복무와 가정생활에 대해 드러난 가치, 가치와 일치된 행동목표 설정의 어려움	
유지요인	의심, 정서 조절과 갈등해결의 부족		
보호요인/강점	가장 친한 친구가 안정된 애착의 대상이었음, 똑똑하고 다방면에 관심이 있는 열정적인 독서가, 창의적임, 군복무에 충실함		
문화적 정체성	아프리카계 미국인, 양가감정의 민족적 유대		
문화적 스트레스/문화적응	높은 수준의 문화적응이 되어 있지만, 상당한 문화적 스트레스가 있음		
문화적 설명	인종적 비하, 백인 동료와 상관의 인종적 도발		
문화 그리고(또는) 성격	성격과 문화적 요인들이 함께 작용함		
적응적 패턴	신중하게 타인과 접촉하며 관계 맺기		
상담목표	정서 인식, 회복력과 충동 통제를 증가시키기 위한 수용과 마음챙김, 과거의 외상과 가족 갈등을 다루어 안정된 자기감 촉진, 가치 명료화와 가치 일관된 목표 설정		
상담의 초점	유연성 과정을 탐색하고 행동 목록을 확장함으로써 지속적인 회피와 심리적 경직성을 감소시킴		
상담전략	얽매인 생각, 현재 순간과의 부족한 접촉, 애매한 가치 및 경험적 회피를 다루어 심리적 유연성 향상시키기, 안정되고 유연한 자기감 키우기, 전념 행동 격려하기		

상담개입	'달콤한' 순간, 하늘과 날씨, 두 기차 비유, 시냇물에 떠내려가는 나뭇잎, 정서적 인식과 충동 조절을 촉진하기 위한 마음챙김 과정들
상담의 장애	남성 상담자와의 자극 일반화, 공격적인 행동 나타냄, 상담자에게 의존하고 그를 이상화함
문화적 상담	그들의 조상들로부터 전해진 자기혐오라는 점에서 입양가족의 편견과 학대를 치료적으로 구조화하여 다룸, 독서치료
상담의 예후	좋음에서 매우 좋음

대한 지각된 부당함(지속적인 촉발요인)에 대한 반응으로 보인다. 살아오는 동안 내내 Antwone은 인정받으려고 애썼고, 무시당하고 학대받고 버림받았던 것을 이해하려고 했으며, 위협적이거나 부당하게 지각되는 상황에 직면하면 맞서고, 타인과 조건적으로 관계를 맺음으로써 스스로를 보호하였다(부적응적 패턴).

(유발요인). 갈등 해결과 정서인식의 부족 그리고 극도의 의심이 이러한 패턴을 유지시키고 있다(유지요인). Antwone은 여러 가지 상담의 보호요인과 강점이 있는데, 여기에는 그의 유일한 애착 대상이었던 어린 시절의 가장 친했던 친구가 포함된다. 그는 똑똑하고, 다방면에 흥미가 있는 독서가이고, 적어도 최근까지는 정상적으로 진급을 하였다. 또한 그는 시를 쓰고, 두 가지 외국어도 배우고 있다. 게다가 그는 지난 공격적인 행동에 대해 처벌 조치를 대신하여 상담과 치료를 받도록 권장하는 군복지제도의 혜택을 받고 있다(보호요인/강점).

Antwone은 아프리카계 미국인으로서의 정체성을 갖고 있으며, 약간의 민족적 유대를 유지하고 있다(문화적 정체성). 그는 높은 수준의 문화적응을 보이지만, 그의 문화적 신념에 의해 악화된 것으로 보이는 인종차별을 계속 많이 경험하고 있다(문화적 스트레스/문화적응). 그는 자신의 문제가 아프리카계 미국인 입양가족의 인종적 비하와 학대 그리고 백인 동료와 해군 상관들의 인종적 도발의 결과라고 생각한다(문화적 설명). 성격과 문화적 요인들이 모두 작용하는 것으로 보인다[문화 그리고(또는) 성격].

Antwone이 더 효과적으로 기능하기 위해 도전해야 할 과제는 신중하게 타인을 알아 가고 믿어 가면서 그들과 관계를 맺는 것이다(적응적 패턴).

(상담목표). 상담은 유연성 과정을 탐색하고 행동 목록을 확장함으로써 지속적인 회피와 심리적 경직성을 감소시키는 데 초점을 둘 것이다(상담초점). 상담전략은 얽매인 생각, 현재 순간과의 부족한 접촉, 애매한 가치, 경험적 회피를 다루어 안정되고 유연한 자기감을 키우고, 전념 행동을 격려함으로써 심리적 유연성을 향상시키는 것이다(상담전략). '시냇물에 떠내려가는 나뭇잎'은 마음챙김의 개입 방법 중 하나인데 이는 자각, 생각과의 탈융합을 지원할 것이다. 이것은 또한 불안정한 상태로 있으면서 충동적인 의사결정과 공격적인 반응을 일으키는 감정을 인식하는 능력을 지원할 수 있다. 바디스캔 같은 그 외 마음챙김의 개입들과 감각에 초점을 맞추는 기술들은 그가 과거의 학대와 외상을 '다시 경험하는 것'이 아니라 기억하고 있다는 것을 알아차려서 현재의 순간에 머무르는 Antwone의 기술을 향상시킬 것이다. '하늘과 날씨'는 맥락

으로서의 자기와 조망수용의 심상 훈련으로, Antwone이 유기 불안과 굴욕의 경험, 학대에 대한 기억을 가지고 있지만 그가 이런 기억들은 아님을 이해하도록 도울 것이다. 이 과정은 경험을 담는 그릇으로서의 자기를 이해하도록 촉진하고, 목표 및 가치와 더 일관되는 의사결정을 하도록 거리와 자유를 제공할 것이다. 마지막으로 '고통과 가치-동전의 양면' 연습을 통한 가치의 명료화는 Antwone에게 내적인 불편감을 경험하게 하는 그러한 일들이 일반적으로 그에게 의미 있는 삶의 영역을 나타내고 있다는 것(즉, 그가 유기 불안에 민감한 것은 그가 친밀감과 관계에 가치를 두고 있기 때문이라는 것)을 이해하도록 돕고 이해력을 높일 것이다(상담개입). 특정한 상담의 장애와 도전을 예상할 수 있다. Antwone은 친절한 상담자를 그가 전혀 경험해 보지 못한 긍정적인 아버지상과 역할 모델로 빠르게 동일시할 가능성이 있다. 또한 이것이 내담자와 상담자 모두에게 예상 가능한 자극 일반화를 일으켜 Antwone이 공격적으로 행동화할 가능성이 있다(상담의 장애). 성격과 대인관계 상담에 초점을 두는 것과 더불어 효과적인 상담 결과를 얻으려면 편견의 문화적 차원, 즉 백인 동료와 상관들의 편견뿐만 아니라 그의 흑인에 대한 흑인의 편견 경험을 다룰 필요가 있다. 그에 대한 입양가족의 편견과 학대는 그들의 조상들로부터 그에게 전해진 자기혐오라는 관점에서 치료적으로 구조화하는 것이 유용할 것이다. 그다음 이를 치료적으로 다룰 수 있을 것이다. 그는 독서광이므로, 이러한 형태의 편견을 분석하고 설명하는 책과 기사를 활용한 독서치료가 유용한 치료적 매체가 될 수 있다(문화적 상담). Antwone이 가진 자원들에 변화하고자 하는 그의 동기를 더하면, 예후는 좋음에서 매우 좋음으로 보인다(상담의 예후).

Maria의 사례

Maria는 17세의 1세대 멕시코계 미국 여성으로 기분 변화 때문에 상담에 의뢰되었다. 그녀는 집에 남아서 말기의 병을 앓고 있는 어머니를 간호하지 않고 대학으로 공부하러 떠나야 하는지에 대한 결정을 두고 갈등하고 있다. 가족은 그녀가 집에 남기를 바라고 있다. 그녀는 언니에게 화가 났는데, 언니는 부모님이 그들의 문화에서는 부모가 나이 들거나 병에 걸리면 부모를 보살필 것을 '요구한다'고 주장하자 17세에 집을 나갔다. 그녀의 백인 친구들은 그녀에게 대학에 가서 꿈을 펼치라고 권하고 있다.

ACT 평가 Maria는 비록 단 한 번 시험 삼아 술을 마신 것 때문에 부모님에 의해 상담이 의뢰되었지만, 그녀는 알코올이나 어떠한 다른 약물도 사용하지 않는다고 단언하였다. 약물남용이나 정신장애에 대한 가족력은 없다. Maria는 술을 마신 경험에 '관심도 없고', 술은 "나를 아프게만 할 뿐이고 아무것도 아니더라고요."라고 말했다. 그녀는 어떤 건강문제도 없거니와 어떤 약물도 사용하지 않는다고 했다. 그녀는 또한 과거에도 기분 전환용 약을 사용한 적이 없다고 하였다. Maria는 타인의 기분을 맞춰 주려고 한다. 타인에게 의존하며, 그녀의 다른 의견을 표현하는 것과 대립하는 것을 힘들어한다. 그녀의 부모님은 엄격하고 요구하는 것이 많다. 그들은 Maria가 자녀들이 연로하거나 아픈 부모를 보살펴야 한다는 문화적 기대에 바탕을 둔 '옛날 방식'을 따라야 한다고 주장하고 있다. 한편 Maria는 백인 친구들이 대학에 가서 꿈을 펼치라고 권하고 있어서 갈등하고 있다. 이것은 Maria와 '그녀가 언니처럼 되길' 바라지 않는 부모님 사이의 갈등을 일으키고 있다. 가족은 Maria가 4세 때 멕시코에서 미국으로 이민 왔다. Maria의 부모님은 그녀를 그들의 통역자로 의지하고 있다. 〈표 10-4〉에 종합형 사례개념화의 주요 요소에 따라 진단적 평가와 ACT 평가 결과를 요약하였다.

표 10-4 ACT 사례개념화의 요소

호소문제	우울, 혼란, 실험적인 알코올 사용	
촉발요인	대학으로 떠날 것인지 아니면 남아서 부모님을 보살필 것인지에 대한 압박과 갈등(현재의 촉발요인), 자립과 홀로서기의 기대 또는 자기희생으로 타인의 욕구를 충족시키려는 바람(지속적인 촉발요인)	
부적응적 패턴	타인의 욕구는 충족시키지만, 자신의 욕구는 충족하지 못함	
유발요인	융합	'중간에 끼어 있다'는 생각과 '침체되고' '압박받는' 감정에 얽매여 있음
	회피	직면, 갈등, 실패
	경직된 주의	부모님을 거역하거나 정서적 반응을 눈치채지 못하면 '나쁜 딸'이 될 거라는 관념화된 미래에 대한 경직된 주의
	관념화된 자기에 대한 집착	'반항적인 딸' 또는 부모님이 받기를 원하는 도움의 방향으로 움직이면 '실패자'로 자기개념을 융합함
	단절된 행동	실험적으로 알코올을 사용해 봄으로써 감각을 없애거나 회피하려는 시도
	불명확한 가치	명확하지 않고 갈등을 일으키는 문화적 가치와 사회적 가치
유지요인	의존적이며 호감을 사려는 스타일, 부족한 자기표현, 문화적 기대	
보호요인/강점	견실한 가족, 사회적/종교적 가치관, 성공적인 학생, 유대가 긴밀하고 안전한 문화공동체	
문화적 정체성	노동자 계층의 멕시코계 미국인	
문화적 스트레스/문화적응	낮거나 보통 수준의 문화적응, 부모와 문화의 기대에 대한 양가감정에서 오는 스트레스	
문화적 설명	'믿음의 부족'으로 문제가 발생함	
문화 그리고(또는) 성격	성격과 문화적 요인들이 함께 작용함	
적응적 패턴	자신과 타인의 욕구 충족하기	
상담목표	개인적 가치와 문화적 가치를 이해하고 자유롭게 선택하기, 가족 교육과 개입을 통해 온전한 수용과 안녕감 제공하기	
상담의 초점	삶의 원칙에 대한 자각 향상하기, 개인과 가족 그리고 문화적 가치와 일치하는 목표 설정하기	

상담전략	가치의 애매모호함을 줄이고, 얽매여 있는 생각, 현재 순간과의 빈약한 접촉, 지속되는 정서적 경험, 갈등과 직면에 대한 실험적 회피를 다룸으로써 심리적 유연성 늘리기, 안정되고 유연한 자기감을 발달시키고 전념 행동을 격려하기
상담개입	생각 적기, '묘비'와 '추도사' 연습, 가족 및 문화적 가치, 목표 명료화, 세 가지 자기 모습, 자기표현 훈련—경계설정, '입장을 표명하는' 역할 연기
상담의 장애	부모와 문화적 기대에 굴복할 수 있음, 상담자의 호감을 사려고 함, 상담자는 무의식적으로 자율성을 옹호할 수 있음
문화적 상담	돌보는 역할에 대한 문화적 기대와 호감을 사려는 욕구를 다룸, 부모의 문화적 기대를 다루는 가족상담, 스페인어를 하는 상담자와 짝을 이루거나 통역자 확보
상담의 예후	보통에서 좋음

사례개념화 진술문   Maria의 우울 증상, 혼란, 최근의 실험적인 알코올 사용(호소 문제)은 대학으로 떠날 것인지 아니면 남아서 부모님을 보살필 것인지에 대한 압박과 갈등(현재의 촉발요인) 그리고 자립과 홀로서기의 기대 또는 자기희생으로 타인의 욕구를 충족시키려는 바람(지속적인 촉발요인)에 대한 반응으로 보인다. Maria는 지금까지 살아오면서 착한 딸과 좋은 친구가 되려고 애썼고, 점차 자신의 욕구를 충족하기보다는 타인의 욕구를 충족시키는 데 열중하였다(부적응적 패턴). Maria는 '중간에 끼어 있다'는 생각과 '침체되고', 친구와 부모님 모두에게 '압박받는' 감정과 융합된 것으로 보인다. 또한 이 사례에서는 경험적 회피도 나타났다. 비록 이때에 임상적 문제로 확대되지는 않았지만, Maria는 감정의 직면, 갈등 또는 죄책감을 회피하는 수단으로 시험 삼아 술을 마셨다. 그녀는 또한 그녀가 친구나 부모님을 반드시 실망시키게 될 거라는 생각으로 관념화된 미래에 대한 경직된 주의를 보이고 있다. 따라서 그녀는 자기 자신을 가족의 곁을 떠나기로 선택한 언니와

같은 '반항적인 딸' 그리고 백인계 친구들에 따르면 자신의 꿈을 추구하기 위해 자신을 위한 결정을 하지 못하는 사람이라는 점에서 '실패자'의 둘 중 하나로 보고 있다. Maria 사례의 주요 문제는 미국의 사회적 가치와 원가족 문화의 가치 간의 논리적인 갈등과 관련이 있는 것으로 보인다. Maria는 그녀가 '좋은 딸'이 되지 못하거나 행복한 삶을 완전히 살지 못할 거라고 엄격하게 결정하는 이 갈등으로부터 '규율들'을 이끌어 냈다(유발요인). 그녀의 낮은 수준의 자기표현과 부모님을 실망시키고 싶지 않은 마음이 이런 패턴을 유지하도록 하였다(유지요인). Maria가 가지고 있는 몇 가지 상담의 보호요인은 건실한 가족, 사회적/종교적 가치관으로, 이것은 그녀가 활기찬 삶의 목표를 설정하도록 동기를 부여하는 것이다. 그녀의 강점은 지적 능력과 과거 성공적인 학교생활이다. 그녀는 또한 안전함과 지지받음을 느낄 수 있는 유대가 긴밀한 가족과 문화공동체로부터 혜택을 받고 있다(보호요인/강점).

Maria는 자신을 전통 문화에 보통 수준으로 참여하고 있는 노동자 계층의 멕시코계 미국인이라고 하였다(문화적 정체성). 그녀의 문화적응 수준은 낮음에서 보통 수준인 반면에, 부모님의 문화적응 수준은 낮은 편이다. 그녀의 언니가 다 큰 딸은 자기 자신보다 부모의 요구에 맞춰야 한다는 문화적 명령에 따르기를 거부했기 때문에, 지금은 그 책임이 Maria에게 있다. 문화적 규범과 기대를 따를 것인지 아니면 자기 자신의 목표를 따를 것인지에 대한 양가감정이 Maria를 매우 괴롭히고 있다(문화적 스트레스/문화적응). 그녀는 자신의 문제를 낮은 수준의 문화적응과 일치하는 신념인 '믿음의 부족' 때문이라고 설명하고 있다. 그녀와 가족이 미국에 도착했을 때는 약간의 차별을 겪었지만, '보다 안전한' 멕시코계 미국인 이웃들이 있는 곳으로 이사하면서 그 일은 해결되었다(문화적 설명). 성격과 문화적 요인이 모두 작용하는 것으로 보인다. 구체적으로 의존성을 조장하는 문화적 역동, 즉 착한 딸은 잠자코 부모님을 보살펴야 한다는 것이 그녀의 의존적 성격 역동을 강화하고 있다[문화 그리고(또는) 성격].

Maria가 도전해야 할 과제는 타인의 욕구와 자기 자신의 욕구를 함께 충족하는 것이다(적응적 패턴).

(상담목표). 상담은 삶의 규율에 대한 자각을 높이고 개인과 가족 그리고 문화적 가치와 일치하는 목표를 설정하는 데 초점을 둘 것이다(상담의 초점). 상담전략은 가치의 애매모호함을 줄이고, 얽매인 생각, 현재의 순간 및 일어나고 있는 정서적 경험과의 빈약한 접촉, 그리고 갈등과 직면에 대한 경험적 회피를 다루고, 안정적이고 유연한 자기감을 발달시키고, 전념 행동을 격려함으로써 심리적 유연성을 증진하는 것이다(상담전략).

(상담개입). 예상할 수 있는 상담의 장애와 도전은 Maria가 상담자의 제안과 회기의 과제에 선뜻 동의함으로써 상담자의 호감을 사려 할 가능성과 곧이어 갈등하고 그것을 실행하지 못할 가능성이다. 또한 내담자가 부모님의 기대에 굴복할 가능성이 있다. 따라서 상담자는 상담 초기에 예측적인 판단을 하고, 이런 일이 일어나면 그것을 실패로 간주하지 말고 치료적으로 다루어야 한

다. 마지막으로, 의존적인 내담자와 상담을 하는 상담자는 자신의 욕구와 가치관이 상담의 장애가 될 수 있음을 예상해야 한다. 이런 현상은 상담자가 무의식적으로 내담자를 옹호하면서, 내담자가 충분히 준비도 되기 전에 내담자에게 독립적이고 자율적이 되기를 기대할 때 일어날 수 있다(상담의 장애). 또한 효과적인 상담 결과를 얻으려면 관련 문화적 역동을 다루어야 할 것이다. 구체적으로, 믿음의 부족이 Maria 문제의 근원이라는 설명모형을 치료적으로 다루는 것이 포함된다. 이런 신념의 특징과 강도에 따라 교육과 인지적 논박(즉, 탈융합)이 필요할 수 있다. 또한 부모님을 보살피는 것에 대한 문화적 기대는 호감을 사려는 그녀의 욕구의 관점에서 다룰 것이다. 이 밖에 부모님이 그녀에게 하고 있는 그들의 문화적 기대를 재검토해 보고 조정할 수 있는 가족상담이 필요할 수 있다. Maria가 부모님의 통역자 역할을 주기적으로 하고 있는 점을 감안하여, 스페인어를 하는 상담자가 Maria와 짝을 이루거나, 가족상담 회기에는 통역자를 확보하는 것이 중요하다(문화적 상담). 그러나 현재 그녀의 낮은 문화적응 수준과 의존적 성격 역동을 감안하면, 상담의 예후는 보통에서 좋음 범위에 있다(상담의 예후).

Richard의 사례

Richard는 41세의 백인 남자로 최근의 이혼 이후 불안, 슬픔, 분노가 있는 것으로 평가되었다. 그는 현재 혼자 살고 있으며, 기계설비 기사로 일하고 있고, '완벽한 여자를 찾을 수 있는' 야간 업소에 자주 가고 있다. 그는 지난 6년 동안 4개의 일자리를 가졌고, 마지막 직장에서는 여자 동료가 대든다고 주먹으로 벽을 쳐서 해고당했다. 그는 알코올중독인 부모의 외아들로, 부모는 '항상 싸웠다'고 했다.

ACT 평가   이전 상담에서 Richard는 그의 행동에 대한 통찰을 말로 표현하였다. "나는 내가 우리 아버지 같다는 걸 압니다. 아버지는 항상 엄마와 다른 사람들에게 가혹하고 폭력적이었어요." 이것은 Richard가 그의 아버지의 공격적인 성향으로 알려진, 편협하고 변경 불가능해 보이는 자기감과 일치된 반응을 하고 있음을 나타낸다. 그는 또한 타인과 갈등이 있을 때나 좋은 결과를 얻지 못할 때, '앙갚음'하기 위해 화를 내고 거칠게 대한다고 보고하였다. 공격은 회피 전략과 단절된 행동의 두 가지 기능으로 나타난다. 그가 이런 패턴에 대해 서술적인 통찰은 하는 것으로 보이지만, 이에 대한 행동적 적용은 고심하고 있다. 또한 관념화된 과거에 대한 경직된 주의가 이런 반응 패턴을 유지시키고 있는 것으로 보인다. '내 방식대로 할 것'이라는 생각과 열등감과의 융합은 그가 돌출 행동을 하는 상황을 악화시키고 있다. 그는 상담자와 상담하면서 추가 시간을 요구하였으며, 상담 일정을 무시하거나 장악하려고 하고, 그의 지속적인 어려움에 대해 타인을 비난하였다. 그가 할머니와의 관계에 대해 밝힌 바와 같이 그가 지속적으로 하는 많은 행동들은 받아들여지고 안전함을 느끼고자 하는 잠정적인 가치와 목표에 역효과를 내고 있다. 〈표 10-5〉에 종합형 사례개념화의 주요 요소에 따라 진단적 평가와 ACT 평가 결과를 요약하였다.

사례개념화 진술문   Richard의 분노 폭발, 슬픔, 불안(호소문제)은 최근의 이혼과 벽을 친 것으로 마지막 직장에서 해고당한 것(현재의 촉발요인) 그리고 자기 평가, 혼자 있음, 또는 특별한 존재로 여기지 않는 타인의 지각(지속적인 촉발요인)에 대한 반응으로 보인다. 청소년기부터 그는 자신을 높이고 공격적인 스타일로 타인을 무시하고 학대하여, 안전하고 만족스러운 관계를 유지하는 데 어려움이 있었다(부적응적 패턴).

표 10-5　ACT 사례개념화의 요소

호소문제	분노 폭발, 슬픔, 불안		
촉발요인	최근의 이혼과 벽을 친 것으로 마지막 직장에서 해고당함(현재의 촉발요인), 자기에 대한 평가, 혼자 있음, 또는 특별한 존재로 여기지 않는 타인의 지각(지속적인 촉발요인)		
부적응적 패턴	타인을 무시하고 이용하면서 자신을 높임		
유발요인	융합	사고	'어떻게든 나는 내 방식대로 할거야.'
		감정	좌절, 슬픔, 불안
	회피	지각된 열등감 회피	
	경직된 주의	관념화된 과거에 주의	
	관념화된 자기에 대한 집착	자기 자신을 아버지와 어린 시절 환경의 산물로 봄	
	단절된 행동	거칠게 대함, 싸움, 공격적인 행동	
	불명확한 가치	비판단, 수용, 대인 간의 안전함	
유지요인	충동성, 제한된 관계 기술, 공감 능력 부족		
보호요인/강점	할머니와의 안정된 애착, 회복탄력성과 지도력이 있고 매력이 있음		
문화적 정체성	중산층 백인 남자		
문화적 스트레스/ 문화적응	높은 문화적응 수준, 분명한 문화적 스트레스는 없으나 치료과정에서 특권의식은 탐색되어야 함		
문화적 설명	학대하고, 사랑을 주지 않은 부모에 의해 초래된 불안, 분노, 슬픔		
문화 그리고(또는) 성격	성격 역동이 작용함, 그러나 특권의식은 탐색되어야 함		
적응적 패턴	자신감 갖기와 타인 존중하기		
상담목표	탈융합 기술과 '유용성' 개념 소개하기, 정서적 통제에 대한 어젠다 약화시키기, 가치의 명료화와 삶의 수용 증가하기, 이혼과 할머니의 죽음에 대한 슬픔 다루기		
상담의 초점	유연성 과정을 탐색함으로써 지속적인 회피와 굳어진 공격적인 반응 줄이기		
상담전략	자기 관념에 얽매임을 다루고 조망수용 기술을 소개하여 심리적 유연성 지향하기, 가치와 계속 일어나는 사적 경험에 대한 부족한 자각에 대해 다루기		

상담개입	클립보드 연습, 양철깡통괴물 마음챙김 연습, 자신의 장례식 가치 연습에 참여하기, 회기에서 대인관계 과정을 행동적 실험을 통해 전념 행동하기
상담의 장애	자신의 문제적 행동들을 최소화하기, 상담자의 이상화 또는 폄하, 거만한 태도
문화적 상담	문화적 초점의 상담은 필요하지 않으나 특권의식 역동을 다뤄야 함
상담의 예후	보통

_____

_____

_____

_____

(유발요인). 이 패턴은 공감 능력 부족, 충동성, 그리고 관계 기술 부족으로 유지되고 있다(유지요인). 할머니와의 안정된 애착은 Richard의 보호요인으로 작용하고 있으며, 그가 타인을 보살피는 능력이 있다는 증거가 된다. 상담에서 보이는 Richard의 가장 두드러진 강점은 회복탄력성이다. 또한 그는 지도력이 있고 매력이 있다(보호요인/강점).

　Richard는 중산층 백인 남자로서의 정체성을 가지고 있다(문화적 정체성). 그의 문화적응 수준은 높은 편이며, 분명하게 드러난 문화적응 스트레스 징후는 없다(문화적 스트레스/문화적응). 그는 분노, 슬픔, 불안이라는 최근의 문제가 술만 먹으면 항상 싸우기만 했던, 학대적이고 사랑이 없었던 부모에게서 물려받은 나쁜 본보기의 결과라고 생각한다(문화적 설명). 마지막으로 성격 역동이 우세하게 작용하며 그의 호소문제와 패턴을 적절히 설명하고 있으나, 상담에서 그의 권리의식과 특권의 경험을 탐색해 보는 것이 유용할 것이다[문화 그리고(또는) 성격].

　보다 효과적으로 기능하기 위해 Richard가 도전해야 할 과제는 타인을 더 존중하려고 노력하면서 자신감을 갖는 것이다(적응적 패턴).

(상담목표). 상담은 유연성 과정을 탐색함으로써 지속적인 회피와 굳어진 공격적 반응을 줄이는 데 주된 초점을 둘 것이다(상담의 초점). 상담전략은 심리적 유연성을 목표로 자기 관념에 얽매임을 다루고, 조망수용 기술을 소개하는 것이다. 또한 가치와 계속 일어나는 사적 경험에 대한 부족한 자각을 다루는 전략들이 활용될 것이다(상담전략). 클립보드 연습은 Richard를 상담에 적응하도록 하고 사적 경험으로부터의 탈융합을 경험적으로 이해하도록 하는 데 활용될 것이다. 양철깡통괴물 연습은 내담자의 경험이 하나의 크고 압도적인 성분이 아니라 많은 다른 부분으로 이루어져 있다는 것(즉, '개별적인 양철깡통이 끈으로 연결된 30피트짜리 괴물')을 소개하는 데 사용할 것이고, 이것은 내담자가 자신의 경험의 부분들, 즉 생각, 감정, 신체 감각, 행동 그리고 기억에 대한 자각을 높이도록 한다. 그다음 내담자는 자신의 장례식에 참석하는 심상 훈련을 할 것이다. 이 훈련의 목표는 타인의 기준을 통해 내담자가 자신의 행동과 반응을 알아차릴 수 있는 균형감을 키우는 것이다. 이 훈련은 가치(즉, '누가 당신의 장례식에 참석할까?' '그들은 무슨 말을 할까?' '당신은 그들이 무슨 말을 하길 바라나?')를 선택하고 명료화하는 것을 촉진할 것이다. Richard가 그가 되고 싶은 사람의 유형, 그가 살고 싶은 삶의 유형, 그리고 그가 타인에게 어떻게 행동하길 원하는지를 확실히 이해하면, 상담자는 이 행동들을 상담에서

연습하는 맥락을 제공할 것이다. Richard는 그가 상담자에게 반응하는 방식으로 전념 행동을 연습하는 기꺼운 마음을 낼 것이고, 수용되고, 보살핌을 받고, 비판적이지 않고 안전함을 느끼는 관계 속에서 공감, 수용과 겸손을 연습하게 될 것이다(상담개입). 예상할 수 있는 상담의 장애와 도전은 Richard가 환경이나 타인을 비난함으로써 자신의 문제적 행동을 최소화시킬 가능성이다. 상담의 시작단계에서는 그가 상담자에 대한 이상화 또는 폄하를 번갈아 보일 것으로 예상된다. 그의 특권의식과 거만한 태도는 상담자의 경직된 반응을 활성화시킬 수 있다. 게다가 자기애적 특징이 있는 내담자들은 대부분 증상, 시급한 갈등 또는 스트레스 요인이 충분히 줄어들면 상담을 중단하는 일이 흔하기 때문에, 내담자가 지속적인 상담을 해야 도움이 된다고 생각하는 상담자는 상담의 시작 시점과 그 이후에 내담자의 근원적인 부적응적(즉, 유용하지 않은) 패턴이 충분히 변화되지 않으면 비슷한 이슈와 문제가 앞으로도 반드시 일어날 것이라고 알려 줄 필요가 있다(상담의 장애). 주요하게 영향을 미치는 것이 성격 역동이기 때문에 문화적 초점의 상담은 필요 없지만, 그의 권리와 특권에 대한 의식은 탐색해야 할 것이다(문화적 상담). 그러나 조건적으로 관계를 맺는 내담자의 태도, 여러 번의 해고와 충동성 때문에 현재 상황에서 예후는 보통으로 평가된다(상담의 예후).

Katrina의 사례

Katrina는 13세의 혼혈 여성이다. 그녀는 최근 우울 증상, 학업성적의 부진, 반항적인 행동, 학교에서 다른 학생들과의 싸움 때문에 생활지도 상담사에 의해 상담이 의뢰되었다. 그녀의 공격적인 행동과 학업문제는 아버지가 8년 동안 바람을 피웠다는 어머니와 이모의 대화를 우연히 들은 이후 지난 6개월에 걸쳐 증가되었다. 그녀는 그 결과 아이가 두 명 있다는 사실을 알고서 충격에 빠졌다. 그 외 다른 문제는 교실에서 다른 친구들과의 몇 번의 싸움, 어머니와의 잦은 갈등, 지난 6개월간 15일 결석, 학업에 대한 흥미 감소이다. 이전에 그녀는 뛰어나게 공부를 잘했는데, 지금은 그림 그리기, 독서와 같은 그녀가 좋아했던 활동에서도 뚜렷하게 흥미를 잃고 있다. Katrina의 아버지는 현재 푸에르토리코에 살고 있으며, 가족과는 접촉이 없다. Katrina는 학교 근방 작은 아파트에서 어머니와 남동생과 살고 있다. 그녀는 1년 전 아버지가 가족을 떠나기 전에 살았던 주택에서 집을 줄인 이후로 공간의 부족으로 힘들다고 토로했다.

ACT 평가　Katrina는 미성년자이기 때문에 Katrina와 그녀의 어머니인 Julia가 함께 하는 첫 면접이 1회기에 있었다. Julia는 Katrina가 본질적으로 '누구도 믿지 않기 때문에' 누구와도 자신의 문제를 논의하지 않는다고 하였다. Katrina도 이런 설명에 동의하였고, 더 나아가 그녀가 무엇을 해야 하는지 들어야 하는 거라면 상담에 참여하는 것에 관심이 없다고 말했다. Katrina에게는 자기노출을 하는 것이 매우 어려웠고, 어머니인 Julia는 그녀가 말하려고 애쓰고 있을 때 그녀 대신 말하려고 종종 끼어들곤 했다. Julia는 Katrina의 아버지는 비판적이었고 Katrina의 어린 시절 내내 정서적으로 철회했다고 말했다. Katrina 또한 "나는 진짜로 아빠가 없어요, 진짜 아빠는 자신의 가족을 돌보고 보살피니까요."라고 하였다. 그녀는 어머니와 선생님들이 자신들의 의지를 그녀에게 강요하려고 해서 좌절감을 느낀다고 하였다. 기능적 분석을 해 보면, Katrina의 반항적인 행동은 그녀에게 자율감과 힘을 주었을 가능성이 있다. 또한 그녀는 과거에 아버지가 어머니를 이용했던 것에서 비롯된 것으로 보이는 규율, 즉 '약함을 보이는 것은 사람들이 너를 이용할 거라는 의미이다'와 같은 생각과 융합된 것으로 보인다. 이것은 권위와 통제에 관한 또 다른 경직된 규율을 초래한 것으로 보인다. 〈표 10-6〉에 종합형 사례개념화의 주요 요소에 따라 진단적 평가와 ACT 평가 결과를 요약하였다.

표 10-6   ACT 사례개념화의 요소

호소문제	사회적 고립, 반항적이고 공격적인 행동, 우울 증상		
촉발요인	그녀 아버지의 불륜과 그 결과 생긴 아이들에 대한 인식(현재의 촉발요인), 타인에게 폭력을 당하거나 통제를 받고 있다고 여겨지면 보복함 (지속적인 촉발요인)		
부적응적 패턴	위해와 거절로부터 자신을 보호하기 위해 권위 있는 대상과 또래들에게 맞섬		
유발요인	융합	생각	'약함을 보이는 것은 사람들이 너를 이용할 거라는 의미다.'
		감정	외로움, 무능함, 좌절
	회피	인지된 거절과 자유의 상실에 대한 감정 회피	
	경직된 주의	관념화된 과거에 주의, 감정에 대한 부족한 통찰	
	관념화된 자기에 대한 집착	자신을 무능하고 하찮은 존재로 봄	
	단절된 행동	사납게 대듦, 반항적이고 공격적인 행동, 학업에 흥미 상실	
	불명확한 가치	독립, 창조, 강함	
유지요인	도움을 요청하는 것을 꺼림, 낮은 수준의 상담동기, 사회적 고립과 부족한 지지체계		
보호요인/강점	이모와 어린 남동생과 친함, 총명함, 창의적임, 회복력 있음		
문화적 정체성	히스패닉계-아프리카계 미국인		
문화적 스트레스/ 문화적응	보통 수준으로 문화적응됨, Katrina 어머니의 문화적응은 낮은 수준이고 문화적응 스트레스가 있음.		
문화적 설명	그녀는 우울하다고 인정하지 않으며, 타인이 요구를 덜 하거나 덜 통제적이면 좋아질 거라고 생각함		
문화 그리고(또는) 성격	문화와 성격 역동 둘 다 호소문제에 영향을 주는 것으로 판단됨		
적응적 패턴	신뢰하는 능력을 기르고, 보다 안전감을 느끼고, 타인과 더 좋은 관계 맺기		
상담목표	유용하지 않은 생각을 잘 이해할 수 있도록 탈융합 기술들 소개하기, 거칠고 공격적인 행동의 유용성에 문제 제기하기, 가치 기반의 반응 지원하기		

상담의 초점	유연성 과정을 탐색함으로써 지속적인 회피와 굳어진 공격적 반응 줄이기
상담전략	얽매여 있는 자기 관념을 다루고, 조망수용 기술을 소개하여 심리적 유연성 지향하기, 가치에 대한 빈약한 자각과 계속 일어나는 사적 경험들 다루기
상담개입	버스에 탄 승객, 두 기차 비유, 행동연습, 창의적인 마음챙김과 글쓰기 활동, 가족상담
상담의 장애	개인상담과 집단상담에 저항할 가능성 있음, 가족상담 중에 어머니에게 감정 폭발이 예상됨, 자기노출의 어려움
문화적 상담	보통에서 낮은 문화적응 수준을 보이는 Katrina와 어머니 모두를 감안하여 문화적으로 민감한 개입이 필요함
상담의 예후	보통에서 좋음

사례개념화 진술문　　Katrina의 사회적 고립, 공격적이고 반항적인 행동 그리고 우울 증상(호소문제)은 그녀 아버지의 불륜과 그 결과 생긴 아이들에 대한 최근의 소식(현재의 촉발요인)에 대한 반응으로 보인다. Katrina는 폭력을 당하거나 타인에게 통제를 받고 있다고 여겨지면 보복하는 경향이 있다(지속적인 촉발요인). Katrina의 아버지와의 관계 결핍과 부모에 대한 신뢰 부족을 고려해 보면, 그녀는 앞으로 있을 수 있는 위해와 거절로부터 자신을 보호하기 위해 권위 있는 대상과 또래들에게 맞서는 대응을 한다. 요약하면, 그녀의 패턴은 불륜으로 인한 아버지에 대한 신뢰 부족의 관점에서 이해할 수 있다. 게다가 아버지에게 거부당하고 있다는 그녀의 지각이 불신을 포함한 핵심 신념, 타인의 의도에 대한 피해망상, 그리고 타인과의 안전감 부족에 영향을 준 것으로 보인다(부적응적 패턴).

――――――――――――――――――――

――――――――――――――――――――

――――――――――――――――――――

――――――――――――――――――――

(유발요인). Katrina의 패턴은 도움을 요청하는 것에 대한 비자발성, 상담 참여에 대한 낮은 동기 수준, 사회적 고립과 부족한 지지체계, 순종을 엄하게 강요하는 어머니와 선생님들, 그녀의 낮은 좌절 인내력 그리고 부족한 자기주장 기술로 유지되고 있다(유지요인). 현재의 여러 가지 문제에도 불구하고, Katrina는 이모와 어린 남동생과 매우 친하게 지낸다고 보고하였다. 가족과의 친밀한 관계 외에 Katrina는 남동생에 대해 책임감을 느끼고 위험으로부터 남동생을 보호하기 위해 그녀가 할 수 있는 모든 것을 하고 있다고 이야기했다. 마지막으로, 그녀의 강점으로는 훌륭한 예술가가 되고자 함, 확고한 의지, 총명함, 공감적임, 창의적임이 있다(보호요인/강점).

Katrina는 이성애자이고 혼혈이라는 정체성을 가지고 있다. 그녀는 히스패닉계와 아프리카계 미국인으로 정체감을 느끼고 있으나, 어느 한쪽의 정체성에 편향된 민족적 전통과 문화적 전통은 거의 없다고 보고하였다. 그녀는 친구들과 더 친했으면 좋겠고, 친구들 앞에서 어머니에게 스페인어로 말하는 것을 특이하거나 이상하게 여기지 않았으면 좋겠다고 말했다(문화적 정체성). 그녀는 보통 수준으로 문화적응이 되어 있고, 비록 어머니가 집에서는 스페인어를 사용라고 요구하지만, 집 밖에서는 스페인어로 말하는 것을 좋아하지 않는다. Katrina의 어머니는 낮은 수준의 문화적응을 보이는데, 그 증거로는 영어로 말하는 데 어려움이 있고, 영어로 말하는 친구들이 거의 없으며, 푸에르토리코계-아프리카계 1세대 미국인이고, 미국에서 사는 것이 행복하지 않으며, Katrina가 고등학교를 졸업하면 푸에르토리코로 돌아갈 계획이라고 말하는 점을 들 수 있다(문화적 스트레스/문화적응). Katrina는 자신이 우울하다고 생각하지 않지만, 사람들이 덜 통제하고 '덜 권위적'이면 사람들에게 짜증이 덜 날 것 같다고 느낀다(문화적 설명). 중간 수준의 문화요인과 중간 수준의 성격 역동이 호소하는 문제들에 영향을 미치는 것으로 보인다[문화 그리고(또는) 성격].

Katrina가 보다 효과적으로 기능하기 위한 도전과제는 타인을 신뢰하고 더 안전하다고 느끼며 타인과 더 잘 관계를 맺는 능력을 키우는 것이다(적응적 패턴).

_____

_____

_____

_____

(상담목표). 상담의 초점은 유연성 과정을 탐색함으로서 지속적인 회피와 굳어진 공격적 반응을 줄이는데 둔다(상담의 초점). 기본적인 상담전략은 심리적 유연성을 목표로 자기 관념에 얽매임을 다루고, 조망수용 기술을 소개하는 것이다. 또한 상담자는 Katrina가 자신의 가치와 계속 일어나고 있는 사적인 경험을 더 잘 이해할 수 있도록 도울 것이다(상담전략).

_____

_____

_____

_____

(상담개입). 예상할 수 있는 상담의 장애와 도전은 상담에 대한 Katrina의 동

기가 낮고, 피해망상적인 성향이 반항적인 행동으로 이어질 수 있다는 것이다. 그리고 그녀가 믿지 못하기 때문에 상담자와 개인적인 문제를 논의하는데 어려움이 있을 것이고, 종종 상담자를 떠보는 행동을 할 것으로 예상된다(상담의 장애). 상담은 Katrina와 어머니의 문화적응 수준을 감안하여 몇 가지 문화적으로 민감한 요소를 다룰 것이다. 상담자가 내담자의 행동, 특히 어머니 행동의 기능에 의미 있는 맥락적·문화적 영향력이 포함될 수 있다는 점을 인식하는 것이 중요하다. 따라서 히스패닉 배경이라는 점을 고려하여 상담자가 자신도 모르게 과감한 개성을 격려하지 않도록 주의해야 한다. 추가적으로 성역동이 문제가 될 수 있으므로 Katrina에게 여성 상담자를 배정하는 것이 유용할 수 있다(문화적 상담). Katrina가 상담과정에 더 참여할 수 있고 그녀의 강점을 활용하고 이모의 지원을 받을 수 있다면, 예후는 보통에서 좋음으로 평가된다(상담의 예후).

기술향상 연습: ACT 사례개념화

6장의 기술향상 연습에서 언급한 바와 같이, 여러분은 사례개념화 진술문의 특정 요소가 빈칸으로 되어 있음을 알 것이다. 이런 빈칸은 구체적인 답이 제공되어 여러분의 사례개념화 기술을 더 정교화할 수 있는 기회가 될 것이다. 각 사례마다 간략하게 유발요인의 진술문, 상담목표, 그리고 이론에 상응하는 세부적인 상담개입을 작성하라.

질문

1. ACT 관점과 실행이 앞의 장들에서 제시한 사례개념화 모형들과 어떻게 다른지 논의하라.
2. 제시된 여러 ACT 영역을 비교하고, 이 원리가 ACT 사례개념화에 어떻게 들어가 있는지 논의하라.
3. ACT 사례개념화의 구성요소를 도출하기 위해 제공된 답을 찾아보고, 내담자에게서 이런 통찰을 구하는 목적을 논의하라.
4. ACT 사례개념화의 주요 요소들을 논의하고, 이러한 핵심 요소들이 ACT 관점의 사례개념화 구성요소에 어떻게 영향을 미치는지 논의하라.
5. Geri의 사례에서 ACT의 다섯가지 주요 특징(〈표 10-1〉)을 단기역동 심리치료의 주요 특징(〈표 8-1〉)과 비교하라.

부록

Antwone의 사례

유발요인

Antwone은 위협으로 지각되는 상황이나 괴로움을 느낄 때 공격적인 반응을 하는 경직된 규율과 융합된 것으로 보인다. 이것은 그가 야단맞고 학대받았던 어린 시절의 기억에서 비롯되었을 가능성이 있으며, 관념화된 과거에 대한 경직된 주의의 가능성을 알려 주고 있다. 현재의 상황은 과거의 사건으로 Antwone의 주의를 끌어 '거칠게 대드는 것' 같은 과거의 반응전략을 일으키고 있다. Antwone는 청소년기에 더 이상은 어떠한 학대도 참고 견디지 않으려고 반항하는 바람에 양어머니 집에서 쫓겨났고, 이를 극복하기 위해 이러한 전략을 취하였다. 또한 과거에 대한 경직된 주의는 자기 관념을 '약한' 또는 '쓸모없는' 사람으로 악화시키며, 실제적이거나 지각된 위협을 무력화하기 위해 공격적인 행동을 하도록 한다. 또한 공격적인 행동은 슬픔, 버림받음에 대한 자각, 그리고 그 외 유쾌하지 않은 어린 시절의 경험과 관련된 원치않는 감정들을 억압하거나 무시하는 기능을 할 수 있다. Antwone은 군복무를 잘 수행하고 가정을 꾸리고자 하는 강한 가치와 바람을 갖고 있으나 그러한 가치를 목표와 지속적인 행동으로 연결하는 것은 힘겨워 보인다.

상담목표

Antwone의 많은 문제가 내적 혼돈과 혼란에서 기인된 점을 고려해 보면, 상담의 주요 목표는 정서 인식을 발달시키고, 회복력을 지원하고, 충동 통제를 증가시키기 위해 수용과 마음챙김을 향상시키는 것이다. 두 번째로 자각 과정은 트라우마와 가족 갈등을 다루면서 안정된 자기감을 키우는 데 목표를 둘 것이다. 마지막으로 가치를 명료화시키고, 가치와 일치된 목표를 설정할 것이다.

Maria의 사례

상담목표

Maria의 주 호소문제는 가치의 애매모호함에서 비롯되었기에, 상담목표는 개인적 가치와 문화적 가치를 포괄적으로 이해하고 선택을 쉽게 할 수 있도록 하는 데 역점을 둘 것이다. 또한 가족에게는 온전한 수용과 안녕감을 지원하기 위해 교육과 개입이 이루어질 것이다.

상담개입

상담의 처음에, 생각 적어 내려가기와 자기와 인지 사이를 분리하는 것으로 탈융합을 다룰 것이다. 이것은 Maria가 자기와 자기 마음의 내용을 분리해서 지각하도록 할 것이다. 이어서 '묘비' 연습 같은 기법을 활용하여 묘비명을 선택하도록 하는 가치 훈련을 할 것이다(예: "여기 부모님과 친구가 불행해지는 것을 막기 위해 평생 엄청나게 고생했던 Maria 잠들다.") 그 후 활기 있고 의미 있는 삶의 방향을 제공하기 위해 목표를 명료화하고 설정할 것이다. Maria는 자기표현, 정서적 인식, 경계 설정 같은 부족한 기술을 훈련받을 것이다. 마지막으로 Maria가 직면과 갈등에 어려움이 있다는 점을 고려해 보면, 행동주의적 기술 훈련 접근이 그녀가 가치와 목표를 밝히거나 발표하는 것 같은 전념 행동을 하도록 해 줄 것이다. 상담자와 Maria는 분명한 목표와 선택한 삶의 방향에 따라 그녀의 친구나 부모님 또는 양쪽 모두에게 '입장 표명하기'를 연습할 수 있는 시나리오로 역할연기를 할 것이다.

Richard의 사례

유발요인

Richard는 그의 방식대로 할 거라는 생각과 좌절, 슬픔, 불안 등의 감정과 융합되어 있는 것으로 보인다. 이런 감정이 그에게 나타날 때, 그가 그 감정에 과도하게 동일시하는 것(즉, 내용으로서의 자기) 대신에 그 경험을 그의 한 부분으로 이해하거나 그의 초점을 변화시키는 것이 어려워 보인다. 따라서 그는 그런 감정에 직면할 때 벽을 치는 것 같은 공격적이고 폭력적인 행동전략으로 그러한 감정과 생각을 회피한다. 그는 또한 현재 순간에서 계속 일어나는 경험과 연결되어 머무는 것이 어려워 보인다. 그에게 원치 않거나 좋지 않은 사적 경험이 표면화되면, 그는 과거의 행동으로 반응한다. 이것이 그를 그의 목표와 단절되고 역효과를 낳는 행동을 하도록 만든다. Richard와 할머니와의 관계에 대한 정보에 따르면, 비판단적, 수용, 대인 간의 안전함에 대한 가치가 나올 수 있다. 그러나 Richard의 행동은 이런 가치들을 반영하지 않는

데, 아마도 이것은 그가 자기 자신을 그의 아버지와 어린 시절 안전함이 만성적으로 부족했던 환경의 산물로 보기 때문이다.

상담목표

보다 유용한 반응을 지원하기 위한 상담 목표는 탈융합 기술과 '유용성'의 개념을 소개하고, 정서적 통제의 어젠다를 약화시키며, 가치의 명료화와 삶의 수용을 증가시키는 것이다. 강한 치료적 동맹이 형성되고 나면, Richard가 자기의 이혼과 할머니의 죽음을 다루도록 하는 것이 중요할 것이다.

Katrina의 사례

유발요인

Katrina는 '약함을 보이는 것은 사람들이 너를 이용할 거라는 의미이다'와 같은 생각들과 융합되어 있다. 최근의 회피 패턴은 인지된 거절에 대한 감정, 또는 자율성의 상실감을 떨쳐 버리려는 그녀의 바람을 나타내는데, 특히 타인이 그녀를 통제하려 한다고 계속 주장할 때 그렇다. 그녀는 관념화된 과거에 경직된 주의를 보이는데, 이는 어머니에 대한 아버지의 배신에서의 학습과 아버지의 인지적 유기 그리고 현재 그녀가 자기 자신을 어떻게 보는가와 연결되어 만들어진 것으로 보인다. 또한 Katrina의 자기 자신에 대한 관념은 무능하거나 하찮은 존재로 여기고 있다. 그녀의 단절된 행동은 반항적인 행동, 고립, 공격성과 항의, 이전에는 탁월했던 학업이나 학교 과제에서의 소홀로 나타나고 있다. 그녀는 독립, 창조, 강함에 강력하게 가치를 두고 있다.

상담목표

상담목표에는 인지적 탈융합 기술을 소개하는 것이 포함되는데, 이는 그녀가 유용하지 않은 생각을 더 잘 이해할 수 있고, 거칠고 공격적인 행동의 유용성에 대해 문제를 제기하며, 가치 기반의 행동과 학업에의 참여, 그리고 창의적인 목표를 세우도록 지원할 수 있다.

상담개입

충분한 신뢰있는 관계가 형성되고 나면, 상담자는 Katrina가 버스에 탄 승객과 같은 경험적 훈련을 하도록 할 것이다. 이 경험을 통해 Katrina는 자신의 생각을 생각으로 바라볼 수 있을 것이다(즉, 생각으로부터가 아니라 생각을 살핀다). 이는 그녀가 통제받고 버림받고 홀로 남겨질 거라는 감정과 생각에 보다 유연하게 반응하도록 할 것이다. 상담자는 내담자와 함께 역할연기 그리고 역(逆)역할연기와 같은 의미 있는 행동연습을 할 것이다. 이 과정을 통해 어머니에 대한 내담자의 경직된 반응을 다룰 것이다. 내담자가 과제로 받은 작업 완성하기와 이전에 재미있어 했던 활동(즉, 독서와 그림 그리기) 하기 같은 행동실험에 적극적으로 참여하도록 격려할 것이다. 두 기차 비유는 전념 행동을 지원하는 데 사용될 것이다. 협력적인 환경이 조성될 것이다. 그리고 가치명료화와 목표설정은 상담에 초점을 맞추고 역량강화, 자기효능감과 자율성을 지원하기 위해 계속 활용될 것이다. 마지막으로, Katrina와 어머니는 협력적이고 자기표현적인 의사소통을 늘리기 위해 가족상담에 참여할 것이다.

참고문헌

American Psychological Association. (n.d.). Psychological treatments. Retrieved from https://www.div12.org/treatments/.

Biglan, A., & Hayes, S. C. (1996). Should the behavioral sciences become more pragmatic? The case for functional contextualism in research on human behavior. *Applied and Preventive Psychology: Current Scientific*

Perspectives, 5(1), 47-57.

Hayes, S. C. (1981). *Comprehensive cognitive distancing procedures* (Unpublished manuscript). Greensboro, NC: University of North Carolina at Greensboro.

Hayes, S. C. (2004). Acceptance and commitment therapy, relational frame theory, and the third wave of behavioral and cognitive therapies. *Behavior Therapy, 35*, 639-665.

Hayes, S. C., Hayes, L. J., & Reese, H. W. (1988). Finding the philosophical core: A review of Stephen C Popper's World Hypotheses. *Journal of Experimental Analysis of Behavior, 50*, 97-111.

Hayes, S. C., Strosahl, K. D., & Wilson, K. G. (2012). *Acceptance and commitment therapy: The process and practice of mindful change* (2nd ed.). New York, NY: The Guilford Press.

Hayes, S.C., Villatte, M., Levin, M., & Hildebrandt, M. (2011). Open, aware, and active: Contextual approaches as an emerging trend in the behavioral and cognitive therapies. *Annual Review of Clinical Psychology, 7*, 141-168.

Luoma, J. B., Hayes, S. C., & Walser, R. D. (2017). *Learning ACT: An acceptance & commitment therapy skills-training manual for therapists* (2nd ed.). Oakland, CA: New Harbinger & Reno, NV: Context Press.

Villatte, M., Villatte, J. L., & Hayes, S. C. (2016). *Mastering the clinical conversation: Language as intervention.* New York, NY: The Guilford Press.

Wilson, K. G., & DuFrene, T. (2009). *Mindfulness for two: An acceptance and commitment therapy approach to mindfulness in psychotherapy.* Oakland, CA: New Harbinger.

부록: 양식 모음

- 임상적 공식화 활동지
- 사례개념화 요소: 설명
- 사례개념화 요소: 활동지
- 사례개념화 평가지

● 임상적 공식화 활동지 ●

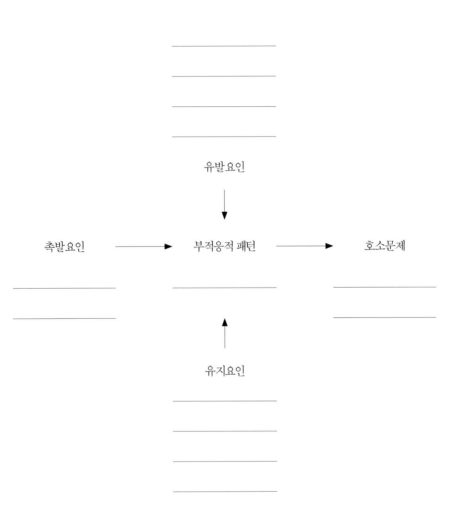

출처: Sperry, L, & Sperry, J. (2020). *Case conceptualization: Mastering this competency with ease and confidence* (2nd ed.). New York, NY: Routledge.

● 사례개념화 요소: 설명 ●

호소문제	호소하는 문제 그리고 촉발요인에 대한 특징적인 반응
촉발요인	패턴을 활성화하여 호소문제를 일으키는 자극
부적응적 패턴	지각, 사고, 행동의 경직되고 효과가 없는 방식
유발요인	적응적 또는 부적응적 기능을 촉진하는 요인
유지요인	내담자의 패턴을 지속적으로 활성화하여 호소문제를 경험하게 하는 자극
보호요인	임상적 문제의 발병 가능성을 감소시키는 요인
문화적 정체성	특정 민족집단에 대한 소속감
문화적 스트레스/문화적응	주류 문화에 대한 적응 수준(심리사회적 어려움 등을 포함한 문화적으로 영향을 받는 스트레스)
문화적 설명	고통, 질환, 장애의 원인에 대한 신념
문화 그리고(또는) 성격	문화와 성격 역동 간의 상호작용 정도
적응적 패턴	지각, 사고, 행동의 유연하고 효과적인 방식
상담목표	단기-장기 상담의 성과
상담의 초점	적응적 패턴의 핵심이 되는 상담의 방향성을 제공하는 중요한 치료적 강조점
상담전략	보다 적응적인 패턴을 달성하기 위한 실행 계획 및 방법
상담개입	상담목표와 패턴 변화를 달성하기 위해 상담전략과 관련된 세부 변화기법 및 책략
상담의 장애	부적응적 패턴으로 인해 상담 과정에서 예상되는 도전
문화적 상담	해당 사항이 있을 경우 문화적 개입, 문화적으로 민감한 상담 또는 개입의 구체화
상담의 예후	상담을 하거나 하지 않을 경우, 정신건강 문제의 경과, 기간, 결과에 대한 예측

출처: Sperry, L., & Sperry, J. (2020). *Case conceptualization: Mastering this competency with ease and confidence* (2nd ed.). New York, NY: Routledge.

● 사례개념화 요소: 활동지 ●

호소문제	
촉발요인	
부적응적 패턴	
유발요인	
유지요인	
보호요인	
문화적 정체성	
문화적 스트레스/문화적응	
문화적 설명	
문화 그리고(또는) 성격	
적응적 패턴	
상담목표	
상담의 초점	
상담전략	
상담개입	
상담의 장애	
문화적 상담	
상담의 예후	

출처: Sperry, L., & Sperry, J. (2020). *Case conceptualization: Mastering this competency with ease and confidence* (2nd ed.). New York, NY: Routledge.

● 사례개념화 평가지 ●

지시문: 척도를 사용하여 사례개념화 진술문을 평가하세요.
　　1= 전혀 그렇지 않다　　　　　　　　10= 매우 그렇다

1. 진단적 공식화: 호소문제와 촉발요인이 부적응적 패턴과 직접적으로 연결된다.

전혀 그렇지 않다								매우 그렇다	
1	2	3	4	5	6	7	8	9	10

2. 임상적 공식화: 유발요인이 분명히 진술되어 있고, 패턴과 호소문제를 설득력 있게 설명하고 있다. 임상적 공식화는 ① 생리심리사회 상담이론, ② 인지행동 상담이론, ③ 역동 상담이론, ④ Adler 상담이론 또는 ⑤ 수용전념 치료이론을 정확하게 반영하고 있다(해당 이론에 동그라미 하세요.)

전혀 그렇지 않다								매우 그렇다	
1	2	3	4	5	6	7	8	9	10

3. 문화적 공식화: 문화적 정체성, 문화적응 수준과 문화적 스트레스, 문화적 설명, 문화-심리적 요인이 포함되어 있다. 이 문화적 요인들이 상담과정에 미치는 영향을 예상하고 있다.

전혀 그렇지 않다								매우 그렇다	
1	2	3	4	5	6	7	8	9	10

4. 임상적 공식화: 상담목표는 호소문제와 유발요인에 근거하고 있다. 상담개입 공식화는 ① 생리심리사회 상담이론, ② 인지행동 상담이론, ③ 역동 상담이론, ④ Adler 상담이론 또는 ⑤ 수용전념 치료이론을 정확하게 반영하고 있다(해당 이론에 동그라미 하세요.). 상담전략과 세부 상담개입이 적합하고 상담목표와 연결되어 있다. 상담의 장애는 내담자의 성격과 문화적

역동을 반영하고 있다. 해당사항이 있을 경우, 적절한 문화적 상담개입이 포함되어 있다.

전혀 그렇지 않다								매우 그렇다	
1	2	3	4	5	6	7	8	9	10

5. 설명력: 패턴, 호소문제, 문화적 요인에 대한 전체적인 설명이 설득력 있고, 제안한 상담계획/실행전략에 대한 논리적 근거가 있다.

전혀 그렇지 않다								매우 그렇다	
1	2	3	4	5	6	7	8	9	10

6. 예측력: 상담목표/패턴변화를 이루기 위한 상담계획/실행계획이 현실적이고 충분하다. 있을 수 있는 도전을 적절히 예상하고 있다. 상담의 예후가 현실적이다.

전혀 그렇지 않다								매우 그렇다	
1	2	3	4	5	6	7	8	9	10

7. 완성도: 사례개념화 요소들의 수가 충분히 포함되어 있고, 완성도 높은 사례개념화를 제시하고 있다.

전혀 그렇지 않다								매우 그렇다	
1	2	3	4	5	6	7	8	9	10

8. 일관성: 사례개념화의 모든 요소들이 일관성 있고 논리적으로 연결되어 있다.

전혀 그렇지 않다								매우 그렇다	
1	2	3	4	5	6	7	8	9	10

출처: Sperry, L., & Sperry, J. (2020). *Case conceptualization: Mastering this competency with ease and confidence* (2nd ed.). New York, NY: Routledge.

찾 / 아 / 보 / 기

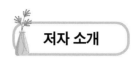

저자 소개

Len Sperry

플로리다 애틀랜틱 대학교(Florida Atlantic University) 정신건강상담 교수이자, 위스콘신 의과대학(Medical College of Wisconsin) 정신–행동의학과 임상 교수이다. 지난 30년 동안 사례개념화에 대한 강의와 워크숍, 저술 활동을 하고 있다.

Jon Sperry

상담학 전공으로 박사학위를 취득했으며, 임상사회복지사 및 정신건강상담사 공인자격을 갖고 있다. 린 대학교(Lynn University) 임상정신건강상담 부교수로서 사례개념화에 대한 강의와 워크숍, 저술 활동을 하고 있다.

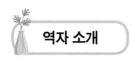

역자 소개

이명우(Lee, Myung Woo)

한국청소년상담원(현 한국청소년상담복지개발원)의 교수를 역임하였다. 현재는 평택대학교 상담대학원 교수로 재직 중이며, 상담 관련 학회에서 활발히 활동하고 있다.

상담현장에서 어려운 상담사례를 접하면서 사례개념화의 필요성을 절감하였고, 1997년부터 사례개념화 중심의 개인상담사례연구집단을 운영해 왔다. 이 경험의 일부를 토대로 2004년 연세대학교에서 '상담 사례개념화 교육 프로그램 개발 연구'를 수행하여 박사학위를 받았다. 사례개념화 중심의 상담 실무와 상담수퍼비전, 상담연구를 병행하면서 체득한 사례개념화에 대한 전문적 지식과 지혜를 상담현장에서 어려운 사례로 힘들어하는 상담자들과 공유하는 데 많은 노력을 기울이고 있다.

저자의 사례개념화 관련 교육내용에 관심이 있으신 분은
QR코드로 접속하여 메모를 남겨 주세요.

상담실무자를 위한 사례개념화
-이해와 실제- (원서 2판)
Case Conceptualization:
Mastering this Competency with Ease and Confidence (2nd edition)

2022년 1월 25일 1판 1쇄 발행
2024년 8월 20일 1판 4쇄 발행

지은이 • Len Sperry · Jon Sperry
옮긴이 • 이 명 우
펴낸이 • 김 진 환
펴낸곳 • ㈜ 학지사

04031 서울특별시 마포구 양화로 15길 20 마인드월드빌딩 5층

대표전화 • 02) 330-5114   팩스 • 02) 324-2345

등록번호 • 제313-2006-000265호

홈페이지 • http://www.hakjisa.co.kr
인스타그램 • https://www.instagram.com/hakjisabook

ISBN 978-89-997-2573-9 93180

정가 22,000원

출판미디어기업 **학지사**

간호보건의학출판 **학지사메디컬** www.hakjisamd.co.kr
심리검사연구소 **인싸이트** www.inpsyt.co.kr
학술논문서비스 **뉴논문** www.newnonmun.com
원격교육연수원 **카운피아** www.counpia.com
대학교재전자책플랫폼 **캠퍼스북** www.campusbook.co.kr